DANIEL HASLER

Lebenszahlen

DANIEL HASLER

Lebenszahlen

EINFÜHRUNG IN DIE NUMEROLOGIE

Menschen erkennen und
besser verstehen

Handbuch für Ausbildung
und Praxis
Nachschlagewerk
für den Alltag

Giger

Infos über den Verlag und weitere Bücher www.gigerverlag.ch

2. Auflage 2021
© 2020 Giger Verlag GmbH, CH-8852 Altendorf
Telefon 0041 55 442 68 48
www.gigerverlag.ch
Lektorat: Josef K. Pöllath M.A.
Korrektorat: Susanne Langer-Joffroy M.A.
Umschlaggestaltung: Hauptmann & Kompanie, Zürich
Layout und Satz: Roland Poferl Print-Design, Köln
Printed in EU
ISBN 978-3-907210-72-7

Selina, Conradin, Elias, Flurin und Elisabeth
Es ist schön, mit Euch Familie zu sein!

Inhalt

3 Die einzelnen Zahlen

4 Zahlen und Kombinationen

Jeder Umgang mit Zahlen muss von einem eindeutigen Prinzip ausgehen, und dieses Prinzip darf niemals seine Gültigkeit verlieren. Wenn man Zahlen nur so addiert, subtrahiert oder multipliziert, um ein bestimmtes Ergebnis zu erzielen, ist dies nichts anderes als Betrug oder extreme Dummheit.

Friedrich Weinreb
(jüdischer Kabbalist und Schriftsteller, 1910–1988)

Vorwort

Bei der Arbeit mit Menschen, die meine Praxis aufgrund körperlicher, psychischer, psychosomatischer oder psychosozialer Probleme aufsuchen, bewährt sich die Numerologie tagtäglich bestens. Es gibt meines Wissens keine andere Sichtweise, die das Verständnis für und über den Menschen so akkurat auf den Punkt bringt. Seit ich begonnen habe, jeden Klienten zusätzlich durch die Brille der Numerologie zu betrachten, verstehe ich Menschen auf einer erweiterten Ebene, die in unleugbarem Zusammenhang zu seinen Beschwerden steht. Das verleiht mir als Therapeut mehr Sicherheit in der Behandlung und macht mich toleranter gegenüber anderen Menschen. Das wird umso glaubwürdiger, als es sich bei dieser Aussage nicht um reines Wunschdenken meinerseits handelt, sondern um ehrlich gemeintes Feedback von Menschen, die sich dank der Numerologie selbst besser verstehen und seither einen entspannteren Umgang mit sich und ihren Mitmenschen pflegen.

Zum Schreiben motiviert haben mich nicht nur meine Klienten, sondern besonders die unzähligen Teilnehmerinnen und Teilnehmer meiner zahlreichen Seminare, die ich in den vergangenen Jahren durchführen durfte. Nun kann ich ihrem Wunsch nach einem Fachbuch endlich nachkommen. Mit einem Buch, das sich nicht nur vertieft mit den Eigenschaften und Qualitäten der einzelnen Zahlen beschäftigt, sondern darüber hinaus einen Bezug zu körperlichen und seelischen Anfälligkeiten und Beschwerden herstellen kann.

Dieses Buch erfüllt alle Anforderungen an ein Handbuch und Nachschlagewerk. Man kann es im privaten und therapeutischen Alltag zurate ziehen, um sich selbst und andere Menschen besser zu verstehen. Es dient als Kompass, um leichter durch das Labyrinth der Lebensaufgaben zu finden. Es ermutigt Menschen, ihre Herausforderungen anzunehmen, statt sie abzulehnen und zu verdrängen. Das Thema *Schuld* soll an Bedeutung verlieren und das Selbstbewusstsein gestärkt werden. Und schließlich soll es gute Dienste leisten, um Menschen zu mehr Toleranz und Gelassenheit zu verhelfen.

Das Buch

Als GOTT die Zahlen erschuf, hat ER sich selbst übertroffen. Sie sind das zentrale Element, das in allem enthalten ist und auf dem alles andere fundamental aufbaut.

Die Natur beginnt nicht bei jeder Geburt wieder bei null, das würde ihrer Beschaffenheit grundlegend widersprechen. Leben entwickelt sich Schritt für Schritt und baut auf Vorhandenem auf. Datum und Zeit einer Geburt werden mithilfe von Zahlen dargestellt. Sie sind Ausdruck und Abbild der Seele mit ihrem eigenen, unverwechselbaren Charakter. Die Geburtszahlen geben Startkapital und Potenzial einer Persönlichkeit wieder, die sich im Laufe ihres Lebens stetig verändert und entfaltet.

Entwicklungsprozesse, die du im Laufe deines Lebens durchlaufen hast, können nicht ungeschehen und deine Erkenntnisse nicht rückgängig gemacht werden. Sie werden an deiner Seele haften bleiben, auch nach dem Tod des Körpers. Der gesamte Seeleninhalt wird wiederum als Startkapital und Potenzial übertragen auf nachfolgende Inkarnationen. Der Prozessor wird leistungsfähiger, aber die Festplatte ist wieder leer und bietet Raum für neue Lebenserfahrungen.

So bekommt Evolution ein Gesicht: Deines.

Numerologie ist eine uralte Wissenschaft, mit der sich bereits Pythagoras beschäftigt hat. Als Kehrseite der Mathematik bietet sie dem Menschen die Möglichkeit, sich selbst in IHM zu erkennen.

Mithilfe von Zahlen lassen sich Fähigkeiten, Lebensaufgaben, Charaktermerkmale und Verhaltensmuster eines Menschen entschlüsseln. Der Stand seiner spirituellen Entwicklung ist ebenso ersichtlich wie das Entwicklungspotenzial, das noch in ihm steckt. Selbst wenn du für körperliche und seelische Erkrankungen anfällig bist, lässt sich das in Zahlen erkennen.

Du

Ich werde dich in diesem Buch mit Du ansprechen. Ein Sie ist mir zu unpersönlich. Wo es sinnvoll ist, werde ich die weibliche Form bevorzugen, ansonsten sind die männliche und die weibliche Form einander gleichgestellt. Manchmal werde ich vielleicht eine unpersönliche Formulierung wie man einfließen lassen, der schriftstellerischen Freiheit entsprechend. Manche Formulierung in diesem Buch entspricht nicht immer exaktem Deutsch, sondern ist meinen Vorträgen und Seminaren geschuldet.

1 Grundlagen

Lebewesen

»Ein Lebewesen besteht aus zwei Teilen: Aus Leben und Wesen. Es ist das Leben, welches das Wesen zum Lebewesen macht. Ohne Leben kann ein Wesen nur verwesen.«

Das Leben stellt den feinstofflichen oder geistigen Aspekt dar, während das Wesen für den materiellen Teil steht. In Bezug auf einen Menschen sprechen wir in diesem Zusammenhang auch von Seele und Körper. Während die Form dem menschlichen Körper entspricht, bildet die Seele seinen Inhalt.

Interessanterweise bietet die deutsche (= *deutende*) Sprache zahlreiche Ausdrücke und Anhaltspunkte, die dazu beitragen, die menschliche Seele und ihren Körper besser zu verstehen. Würden wir uns selbst aufmerksamer zuhören, könnten wir uns vielleicht sogar verstehen.

Das Wort *Ich* spricht die Seele an – das Wort *Mein* den Körper. Bei der Seele geht es um *Sein*, beim Körper um *Haben*. Aussagen wie »Ich bin traurig« – »Ich bin erschöpft« – »Ich bin verliebt« betreffen die Seele, es geht um einen Seelenzustand – um mich als Seele. Dieses »Ich bin« steht immer für eine Identifikation. Ich bin Daniel, Numerologe, Vater und Schweizer. Das bedeutet, ich identifiziere mich mit einem Namen, einem Beruf, einer sozialen Funktion und einer Nationalität.

Die Aussage: »Ich bin krank« bekommt in diesem Kontext eine erweiterte Bedeutung. »Ich bin krank«, heißt, die Seele ist aus dem Gleichgewicht geraten, die entsprechende Wirkung findet auf der körperlichen Ebene statt: Ursache und Wirkung – Krankheit und Symptom.

Sätze wie: »Mein Kopf tut weh« – »Meine Haut brennt« – »Meine Muskeln sind verkrampft« sind Ausdruck eines körperlichen Empfindens. Es geht um den Körper und seinen Zustand.

Die Verbindung von körperlichen und seelischen Beschwerden nennt man Psychosomatik. Aussagen wie: »Ich habe Kopfschmerzen« oder »Ich habe eine Blasenentzündung« bedeuten, dass das *Ich* auf den seelischen Aspekt hinweist, während das *Haben* den körperlichen Aspekt und die Symbolik der Krankheit meint. Die Seele übernimmt also den aktiv steuernden oder ursächlichen Part und der Körper den passiv gesteuerten Teil oder die Wirkungsebene.

Feinstofflich	–	*Grobstofflich*
Leben	–	Wesen
Geist	–	Materie
Seele (Psyche)	–	Körper (Soma)
Inhalt	–	Form
Ich	–	Mein
Sein	–	Haben
Ursache	–	Wirkung
Krankheit	–	Symptom

Feinstofflich – *Grobstofflich*
Aktiv – Reaktiv/Passiv
Steuernd – Gesteuert
Fahrer – Auto
Maler – Pinsel
Dirigent – Orchester

Was hat das mit Numerologie zu tun?

Zahlen durchdringen nicht nur den Körper und machen ihn erklärbar und berechenbar, Zahlen durchdringen auch die Seele und verraten einiges über dieses Ich bin.

Von der Zahl zur Nummer

Der Begriff Zahl wird in diesem Buch gleichgesetzt mit dem Begriff Ziffer, was mathematisch betrachtet eigentlich korrekt wäre. Doch eine korrekte Verwendung dieser beiden Begriffe ist eher verwirrend als zielführend und fördert weder Klarheit noch Verständnis. Deshalb verwende ich also den Begriff Zahl.

Eine Zahl ist ein Symbol. Es gehört nicht zur Aufgabe eines Symbols, etwas Offensichtliches zu verschleiern oder zu verheimlichen. Ein Symbol will etwas aufzeigen, auf eine Art, die kompakter und leichter verständlich ist, als irgendeine Sprache es formulieren kann. Ein Symbol ist etwas, das vom Verstand allein nicht erfassbar ist. Das Wort Symbol stammt aus dem Altgriechischen und bedeutet so viel wie *Erkennungszeichen*. Die Silbe *Sym* steht für Zusammenfügen, und *ola* ist das griechische Wort für *ganz* oder *das Ganze*. Man muss Einzelteile zusammenfügen, damit ein Ganzes daraus entstehen kann.

Jede einzelne Zahl ist sowohl Teil eines größeren Ganzen als auch ein Ganzes in sich selbst. Die einstelligen Zahlen von 0 – 9 sind abstrakte Symbole, die sich nicht mehr weiter reduzieren lassen. Man kann sie zwar mathematisch weiter zerkleinern, erhält aber als Resultat wiederum nur Zahlen.

Die Zahl ist das letztendliche, absolute und abstrakte Symbol, das in allem enthalten ist und sich nicht mehr weiter reduzieren lässt. Das ist, was Pythagoras von Samos vor über 2500 Jahren gemeint hatte, als er sagte: »Alles, was ist, ist Zahl.«

Zusammengesetzte, also mehrstellige Zahlen werden in der Numerologie ebenfalls angewendet. Mehrstellige Zahlen können durch die Quersummenberechnung wieder auf eine einstellige Zahl reduziert werden. Mehr zum Einsatzbereich von *Quersummen* auf Seite ➤ 253.

Zahlen und Nummern scheinen zunächst ein- und dasselbe zu sein. Sie dürfen aber keinesfalls miteinander verwechselt werden. Hier ein paar Unterschiede:

Zahl	–	*Nummer*
Abstrakt	–	Konkret
Absolut	–	Relativ
Kein Bezugspunkt	–	Definierter Bezugspunkt
Kann beliebig überall und wiederholt angewendet werden	–	Kann nur einmalig angewendet werden

	Zahl	—	*Nummer*
	Identifiziert nicht	—	Identifiziert
	Mit Zahlen kann man rechnen	—	Mit Nummern kann man nicht rechnen
	Kann für Größen-, Wert- und Mengenangaben verwendet werden	—	Kann nicht für Größen-, Wert- und Mengenangaben verwendet werden

Abstrakt: Losgelöst von jeglicher Bedingung oder Einschränkung

Konkret: Anschaulich oder erfahrbar im Hinblick auf einen Einzelfall

Absolut: Unveränderbar, ungetrübt, ungestört, vollkommen, uneingeschränkt und beziehungslos. Es gibt kein *relativ 2, ein bisschen 5* oder *ziemlich 7.*

Relativ: Nur unter bestimmten Sichtweisen und innerhalb von gesetzten Grenzen gültig.

Beispiel 1

Zahl 007: Aus Sicht der Mathematik eine Zahl, die beliebig eingesetzt und verwendet werden kann. Vorangestellte Nullen haben in der Mathematik keinen Einfluss auf Wert, Größe oder Menge einer Zahl, man verzichtet deshalb darauf. Als Sieben erfüllt sie alle Kriterien einer Zahl: Sie ist abstrakt, absolut; sie besitzt keinen Bezugspunkt; sie identifiziert nicht, und man kann Berechnungen anstellen mit ihr.

Nummer 007: In Zusammenhang gebracht mit James Bond, dem berühmten Agenten des britischen Geheimdienstes

Ihrer Majestät, erfüllt die 007 alle Kriterien einer Nummer: Sie ist konkret, relativ, besitzt einen Bezugspunkt (den Agenten James Bond), identifiziert diesen, und mit dieser Nummer lässt sich nicht rechnen. Vorangestellte Nullen können im Einzelfall eine Bedeutung haben, müssen aber nicht.

Beispiel 2

Zahl 270.319.681.551: Eine Zahl im dreistelligen Milliardenbereich, die für die Mehrheit von uns ohne jede Bedeutung ist. Die Wahrscheinlichkeit ist groß, dass kaum ein Mensch auf diesem Erdball jemals einen Bezug zu dieser Zahl hergestellt hat oder jemals herstellen wird. Diese Zahl ist absolut und abstrakt, sie hat keinen Bezugspunkt, kann in beliebigem Zusammenhang verwendet werden, sie identifiziert nicht, und man kann mit ihr rechnen.

Nummer 270.319.681.551: Als Geburtsdatum gelesen bedeutet sie 27. 03. 1968, 15:51 Uhr. Es handelt sich um eine Nummer. Bezugspunkt ist der konkrete Ort und Zeitpunkt des ersten Atemzugs eines Menschen. Dieses Datum in Kombination mit Namen und Ort identifiziert einen Menschen und macht ihn unverwechselbar. Insofern ist diese Nummer einmalig im Hinblick auf ihren Bezugspunkt, und man kann mit dieser Nummer nicht rechnen.

Zahl Schwingung Energie

Bei der Numerologie handelt es sich nicht um eine Heilmethode, sondern in erster Linie um ein Instrument, ein Werkzeug, man könnte auch sagen um eine Sehhilfe. Durch die Brille der Numerologie können Erkenntnisse gewonnen werden, die auf andere Weise nicht oder nur mit sehr großem Aufwand erlangt werden können.

Als für sich alleinstehende Sichtweise bleibt die Numerologie ebenso unvollständig wie jede andere Sichtweise auch. Erst in Kombination mit anderen Disziplinen wie den Mysterien der Kabbala, den großen Arkana des Tarots oder der unfassbaren Weisheit der Gematrie* wird aus dem kleinen Lichtschein der Erkenntnis ein Lichtermeer, das alles übertrifft, was ein Verstand sich erträumen kann.

Die Begriffe Zahl, Schwingung und Energie sind untrennbar miteinander verbunden, denn jede Energieform lässt sich als Schwingung darstellen, und jede Schwingung lässt sich in Zahlen ausdrücken. Das wiederum bedeutet, dass jede Zahl ein Energiepotenzial beinhaltet, das sich in der Physik ebenso

---

* Altertümliche, aus der jüdischen Tradition stammende Technik der Interpretation von Worten mithilfe von Zahlen. Basierend auf den 22 Zeichen des Althebräischen.

entfaltet wie in der Chemie, der Biologie genauso wie in den Geburtszahlen. Jede Schwingung beeinflusst dabei permanent andere Schwingungen, und sie wird gleichzeitig von anderen Schwingungen beeinflusst. Jede Welle im Meer beeinflusst andere Wellen, und in der Vereinigung können sich Wellen gegenseitig aufschaukeln, verändern oder ausgleichen. Die Energie jeder Welle verändert sich konstant.

> *Die einzige Konstante im Universum ist die Veränderung.*
> Heraklit (griechischer Philosoph, 520 – 460 v. Chr.)

Von den unzähligen Schnittstellen zu naturwissenschaftlichen, philosophischen und esoterischen Disziplinen werden einzelne zum besseren Verständnis punktuell angesprochen. Insbesondere auf das Tarot werde ich zeitweise etwas detaillierter eingehen, weil ein gewisses Verständnis für das Tarot den Zugang zur Numerologie ungemein erleichtert.

Leben, Karma und Wiedergeburt

Unabhängig von Kultur und Herkunft, Religion und Glauben: uns allen ist gemeinsam, dass wir Kräften ausgesetzt sind, die zu unserem Dasein geführt haben. Diese Kräfte gehen weit über die rein körperlichen Reproduktionsmechanismen hinaus.

In der fernöstlichen Tradition ist der Glaube an eine Wiedergeburt der Seele fest verankert, und Reinkarnation wird nicht nur als normal angesehen, sondern als Grundvoraussetzung für Leben und Entwicklung überhaupt. Auf der Basis dieser Sichtweise kommt das Wort *Karma* ins Spiel. Karma ist ein Wort aus der altindischen Sprache Sanskrit und bedeutet wörtlich: Handlung, Tat. Da jede Handlung bereits eine Unzahl möglicher Folgen beinhaltet, kann Karma am ehesten umschrieben werden als das Prinzip von Ursache und Wirkung.

Weil es sich beim Prinzip Karma um einen Aspekt des Naturgesetzes handelt, müssen Ursache und Wirkung nicht zwingend in einem engen zeitlichen Zusammenhang stehen und deshalb nicht zwingend im gleichen Leben stattfinden.

Der Mensch ist kein körperliches Wesen, das eine spirituelle Erfahrung macht, sondern ein spirituelles Wesen, das eine körperliche Erfahrung macht.

Stell dir auf dieser Grundlage folgendes Szenario vor: Die Idee hinter jeder Inkarnation ist, dass eine Seele die Möglichkeit zur weiteren individuellen Entwicklung (Evolution) und Vervollkommnung erhält. Deshalb reinkarniert die Seele jeweils in einen Körper, eine Umgebung und einen Zeitabschnitt, *den sie noch nicht so gut kann.*

Die unvorstellbare kosmische Logistik speichert alle Leben, Erfahrungen und Erlebnisse, Gedanken und Taten, Emotionen und Eindrücke, Kontakte und Verbindungen in einer Art geistiger Bibliothek. Für dieses allumfassende Weltgedächtnis wird der Begriff *Akasha-Chronik* verwendet, der durch Rudolf Steiner im deutschsprachigen Raum eingeführt und bekannt gemacht wurde.

Dieselbe kosmische Logistik sorgt dafür, dass jede Individualseele die bestmöglichen Voraussetzungen vorfindet, um die ihr liebevoll zugewiesenen und selbst ausgesuchten Aufgaben zu bewältigen. Dazu gehören Parameter wie:

- Auswahl oder Zuweisung der Familie: in dieser Auswahl sind beispielsweise genetische Voraussetzungen und Anfälligkeiten für Krankheiten integriert
  – Ort und Umfeld
  – Kultur und Gesellschaft
  – Das Zeitalter mit dem entsprechenden kulturellen und technologischen Entwicklungsstand
- Das individuelle Karma: Wirkungen und Lerninhalte aus anderen Inkarnationen, die noch nicht aufgearbeitet wurden
- Das kollektive Karma: Wirkungen und Lerninhalte, die von Familien, Sippen oder sogar ganzen Nationen, Völkern und Kulturen zu bearbeiten sind
- Fähigkeiten, Talente, Blockaden und Aufgaben: das gesamte Rüstzeug, das die Seele mitbekommt, um in dieser Inkarnation ihre Aufgaben erfüllen zu können. Es handelt sich um das spirituelle Startkapital, codiert in den Geburtszahlen.

Was heißt das für dich?
Das Naturgesetz wird dafür sorgen, dass du genau jene Situationen in deinem Leben antreffen wirst, die du als Seele benötigst, um deine spirituelle Evolution weiter voranzutreiben. Zu deinem Leidwesen werden die Situationen, die dir bei deiner Weiterentwicklung behilflich sind, oft nicht übereinstimmen mit den Situationen, die du dir wünschst.

Aber nicht die Lebenssituation selbst, sondern dein Umgang mit ihr entscheidet darüber, welche weiteren Entwicklungsschritte du machen wirst.

Der Versuch, sich einer Aufgabe oder Herausforderung zum Beispiel durch Ignoranz, Flucht oder Verdrängung zu entziehen, wird die Schöpfung dazu veranlassen, einen Weg zu finden, um dich erneut mit dem Thema zu konfrontieren, möglicherweise auf einer völlig anderen Ebene. Ob du dich letztlich weiterentwickeln wirst, liegt grundsätzlich in deiner eigenen Verantwortung. Ob du jedoch deine maximale Reife erlangen wirst, ist keine Frage des Willens. Reife ist eine Frage der göttlichen Gnade.

Das Naturgesetz

Wie oft hast du den Begriff Naturgesetz schon verwendet, ohne genau zu wissen, was das Naturgesetz wirklich ist? Hast du jemals in irgendeiner Schule oder an irgendeiner Universität gelernt, was das Naturgesetz ist? Selbst Wikipe-

dia mit über zwei Millionen deutschen Einträgen brachte außer einer Begriffsdefinition bis Ende 2017 keine klare Definition zu diesem Suchbegriff. Dort werden Schwerkraft, Lichtgeschwindigkeit, Elektrodynamik etc. zum Beispiel als Naturgesetze bezeichnet. Sie sind aber nur Folgeerscheinungen eines höheren Naturgesetzes. Etwas wie das Naturgesetz scheint es aus naturwissenschaftlicher Sicht nicht zu geben.

Eine Ausdehnung der Suche ergibt weitere Resultate. Ergänzt man die Suche durch das Stichwort spirituelle Gesetze stößt man unter anderem auf die hermetischen Gesetze des Hermes Trismegistos*. Die von Hermes Trismegistos formulierten Gesetze sind im Folgenden sinngemäß in den heutigen Sprachgebrauch übersetzt.

Wenn du das Naturgesetz wirklich verstehst, es im Alltag erkennst und dein Denken und Handeln danach ausrichten kannst, wird deine Welt eine ganz andere werden. Dir werden Dinge klar, deren wahres Wesen sich nur dem wahrhaft Suchenden erschließt. Dein Weltbild wird sich für immer verändern, und dein Bewusstsein, vor allem dein Selbst-Bewusstsein, wird wachsen.

Das Naturgesetz ist ein Gesetz, das keinem anderen Gesetz unterworfen ist. Menschen können es weder in Kraft noch außer Kraft setzen. Alle Gesetze der Physik sind Ausdruck oder Wirkung des übergeordneten Naturgesetzes. Es

---

* Hermes Trismegistos (Hermes, der dreifach Große): Der dreifach Geweihte, Gott der Götter, Meister der Meister, Heiler aller Heiler. Eine Gestalt, die unter diesem Namen vermutlich nie gelebt hat. Sie wird auf die altägyptische Gottheit *Thoth* zurückgeführt, welche die Schrift (Hieroglyphen) erfunden haben soll.

wirkt im Materiellen wie im Geistigen, überall, zu jeder Zeit und selbst in der Zeitlosigkeit des reinen Seins, ungeachtet von Kultur, Willen und Glaubensausrichtung von Betrachter und Betroffenem.

Über den Ursprung der Formulierung kann man nur spekulieren. Viele altertümliche, fernöstliche, keltische und andere Quellen geben Hinweise auf eine altägyptische Gottheit namens *Thoth*, in der griechischen Mythologie besser bekannt als *Hermes Trismegistos*. Ihr wird nicht nur die Erfindung der Hieroglyphenschrift nachgesagt, sie soll darüber hinaus die erste Gottheit gewesen sein, die Naturgesetze formuliert hat. Hermes Trismegistos zu Ehren werden sie auch als hermetische Gesetze bezeichnet. Und wie es sich oft mit Gesetzen verhält, wird man sich ihrer erst richtig bewusst, wenn man dagegen verstößt.

Die sieben Prinzipien des Naturgesetzes

1 Das Prinzip Geist

Alles, was ist, ist in seiner Ursache geistig. Das All ist in seinem Ursprung rein geistig, reines spirituelles Sein. Erst in seiner Wirkung ist das All Materie geworden.

Dieses Prinzip besagt, dass alles, was existiert, von Geistigem durchdrungen ist. Z. B. ging diesem Buch die Idee zu diesem Buch voraus. Diese Idee ist das geistige Element in diesem Buch. Sie durchdringt das Buch vom Anfang bis zum Ende.

In jedem befruchteten Hühnerei ist die Idee eines Huhns oder Hahns enthalten. In jedem Apfelkern die Idee eines Apfelbaums. Und so ist in jedem Ding die Idee des Dings enthalten, ob durch Natur oder Menschenhand erschaffen oder geworden.

Da bis auf die tiefste atomare Ebene hinunter jedes noch so kleine Teil von Geist durchdrungen ist, ist auch der Mensch in seiner Gesamtheit und das ganze Universum von Geist durchdrungen, der Mensch sogar so stark, dass er sich dessen selbst bewusst ist.

Selbst Quantenphysiker sind in den vergangenen Jahren zu der Erkenntnis gelangt, dass es ein auslösendes Prinzip für Materie geben muss. Sie suchen dieses auslösende Prinzip nicht mehr auf der materiellen, sondern inzwischen auf der metaphysischen*, sprich geistigen Ebene.

2 Das Prinzip Polarität
Das All-Eine teilt sich in Teil und Gegenteil.

Verdunstet aus dem Meer ein Wassertropfen, so ist das Meer als Teil ohne diesen Tropfen als Gegenteil nicht vollständig wie der Tropfen ohne das Meer unvollständig ist. Polarität heißt, dass es immer beide Pole (= Extreme) braucht, um etwas darstellen und bewerten zu können:

* Metaphysik: gr. *metá* = hinter, jenseits | *phýsis* = Natur. In diesem Sinne »Hinter oder jenseits der Natur«.

Teil	*– Gegenteil*
Links	– Rechts
Plus	– Minus
Ja	– Nein
Gut	– Böse
Yin	– Yang
Huhn	– Ei

Was war zuerst da? Das Huhn oder das Ei? Yin oder Yang? Links oder rechts? Die Frage ist so unsinnig wie lehrreich: Es geht nicht um das trennende ODER, sondern um das verbindende UND. In der alltäglichen Wahrnehmung finden wir hell oder dunkel, warm oder kalt. Obwohl wir ganz genau wissen, dass es beides gibt: hell und dunkel, warm und kalt. Die Trennung dieser Gegensätze nennen wir Dualität (= entweder – oder). Die Zusammenführung der beiden Pole kennen wir als Polarität (= und, sowohl als auch). In diesem Zusammenhang ist Heilung zu verstehen als Ganzwerdung durch die Vereinigung von Teil und Gegenteil.

3 Das Prinzip Bewegung

Leben ist Bewegung. Stillstand ist Tod. Nichts ist jemals in Ruhe, alles ist in ständiger Bewegung. Selbst ein Berg, der sich in absoluter Ruhe zu befinden scheint, bewegt sich ununterbrochen mit Überschallgeschwindigkeit und wir uns mit ihm. Mit über 1600 km/h dreht sich die Erde in 24 Stunden einmal um sich selbst, und innerhalb eines Jahres, der Zeit, in der die Erde einmal um die Sonne kreist, legen wir fast eine Milliarde Kilometer zurück. Es herrscht also keine Spur von Stillstand. Natürlich spüren wir nichts von alledem, da sich die Atmosphäre der Erde mit dreht. Nach dem gleichen Prinzip drehen sich Elektronen um einen Atomkern. Sie sind immer in Bewegung, niemals in Ruhe.

4 Das Prinzip Ursache und Wirkung

Auch bekannt als das Prinzip von Aktion = Reaktion.

Es gibt nichts, was ohne Ursache ist, und nichts ist ohne Wirkung. Jede Ursache hat eine Wirkung, jede Wirkung eine Ursache. Fällt die Ursache weg, verschwindet die Wirkung. Die Hauptursache ist immer auf einer geistigen Ebene zu finden. Wirkungen können sowohl auf der geistigen als auch auf materieller Ebene stattfinden. Verketten sich mehrere Ursachen und Wirkungen, so spricht man von einer Kausalkette.

Beispiel

Schule interessiert mich nicht – deshalb bereite ich mich nicht auf die Prüfung vor – deshalb bestehe ich die Prüfung nicht – deshalb finde ich keine Lehrstelle – deshalb verdiene ich kein Geld – deshalb kann ich nicht von zu Hause ausziehen – deshalb bin ich frustriert – deshalb ertränke ich meinen Kummer in Alkohol – deshalb …

Schaukeln sich Ursache und Wirkung gegenseitig immer weiter auf, so spricht man von einem Teufelskreis.

Die altindische Sprache *Sanskrit* benötigt für dieses Gesetz nur ein einziges Wort: *Karma*. Dieses Wort bedeutet, dass jeder Gedanke und jede Tat in Bezug auf den Akteur selbst Folgen haben. Dabei geht es nicht um Bestrafung, sondern um die Konsequenzen, um die Wirkung.

5 Das Prinzip Resonanz, Spiegelung

Im Talmud* heißt es: »Achte auf deine Gedanken, denn sie werden Worte. Achte auf deine Worte, denn sie werden Handlungen. Achte auf deine Handlungen, denn sie werden Gewohnheiten. Achte auf deine Gewohnheiten, denn sie werden zu deinem Charakter. Achte auf deinen Charakter, denn er wird zu deinem Schicksal.«

Dieses umfassende Prinzip gilt auch für Mensch, Seele und Körper. Wenn das innere Gleichgewicht nicht stimmt, wird das Bild des inneren seelischen Problems auf die äußere körperliche Ebene projiziert, wo es als Symptom in Erscheinung treten kann. Die Krankheit steht in Resonanz mit dem inneren Ungleichgewicht, die besagt: »Der Körper ist der Spiegel der Seele.« Wie innen, so außen.

Der Tropfen ist Bestandteil des Meeres, und das Meer ist Bestandteil des Tropfens. Die Elektronen kreisen um den Atomkern wie die Erde um die Sonne. Der Mikrokos-

---

* Der Talmud: hebr. »Belehrung, Studium« ist die Auslegung der »jüdischen Bibel«, der Thora.

mos entspricht dem Makrokosmos. Wie im Kleinen, so im Großen.

Du glaubst nur, was du siehst? Dein Glaube entspricht also dem, was du außerhalb von dir siehst. Wie außen, so innen. Auch das Gegenteil stimmt: Du siehst nur das, was du glaubst? Wenn du glaubst, dass die Welt ungerecht ist, wirst du nur Ungerechtigkeit sehen. Wie innen, so außen.

»Wie man in den Wald hineinruft, so schallt es heraus.« bedeutet: Wenn du »Hallo« in den Wald rufst, wird kein »Tschüss« widerhallen. Wie der Ton, so das Echo, Resonanz eben.

6 Das Prinzip Anziehung

Einige Auswirkungen dieses Gesetzes sind uns derart vertraut, dass wir gar nicht bewusst darüber nachdenken. *Beispiel*: Die Erdanziehungskraft, die dafür sorgt, dass wir nicht den Boden unter den Füßen verlieren, oder dass in die Höhe geworfene Dinge nicht am Himmel hängen bleiben.

Anziehungskraft in Form von Magnetismus kennt jedes Kind, das mit einer Holzeisenbahn spielt, deren Wagen mit Magneten aneinanderhaften. In der Schule gibt es magnetische Wandtafeln, später heißen sie *Whiteboards* und befinden sich in Sitzungszimmern. Wer vom rechten Weg abkommt, benötigt einen Kompass mit einer magnetischen Nadel, der ihm den Weg weist, und wer an einer schweren Krankheit leidet, wird möglicherweise mit dem Diagnoseverfahren *Magnetresonanztomografie* (MRI oder MRT) untersucht.

Das Gesetz der Anziehung wirkt jedoch nicht nur auf der materiellen, sondern auch auf der geistigen und seelischen

Ebene: Gleich der messbaren materiellen Anziehungskraft wirkt die nicht physikalisch messbare seelische Anziehungskraft, die dafür sorgt, dass uns gewisse Menschen anziehen (Sympathie) und andere abstoßen (Antipathie). Das Wort Attraktivität hat seine Wurzel im Lateinischen, wo der Begriff *ad tractum* mit An-Ziehung übersetzt wird. Nach diesem Verständnis können materielle Aspekte wie Geld und  Besitz oder soziale Stellung individuell attraktiv wirken. Andere reagieren auf immaterielle Impulse wie Charakter, Schönheit, Macht oder Charme.

Auf der bewussten Ebene besagt dieses Prinzip: »Gleich und Gleich gesellt sich gern.« Man kann diese Aussage besser verstehen, wenn man sie zum Beispiel mit den Wörtern Partei, Glaubensgemeinschaft, Fußballfanclub oder Selbsthilfegruppe in Zusammenhang bringt. Es geht um Menschen, die sich aufgrund gemeinsamer Interessen zusammengehörig fühlen. Auf der unterbewussten Ebene hingegen heißt dies: »Gegensätze ziehen sich an«, weil wir uns unbewusst wie ein Magnet nicht aussuchen, wen oder was wir anziehen. Dasselbe Prinzip zeigt sich beim Karma eines Menschen, wenn er zum Beispiel immer wieder Situationen in sein Leben zieht, die ihm die Gelegenheit bieten, ein spezifisches Thema aufzuarbeiten.

Auch das individuelle Auftreten von Krankheit folgt größtenteils diesem Prinzip: Durch dein Leben, dein Verhalten, deine Erfahrungen, dein Karma produzierst du Symptome, die dir eine Botschaft senden. Diese Botschaft will dir mitteilen, in welchem Bereich ein seelisches Ungleichgewicht besteht. Die Symptome geben dir durch ihr Auftreten die Möglichkeit, die tieferen Krankheitsursachen zu erkennen und aufzulösen.

Das Leben ist dein Lehrer, Symptome sind möglicher Ausdruck einer noch nicht gelernten Lektion. Deine Reaktion auf die Krankheit (= deine Bemühungen, das innere Gleichgewicht wiederherzustellen) zeigt den Stand deiner spirituellen Entwicklung, daran ablesbar, ob du eine Lektion gelernt hast oder nicht.

7 Das Prinzip Gleichgewicht

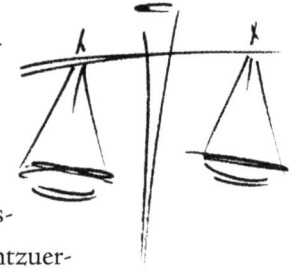

Das System Mensch ist wie das System Natur ein in sich geschlossenes System, das selbstregulierend und selbsterhaltend ist. Jedes Geschehen trägt letztlich dazu bei, einen Ausgleich zu schaffen, Harmonie aufrechtzuerhalten und ein natürliches Gleichgewicht herzustellen. Man kann das Phänomen des Ausgleichs in Situationen beobachten, die uns alle so natürlich scheinen, dass wir gar nicht auf den Gedanken kommen, dieses Prinzip darin zu erkennen, selbst wenn wir uns mitten in einem solchen ausgleichenden Ereignis befinden oder Teil davon sind.

Ein Stein, der in die Luft geworfen wird, um danach in einem See zu landen, hinterlässt keinen Vakuumtunnel hinter seiner Flugbahn. Plumpst der Stein ins Wasser, so hinterlässt er kein Loch im See. Krankheit bricht aus, um Gesundheit wiederherzustellen. Der Körper befreit sich von

Dingen, die nicht hineingehören, mit dem Ziel, den Zustand größtmöglicher individueller Gesundheit wiederherzustellen. Manchmal muss ein kleiner Teil geopfert werden, um das größere Ganze zu erhalten. Ziel ist immer das optimale Gleichgewicht.

Fazit

Alle Prinzipien und Aspekte des Naturgesetzes sind immer und zur gleichen Zeit in Aktion. Mal tritt das eine Prinzip etwas deutlicher in den Vordergrund, mal ein anderes. Es ist keinerlei menschliches Bewusstsein notwendig, um dem Naturgesetz zu seiner Wirkung zu verhelfen. Als selbstregulierendes und selbsterhaltendes System sabotiert sich die Natur niemals selbst. Selbstsabotage ist das Produkt eines begrenzten Bewusstseins, das von einem ebenso begrenzten Verstand begleitet wird. Die Schöpfung wird stets alles unternehmen, um ein übergeordnetes größtmögliches Gleichgewicht zu erhalten oder wiederherzustellen.

2 Geburtszahlen

Die Numerologie feiert größte Erfolge bei der Entschlüsselung von Geburtszahlen. Die Kunst der Numerologie besteht darin, Zahlen richtig zu interpretieren, um Rückschlüsse zu ziehen über Charaktermerkmale, Verhaltensweisen, Reaktionsmuster und Lebensaufgaben. Darüber hinaus können daraus Informationen abgeleitet werden wie beispielsweise über Anfälligkeiten von Krankheiten oder das Führen von Beziehungen und Partnerschaften.

Geburtszahlen setzen sich zusammen aus Geburtsdatum und Geburtszeit. Dabei gilt logischerweise: je exakter die Angaben, desto präziser die Aussage.

Schreibweisen

Meine Empfehlung: sich von Anfang an für eine Schreibweise zu entscheiden, von der man danach nicht mehr abweicht. In der Praxis hat sich folgende Darstellung bewährt:

Tag	Monat	Jahrhundert	Jahr	Stunde	Minute
27	03	– –	68	15	51

Schreibweise: ➤ 27. 03. 68/15:51 h

Frage: »Warum wird das Jahrhundert (19 bzw. 20) nicht auch berücksichtigt?«

Antwort: »Da sämtliche Menschen eines Jahrhunderts dieselben Jahrhundertzahlen besitzen, nämlich eine 19 oder eine 20, kann daraus keine Individualisation abgeleitet werden. Es handelt sich bei der Jahrhundertzahl sozusagen um die Bühne, auf der von uns allen das Theaterstück *Mein Leben* aufgeführt wird, um die Kulisse, die deinem Leben den Rahmen gibt. Diese Bühne oder Kulisse ist für alle Menschen ähnlich, weil alle im selben Zeitalter auf dieser Bühne stehen.«

In der täglichen Praxis bei der Arbeit mit Geburtszahlen wirst du bald feststellen, dass die getroffenen Aussagen und Interpretationen nicht immer mit den tatsächlichen Gegebenheiten übereinstimmen. In den meisten Fällen spielt die durchgemachte individuelle Entwicklung die Hauptrolle. Deshalb erinnere ich noch einmal daran, dass es sich um die *Geburtszahlen* handelt.

Doch es gibt weitere Ursachen:

Aufgrund einfacher Logik ist nachvollziehbar, dass sich die Fehlerquelle entweder bei der Zahl befindet (z. B. falsche Geburtszeit) oder beim Numerologen (falsche Interpretation). Dass Geburtstag, -monat oder gar -jahr falsch angegeben werden, kommt kaum vor und falls doch, dann nur bei den Geburtszeiten, die sich um Mitternacht herum befinden.

Die nachfolgende Übersicht über mögliche Fehlerquellen zeigt, dass man eine angegebene Geburtszeit nicht einfach so hinnehmen soll. Auch dann nicht, wenn sie aus einer Geburtsurkunde oder einem anderen offiziellen Dokument stammt. Jede Geburtszeit sollte einer kritischen Überprüfung unterzogen werden, um fehlerhafte Aussagen zu vermeiden oder wenigstens zu reduzieren.

In der Arbeit mit der Numerologie entwickelt man sich ständig weiter. Sind die Aussagen und Interpretationen zu Beginn oft noch etwas dürftig, werden sie mit zunehmender Übung immer exakter und zutreffender. Und damit verbessert sich auch die Menschenkenntnis.

Treffen gewisse Aussagen nicht oder nur teilweise zu, gibt es meist irgendwo eine Fehlerquelle, die es aufzudecken gilt.

Fehlerquelle Mensch

Mangel an Erfahrung

Wer sich noch nicht lange mit Numerologie beschäftigt, hat verständlicherweise noch nicht die Erfahrung und das Wissen, das notwendig ist, um komplexere Zusammenhänge zu erkennen und zu verstehen.

Dranbleiben und weiter lernen. Es wird von Fall zu Fall besser gehen.

Gewichtung einzelner Zahlen

Oft hat man in den Anfangszeiten einen tieferen Bezug zu gewissen Zahlen, während man zu anderen Zahlen den Zugang weniger gut findet. Es kommt deshalb nicht selten vor, dass man seine Sichtweise einschränkt, indem man die beliebteren Zahlen etwas wichtiger nimmt und die Bedeutung anderer Zahlen etwas vernachlässigt.

Mit zunehmender Erfahrung entwickeln sich Wissen und Erkenntnisstand. Dranbleiben und weiterlernen.

Zahlenkombinationen

Kombinationen von fehlenden, vorhandenen und mehrfach vorhandenen Zahlen beinhalten unterschiedlichste Informationen. Einige Kombinationen treten offensichtlich zutage, andere verbergen sich dem ungeübten Auge. Doch auch für den fortgeschrittenen Numerologen ist es nicht immer einfach, Zahlenkombinationen treffsicher zu entschlüsseln, denn dieselbe Zahlenkomposition kann sich bei verschiedenen Menschen auf unterschiedliche Weise zeigen.

Beispiele dazu finden sich im Kapitel »Zahlenkombinationen« ➔ *Seite 202 f.*

Platzhalternullen

Null ist nicht gleich null. Wie du bei der Schreibweise festgestellt hast, gibt es maximal zehn Zahlen, die in Datum und Zeit notiert werden können. Es gibt Nullen, die für die Interpretation der Geburtszahlen benötigt werden und andere, die nur der Vollständigkeit halber notiert werden, damit man immer mit der gleichen Anzahl Stellen operieren kann. Man bezeichnet sie deshalb als *Platzhalternullen*.

Man erkennt Platzhalternullen daran, dass sie:

- An erster Stelle von Tag, Monat oder Stunde stehen
- Die Bedeutung einer Zahl nicht verändern
- Nicht ausgesprochen werden müssen

Beispiel mit Platzhalternullen
0̲2̲. 0̲4̲. 76/0̲3̲ : 35 h

In diesem Datum gibt es drei Positionen, die mit Platzhalternullen aufgefüllt sind: Zehner-Tag, Zehner-Monat und Zehner-Stunde.

Die Nullen stehen jeweils an erster Stelle von Tag, Monat und Stunde. Bedeutung und Lesbarkeit der Zahl werden durch das Fehlen der Null nicht verändert.

Die Nullen müssen nicht ausgesprochen werden. Das Datum ist auch dann eindeutig, wenn die Nullen bei der Lesart verschwiegen werden.

Beispiel ohne Platzhalternullen
3̲0̲. 1̲0̲. 00/2̲0̲ : 00 h

An den unterstrichenen Positionen befindet sich keine Null. In diesem Datum gibt es keine Platzhalternullen.

Alle sieben Nullen werden in diesem Beispiel bei der Interpretation berücksichtigt. Jede Null ist von Bedeutung, keine Null ist überflüssig. Würde nur eine einzige Null entfernt werden, würde sich die Aussage des Datums unzulässig verändern.

Die Verwendung von Nullen ist in jedem Fall zu überprüfen.

Getrübte Erinnerungen
…oder eingeschränkte Selbstwahrnehmung

Es gibt Personen, denen fällt es schwer, sich an ihre Kindheit oder Jugend zu erinnern. Andere besitzen zwar detaillierte Erinnerungen an die Vergangenheit, schätzen sich selbst aber völlig anders ein, als sie von ihrem Umfeld wahrgenommen werden. Diese Menschen verfügen über eine eingeschränkte Fähigkeit zur Selbstreflexion.

Die Herausforderung für den Numerologen besteht darin, solche Stolpersteine zu identifizieren und durch geschickte Befragung über Umwege an die gewünschten Informationen zu gelangen.

Aufmerksam bleiben und sich nicht scheuen, detaillierter zu fragen. Die Menschen kommen zu dir, weil sie numerologische Informationen bekommen möchten, deshalb sind sie bereit, auf Fragen zu antworten.

Sommerzeit/Winterzeit und andere Zeitzonen

Grundsätzlich zählt die zum Zeitpunkt der Geburt gültige Lokalzeit. Deshalb wird im Winter die Winterzeit zugrunde gelegt und im Sommer die Sommerzeit. Diese Regel gilt in allen Weltregionen. Auch die Astrologie bedient sich der jeweiligen Lokalzeit.

Andere Länder, andere Sitten. In gewissen Ländern gelten teilweise andere Schreibweisen als bei uns. In den USA beispielsweise werden Tag und Monat im Vergleich zu eu-

ropäischen Gepflogenheiten umgekehrt notiert. Der elfte
September (11. 9.) wird als nine/eleven (9/11) notiert.

Die lokale Geburtszeit ist exakt festzustellen.

Die Schreibweise der lokalen Geburtszeit ist zu berücksichtigen.

Andere Kulturen und Religionen

- Im islamischen Kalender beginnt die Zeitrechnung am 16. Juli 622 n. Chr., dem Zeitpunkt der Auswanderung des Propheten Mohammed von Mekka nach Medina. Bei Geburten in islamischen Ländern muss deshalb numerologisch anders gerechnet werden.
- Der jüdische Kalender beginnt im Jahr 3761 v. Chr.
- Der chinesische Kalender der Qing-Dynastie wurde per 1. Januar 1912 dem westlichen gregorianischen Kalender angeglichen.
- In Japan gibt es verschiedene Kalender, Zähl- und Schreibweisen.
- Daneben gibt es Dutzende weitere Kalender, die vom westlich-christlichen Kalender abweichen. Bevor man also eine numerologische Berechnung anstellt, sollte man feststellen, ob der Geburtsort in einem westlichen Land liegt oder an welchem Datum nach welchem Kalender die Geburt stattfand.

Ich persönlich finde es gewagt, eine kabbalistisch, westlich geprägte Numerologie anderen Kulturen überzustülpen.

Das Potenzial für Missverständnisse scheint mir zu hoch. Deshalb beschränke ich mich bei meinen Analysen nach Möglichkeit auf Personen, die bezüglich ihrer Religion, Kultur und Gesellschaft dem christlich geprägten Abendland angehören.

Fehlerquelle Zahl

Der falsche Zeitpunkt

Es kommt vor, dass zur Bestimmung der exakten Geburtszeit der falsche Zeitpunkt zugrunde gelegt wird. Es ist nicht der Austritt des Kopfes aus dem Gebärkanal und nicht das Durchtrennen der Nabelschnur, die die Geburtszeit bestimmen. Wir orientieren uns, soweit es uns möglich ist, an Fakten. Fakt ist, dass der erste Atemzug, der erste Schrei den Beginn des irdischen Lebens und damit die Geburtszeit definiert. Das Leben wird eingehaucht und mit dem letzten Atemzug wieder ausgehaucht. Mit dem ersten Atemzug ist das Neugeborene imstande, sein Herz-Kreislauf-System selbstständig aufrechtzuerhalten. Deshalb gilt dieser Moment als effektive Geburtszeit.

Auch wenn die Geburtszeit vordergründig korrekt scheint, sollte sie immer hinterfragt werden.

Die Uhr geht falsch

Zu Zeiten, als die Uhren weltweit noch nicht im gleichen Takt schlugen und das Zeitalter von Funkuhren, Atomuhren und Digitaluhren noch nicht angebrochen war, konnte die Uhrzeit fehlerhaft sein, auch wenn sie korrekt abgelesen wurde.

Dagegen kann man nichts unternehmen. Durch geschicktes Befragen kann manchmal herausgefunden werden, ob es sich um die korrekte Uhrzeit handelt. Informationen zur Korrektur von Geburtszahlen finden sich auf Seite ➤ *180 f.*

Rundungsdifferenz …

… ist die häufigste Fehlerquelle. Während seit einiger Zeit (etwa seit Anfang der 1980er-Jahre) die Geburtszeit auf die Minute genau festgehalten wird, hat man sie davor häufig auf 5, 10 oder gar 15 Minuten auf- oder abgerundet. Das scheint auf den ersten Blick nicht weiter tragisch, doch numerologische Aussage und Interpretation verfälschen sich dadurch markant. Bei einer Mehrheit aller Menschen endet die Geburtszeit auf Fünf oder Null, zum Beispiel 11:30 Uhr oder 16:15 Uhr. Man muss also annehmen, dass 80 Prozent aller Geburtszeiten vor 1980 nicht korrekt notiert wurden.

Auf 5 Minuten gerundet

3 und 4 sowie 8 und 9 werden aufgerundet.
1 und 2 sowie 6 und 7 werden abgerundet.
5 und 0 bleiben wie notiert.
Trefferquote: 20 Prozent, zwei von zehn Zahlen sind korrekt notiert.

Auf 10 Minuten gerundet

5, 6, 7, 8 und 9 werden aufgerundet.
1, 2, 3 und 4 werden abgerundet.
0 bleibt wie notiert.

Trefferquote: 10 Prozent, eine von zehn Zahlen ist korrekt notiert.

Die Geburtszeit ist in jedem Fall einer genauen Überprüfung zu unterziehen, damit Fehlinterpretationen auf ein Minimum beschränkt und Falschaussagen vermieden werden können.

Geburtszeit ist nicht bekannt

Über lange Zeit wurde der Geburtszeit wenig bis keine Bedeutung beigemessen. Vielen, besonders älteren Menschen ist ihre exakte Geburtszeit deshalb nur sehr ungenau oder gar nicht bekannt. Besonders häufig kommt dies bei Hausgeburten vor.

Je weniger Zahlen bekannt sind, desto schwieriger und ungenauer sind die Interpretation und die daraus abgeleiteten Aussagen. In diesem Fall beschränkt man sich am besten auf die gesicherten Zahlen und klärt die Person über die Schwierigkeit auf, eine präzise und vollständige Aussage zu machen.

Fehlerquelle »Traumatischer Verlust«

In meiner Praxis erlebe ich immer wieder, dass Fähigkeiten und Talente eigentlich vorhanden sein müssten, was von der betroffenen Person jedoch deutlich, manchmal sogar vehement bestritten wird. Wenn aus numerologischer Sicht vorhandene Fähigkeiten nicht genutzt werden können, handelt es sich häufig um einen *traumatischen Verlust*. Dieser beruht in der Regel auf einer wiederholten seelischen Verletzung oder einem auferlegten Verbot, das einem die Anwendung seiner eigenen Fähigkeiten untersagt. Gründe dafür können gesellschaftliche, kulturelle oder religiöse Normen sein, die bestimmte Verhaltensregeln verlangen und angeborene Fähigkeiten einschränken oder untersagen. Daneben sind es die persönlichen, durch Familie, Partnerschaft oder Arbeitsplatz etablierten Erwartungen, die uns bei der Ausübung unserer Begabungen und Talente behindern.

Zur richtigen Zeit genügt ein einziger Befehl, um eine Fähigkeit zu blockieren. Ein herrisches »Tu das nie wieder!« kann so tief ins Unterbewusstsein dringen, dass man sich nicht mehr traut, sein Talent und seine Begabungen zu entfalten. Häufiger ist der schleichende Verlust durch stetiges Wiederholen von Befürchtungen oder Überzeugungen von außen.

Beispiel

Ein Mann mittleren Alters, von Beruf Bauingenieur und Vorgesetzter von acht Mitarbeitern, dem die Verantwortung für mehrere große Bauprojekte oblag, kam in meine Praxis. Obwohl bald fünfzig Jahre alt, behauptete er von sich, dass er überhaupt kein Selbstvertrauen besitzt und sich ständig minderwertig und unzulänglich fühlt, und dies, obwohl seinen Geburtszahlen zufolge Selbstvertrauen und Selbstwertgefühl eigentlich vorhanden sein mussten. Eine detailliertere Befragung ergab, dass dem Mann in seinen Kindheits- und Jugendjahren immer wieder gesagt wurde:

»Dafür bist du noch zu klein.«

»Das kannst du nicht.«

»Das schaffst du nie!«

»Bist du so blöd oder tust du nur so?«

Irgendwann begann der Junge – inzwischen Mann – zu glauben, was Eltern, Lehrer, Geschwister etc. zu ihm sagten. Aus Sicht eines Kindes können und wissen Erwachsene alles. Deshalb muss das, was sie sagen, richtig sein.

Durch diese *traumatische Umprogrammierung* verlor der Junge sein ihm in die Wiege gelegtes Selbstvertrauen. Er vertraute nicht mehr sich selbst, sondern nur noch anderen, weil diese alles besser wissen und können. So kam er zu der Überzeugung, dass er es nicht kann und nicht schafft. Mit den langfristigen Auswirkungen dieses traumatischen Verlustes kämpft dieser Mann noch heute. Oft dauert es Jahre, häufig Jahrzehnte, bis man sich Eigenschaften wieder erarbeitet hat, die man auf traumatische Art und Wiese verloren hat.

Personen mit einer entsprechenden Vergangenheit hilft bereits die Aufklärung darüber, dass die Ursache ihrer Probleme weder Schuld noch ein Mangel an Intelligenz sind. Allein diese Erkenntnis nimmt große seelische Last von den Schultern und verhilft zu mehr Gelassenheit und Entspannung. Das wiederum bildet die Basis für eine erfolgreiche Wiedererarbeitung der verlorenen Fähigkeiten.

Die Numerologie ist ein zuverlässiges Instrument, um festzustellen, ob diese Fähigkeiten ursprünglich vorhanden waren, und sie kann in der Praxis dazu beitragen, dass verloren gegangene Fähigkeiten wieder erworben werden können.

Grafische Darstellung

Es hat sich als hilfreich erwiesen, die Zahlen rund um ein Strichmännchen anzuordnen. Dieses lässt sich schnell und einfach skizzieren und ist, wie die weiteren Erläuterungen zeigen, sehr aussagekräftig.

Der Standort der Zahlen im Strichmännchen bleibt immer gleich und erfolgt gegen den Uhrzeigersinn. Die Eins befindet sich also immer am Scheitel und die Fünf immer am rechten Fuß. Dass die Seiten rechts und links in der Abbildung seitenverkehrt positioniert sind, ist Absicht. Da der Mensch von vorn angeschaut wird, sind die Seiten aus Sicht des Betrachteten korrekt.

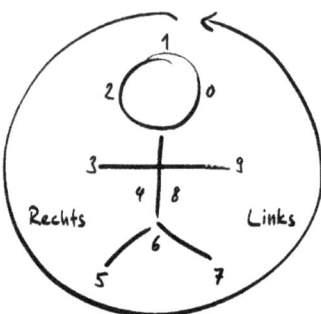

Die Eins steht in diesem Strichmännchen für den Kontakt zu einer höheren geistigen Ebene oder stellt die Verbindung zur göttlichen Quelle dar. Von diesem geistigen Scheitelpunkt aus beginnt der Weg in die irdische Welt. Über die Zwischenhalte in der Welt der Materie – die Zahlen Fünf und Sieben beim Strichmännchen – geht die Reise der Seele weiter zurück zur Quelle des Lichts.

Geburtszahlen notieren

Um das Erfassen von Zahlen zu vereinheitlichen, empfiehlt es sich, eine einprägsame und einfache Methode wie im Folgenden anzuwenden:

Dazu braucht man
- Ein Blatt Papier
- Zwei farbige Stifte, idealerweise Blau und Rot oder Schwarz und Rot
- Ein Geburtsdatum und die dazugehörige exakte Geburtszeit

So geht man dabei vor
- Schreibe Vornamen, Familiennamen sowie Geburtsdatum und die exakte Geburtszeit am oberen Seitenrand auf das Blatt Papier.
- Zeichne ein Strichmännchen gemäß untenstehendem Beispiel unterhalb davon. Verwende dazu die dunkle Farbe.
- Trage jede einzelne Zahl der Geburtszahlen rund um das Strichmännchen ein.
- Schreibe die vorhandenen Zahlen mit dunkler Farbe.
- Trage mehrfach vorkommende Zahlen mehrfach ein.
- Trage fehlende Zahlen, also solche, die in den Geburtszahlen nicht vorkommen, mit roter Farbe ein.

Wir gehen zunächst davon aus, dass die angegebene Geburtszeit exakt ist.

Vorname Name
27.03.68/15:51 h

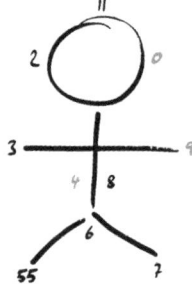

Frage: Warum wird die Null der Monatszahl im Datum nicht schwarz eingetragen?

Antwort: Nullen, die nicht ausgesprochen werden, werden nicht notiert. Das Datum kann als 27.3.68 oder als 27.03.68 notiert werden. Die Null verändert an dieser Stelle nichts an der Aussage des Geburtsdatums – es handelt sich um einen sogenannten Platzhalter (→ Seite 39 ff.).

Die Geburtszeit ist unvollständig oder unbekannt

Logisch: Je ungenauer bzw. unvollständiger die Geburtszahlen sind, desto ungenauer und unvollständiger werden die daraus abgeleiteten Aussagen. Ähnlich wie bei der Astrologie ist man auch in der Numerologie auf eine möglichst exakte Geburtszeit angewiesen. Bereits eine einzige Minute kann einen markanten Unterschied in der Kombination aller Zahlen hervorrufen. Oft sind es kleine Veränderungen, die eine große Wirkung nach sich ziehen und das Gesamtbild entscheidend verändern.

Ist die Geburtszeit unbekannt, fehlerhaft oder unvollständig, kann es eine Herausforderung darstellen, Fähigkeiten, Talente und Blockaden auf numerologischer Basis zu evaluieren. Es sind in diesem Fall viel numerologische Erfahrung und einiges Geschick in der Befragung notwendig, um dennoch zu einigermaßen brauchbaren und verwertbaren Ergebnissen zu gelangen.

In der Praxis kommt es recht häufig vor, dass Menschen ihre exakte Geburtszeit nicht kennen. Sie wissen vielleicht, dass sie am Vormittag, am Nachmittag, am Abend oder in der Nacht geboren wurden, oder sie kennen die ungefähre Zeit und erzählen zum Beispiel: »Meine Mutter hat gesagt, circa zwei Uhr nachmittags.« Oder: »Mitten in der Nacht. Die Kirchturmuhr habe geschlagen, erinnerte sich meine Oma.« Wie bereits weiter oben ausgeführt, besteht statistisch gesehen bei Menschen, die vor 1980 geboren wurden, eine höhere Wahrscheinlichkeit, dass ihre Geburtszeit nicht exakt erfasst wurde.

In solchen Fällen können vielleicht einzelne Zahlen einen Anhaltspunkt liefern: Wer zwischen 10:00 und 19:59 Uhr geboren wurde, hat mit Sicherheit mindestens eine Eins in den Geburtszahlen oder mindestens eine Zwei, wenn er zwischen 20:00 und 23:59 Uhr geboren wurde.

In einem solchen Fall werden nur die gesicherten Zahlen rund um das Strichmännchen eingetragen.

Im Abschnitt *Falsche Geburtszeit?* ➤ Seite 180 ff. werden Vorgehensweisen und Methoden gezeigt, wie man verfahren kann, um eine möglichst exakte Geburtszeit zu erhalten.

Einfache, mehrfache und fehlende Zahlen

Wir unterscheiden drei mögliche Formen, wie Zahlen vorkommen können und notiert werden: Fehlende Zahlen, einmalig vorkommende (einfache) Zahlen und mehrmalig vorkommende (mehrfache) Zahlen.

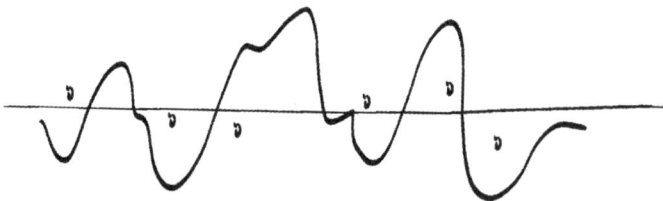

Fehlende Zahlen (Punkte)

Wollen, aber nicht können. Fehlende Zahlen sind gleichzusetzen mit Fähigkeiten und Talenten, die einem Menschen zum Zeitpunkt seiner Geburt fehlen. Er bekam diese nicht in die Wiege gelegt. Eine Zahl, die in den Geburtszahlen nicht erscheint, entspricht Fähigkeiten, die zwar objektiv vorhanden, von der betroffenen Person jedoch subjektiv nicht abrufbar sind. Es besteht also ein Mangel. Wo ein Mangel ist, besteht ein Bedürfnis. Und wo ein Bedürfnis besteht, da sorgt das Gesetz der Anziehungskraft (→ Seite 32 ff.) dafür, dass man sich hingezogen fühlt zu Orten und Situationen, die einem die Gelegenheit bieten, dieses Bedürfnis zu befriedigen.

Bei fehlenden Zahlen weiß das Unterbewusstsein: »*Ich kann das nicht. Ich habe keine Ahnung, wie man das macht.*«

Es geht dabei um Herausforderungen, die sich eine Seele ausgesucht hat, um zu reifen und sich weiterzuentwickeln. Wir begegnen diesen Aufgaben in den verschiedensten Verpackungen und zu den unterschiedlichsten Zeiten. So lange, bis wir den Lerninhalt begriffen und die Aufgabe gelöst haben.

Einfache Zahlen (gerade Linie)

Können, wenn man will. Zahlen, die in den Geburtszahlen nur ein einziges Mal erscheinen, werden auch einfache oder einmalig vorkommende Zahlen genannt. Einfache Zahlen entsprechen Fähigkeiten und Talenten, die von Geburt an vorhanden sind. Sie wurden einem sozusagen in die Wiege gelegt. Wir kennen sie auch unter den Begriffen Stärke oder Begabung. Wenn du willst, kannst du diese Begabungen anwenden. Was nicht heißt, dass du sie ständig anwenden musst. Nur weil du tanzen kannst, bedeutet das nicht, dass du ständig tanzen musst.

»Okay. Kein Problem, das schaffe ich schon.«

Du kannst diese Stärke jederzeit abrufen, sofern kein traumatischer Verlust stattgefunden hat. Mit diesem naturgegebenen Talent wird all das kompensiert, was nicht oder nicht mehr vorhanden ist. Eine Kompensation ist eine Überlebensstrategie. Jeder von muss sein Leben mit den Werkzeugen meistern, die ihm zur Verfügung stehen. Fehlende Werkzeuge versuchen wir zu kompensieren, indem wir vorhandene Werkzeuge zweckentfremden, als ob wir einen Nagel mit einem Schraubenschlüssel einschlagen, weil uns kein Hammer zur Verfügung steht.

Je größer in den Geburtszahlen die Anzahl der einmalig vorhandenen Zahlen ist, desto vielseitiger bist du. Deine Interessensgebiete sind breitgefächert, und du kannst vielseitig eingesetzt werden. Du bist aufgeschlossen und gelehrig. Als Gesprächspartner bist du spannend, weil du in vielen Bereichen mitdiskutieren kannst, und in deiner Nähe wird es selten langweilig.

Das alles führt dazu, dass du ein abwechslungsreiches Leben führen und viele interessante und spannende Erfahrungen machen kannst.

Ein Nachteil könnte vielleicht sein, dass es dir schwerfällt, dich zu spezialisieren, weil du so vielseitig interessiert bist und dich nicht auf ein Spezialgebiet festlegen möchtest aus Angst, etwas zu verpassen.

Mehrfache Zahlen (Wellenlinie)

Können, aber nicht wollen. Zahlen, die in den Geburtszahlen mehr als einmal vorkommen, werden mehrfache oder mehrmalig vorkommende Zahlen genannt.

Die ausgeprägte Bewegung der Wellenlinie weist auf eine große Schwankungsbreite der dazugehörigen Fähigkeiten hin. Einerseits gibt es starke Ausschläge nach oben (Wellenberge), die das große Potenzial aufzeigen, das in diesen Zahlen versteckt ist, und das große Spezialisierungspotenzial, das jemand in sich trägt.

Auf der anderen Seite gibt es Wellentäler, die auf blockierte Fähigkeiten verweisen. Es ist die Unfähigkeit, auf das große Potenzial zuzugreifen, das in dieser mehrfachen Zahl schlummert. Zustande kommt eine Blockade, wenn in anderen Inkarnationen überreichlich Erfahrung im entsprechenden Bereich gesammelt wurde, beispielsweise dann, wenn durch die Anwendung dieser Begabung unsägliches Leid verursacht wurde oder wenn man dadurch den eigenen Tod verschuldet hat. Ein Schwur, niemals wieder Gebrauch von dieser Fähigkeit machen zu wollen, führt zu einer Blockade in Form einer mehrfachen Zahl.

»Ich habe zwar viel Erfahrung und könnte, wenn ich wollte, aber ich habe mir geschworen, dieses Können nie mehr anzuwenden.«

Es kann also zu großen Schwankungen kommen. Zu bestimmten Zeiten kann sich ein Talent auf ausgeprägte Weise Ausdruck verschaffen – man kann sein Potenzial aufblitzen lassen –, ein andermal fühlt man sich total unfähig, diese Fähigkeit abzurufen und auszuleben und ist komplett blockiert. Das kann sich im Extremfall als Schockstarre äußern.

In ihrer Erscheinung können sich fehlende Zahlen und mehrfache Zahlen sehr ähnlich präsentieren. *Wollen, aber nicht können* kann auf den ersten Blick genauso aussehen wie *Können, aber nicht wollen*. Die Kenntnisse über die Zahlenmystik der Numerologie machen die Differenz sichtbar. Das kann insbesondere für Psychologen, Pädagogen, Ärzte und Therapeuten von Bedeutung sein, da die Behandlungsmethode individuell abweichen kann oder angepasst werden muss.

Dein Leben gestaltet sich vor diesem Hintergrund vielleicht nicht gleichermaßen spannend, verhindert aber nicht, dass man ein sehr interessantes Leben führen kann. Man verzettelt sich nicht so stark mit den Interessen und kann sich besser auf etwas fokussieren und spezialisieren.

Wenn man sich ausschließlich auf sein absolutes Spezialgebiet konzentriert, kann man Unglaubliches erreichen und sehr erfolgreich damit sein, mit dem Begleitrisiko, nicht mehr über den Tellerrand seiner Existenz hinausblicken und die Außenwelt ausblenden zu können.

Fazit

- Fehlende Zahl: Wollen, aber nicht können
- Einmalige Zahl: Können, wenn man will
- Mehrfache Zahl: Können, aber nicht wollen

Zahlen und Organe

In der numerologischen Praxis fällt auf, dass der Standort der Zahlen bei der Zuordnung im Strichmännchen in direktem Zusammenhang steht mit Beschwerden, Symptomen und Diagnosen in der bezeichneten Körperregion.

Die Wahrscheinlichkeit, dass körperliche Anfälligkeiten in der bezeichneten Körperregion auftreten, ist besonders dann hoch, wenn die zugeordnete Zahl fehlt oder mehrfach vorkommt, also ein Ungleichgewicht besteht.

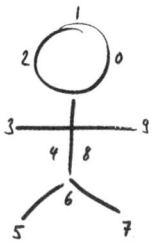

Geburtszahlen verschlüsseln die tieferen Themen und Aufgaben, die jemand in dieses Leben mitgebracht hat. Werden diese nicht auf der seelischen Ebene bearbeitet, werden sie auf der körperlichen Ebene gespiegelt, um uns mitzuteilen, welchem Thema wir verstärkte Aufmerksamkeit widmen sollten. Psychische (seelische) Beschwerden somatisieren sich (werden körperlich), werden also psychosomatisch. Die große Herausforderung besteht darin, die Botschaft der Symptome zu verstehen, und dabei hilft uns die Numerologie. Grundsätzlich liegen die Ursachen für Anfälligkeiten nicht im materiellen Bereich, also im Körper. Es ist deshalb müßig, Urin oder Schweiß in Bezug auf Viren oder Bakterien zu untersuchen, wenn der Patient unter Prüfungsangst leidet oder unglücklich verliebt ist.

Bei diesen Beispielen handelt es sich um seelische Themen und nicht um körperliche. Es können in der Folge zwar körperliche Symptome auftreten, der untersuchende Arzt wird jedoch keine messbaren Veränderungen im Körper feststellen können und zum Schluss kommen: »Sie sind gesund, Ihnen fehlt nichts.«

Wir sprechen hier von Anfälligkeiten und nicht von Krankheiten. Diese Anfälligkeiten kommen zustande, weil uns der Körper über diese Organe und Symptome am leichtesten verständlich machen kann, welches dahinterliegende Thema aktuell bearbeitet werden soll. So können Halssymptome darauf hinweisen, dass ein Problem im Bereich Kommunikation besteht oder weil man vielleicht aus einem übertriebenen Harmoniebedürfnis heraus immer alles schluckt. Vielleicht weiß der Mensch, dass in diesem Sektor

Handlungsbedarf besteht, hat aber nicht den Mut, etwas zu unternehmen, oder er kennt die größeren Zusammenhänge nicht. Die Reaktion seines Körpers stößt ihn mit der Nase auf das anstehende Grundproblem und fordert ihn damit auf, aktiv zu werden.

Da es sich um Wahrscheinlichkeiten, Neigungen und Tendenzen handelt, *können* Symptome auftreten, *müssen* aber nicht. Und natürlich darf nicht vergessen werden, dass noch viele weitere Faktoren vorhanden sind, die einen prägenden Einfluss ausüben können, im Positiven wie im Negativen. Parameter wie Familie, Erziehung, Gesellschaft, Kultur, Glaubenszugehörigkeit, Lebensweise oder Genetik gehören mit Sicherheit dazu.

Grundsätzlich darf man davon ausgehen, dass eine Krankheit aus dem Körper ausbricht, um diesen zu verlassen. Gefundene Viren und Bakterien dienen in aller Regel dazu, einer Krankheit zum Ausbruch zu verhelfen. Sie sind damit ein Hinweis darauf, welches dahinterliegende Thema bearbeitet werden soll. Folglich handelt es sich bei einer Krankheit um ein Regulationsventil, das dazu dient, möglichst bald wieder ein optimales inneres und äußeres Gleichgewicht herzustellen.

In Kapitel *Die einzelnen Zahlen* (➤ Seite 59 ff.) ist zu jeder Zahl eine begrenzte Auswahl von Organen zu finden, die bei fehlender oder mehrfach vorkommender Zahl gehäuft betroffen sind.

3 Die einzelnen Zahlen

Die Eins

Idee, Anfang und Urvertrauen

Stichworte: Universum, Einheit, Urvertrauen, Geist, Bewusstwerdung, Inspiration, Gedanke, Idee, Anfang, Impuls, Reiz, Wille, Ego, Selbstfindung, Führungsqualitäten, Ziel, Ehrgeiz, Eigenmotivation, Kontrollverlangen, Kontaktfreudigkeit, Respekt, Vorsicht, Ängstlichkeit, Panik

Energie: Yang, männlich, aktiv

Farbe: Weiß, das reine weiße Licht

Element: Feuer

Planet: Die Galaxie (Einheit), das Licht, Neptun

Chakra: Kronenchakra

Tarot: I – *Der Magier*, X – *Das Rad des Lebens*, XIX – *Die Sonne*

Kabbala: Kether, die Krone

Besserung: Aktivität, körperliche Anstrengung (kein Leistungssport!), Bewegung in der freien Natur, sein Bestes geben, ein Team anführen

Verschlimmerung: Arbeitslosigkeit, Mangel an Anerkennung, verlieren im Sinne von *nicht-gewinnen*, etwas mit je-

DER MAGIER

RAD DES SCHICKSALS

DIE SONNE

mand teilen müssen, Langeweile, Untätigkeit, Passivität

Körper und Organe: Kopf, Gesicht, Gehirn, Nase, Stirnhöhlen, Kieferhöhlen, Kiefer, Zähne, Zunge, Halswirbelsäule, Thalamus, Hypothalamus, Zirbeldrüse, Hypophyse

Die Eins ist Ursprung ungetrennter Einheit und Punkt letztendlicher (Wieder-)Vereinigung. Sie ist kontaktfreudig, wie ein Beispiel aus der Chemie zeigt: Im Periodensystem der Elemente nimmt Wasserstoff den Platz als erstes Element der ersten Periode ein. Das Wasserstoffatom besteht aus einem Proton, einem Neutron und einem Elektron und verbindet sich mit nahezu allen anderen chemischen Elementen in der Natur, ist also sehr reaktions- und kontaktfreudig.

Die Tarotkarte 1: Der Magier symbolisiert eine magische Handlung. Ein noch jung scheinender Mann mit der Kompetenz, aus dem unendlichen Potenzial des Nichts, dargestellt als liegende Acht über dem Kopf, ein Etwas zu schöpfen. Vier Elemente, dargestellt als Schwert (Luft), Stab (Feuer), Kelch (Wasser) und Münze (Erde) stehen ihm zur Verfügung. Die Pflanze unter dem Tisch steht für das Wachstums- und Entwicklungspotenzial der empfangenen Inspiration, die sich in Raum und Zeit manifestieren kann.

Die Eins betreibt das Geschäft des Anfangs. Sie ist die Zahl von Inspiration, Idee, Impuls und Beginn. Die Eins ist die Anführerin, die weiß, wohin sie will und die ihrem Weg vertraut.

Eine Eins stellt hohe Ansprüche an sich selbst und andere. Sie hat einen starken Willen und besitzt eine hohe Selbstmotivation. Dadurch ist sie ehrgeizig und will die Erste, die Beste, die Nummer eins sein. Gelingt ihr das nicht, kann sie zu einer schlechten Verliererin mutieren und aufgeben.

Eine Eins arbeitet schwer und braucht viel Anerkennung für ihre Leistung. Einsen fällt es schwer, den Augenblick zu genießen. Sie ist in Gedanken immer irgendwie aktiv, und es fällt ihr schwer, etwas Ruhe in ihr Denken zu bringen. Auch körperlich müssen Einsen ihren Energieüberschuss irgendwie herauslassen, damit die angestaute Energie nicht destruktiv wird. Einsen können nicht gut ausruhen oder entspannen, zu viele Ideen und Vorhaben durchströmen ihren Verstand.

Wir sehen es bereits im Symbol des Strichmännchens: Die Eins steht am Scheitelpunkt des Kopfes und damit symbolisch in direkter Verbindung mit einer höheren (göttlichen) Ebene, wiederum dargestellt durch die Lemniskate als Hutkrempe des Magiers. Diese Verbundenheit äußert sich durch ein stabiles Gottvertrauen, eine Eigenschaft, die der Eins zugeordnet ist. Das Symbol für Macht und Mächtigkeit ist seit jeher die Krone. Die Verbindung mit dem Kronenchakra oder der Zahl eins in der Kabbala (Kether, die Krone) ist kein Zufall.

Fehlende Eins

Das Thema Vertrauen übt einen großen Einfluss auf dich aus. Sowohl im Kontakt mit Mitmenschen als auch im Umgang mit Situationen, denen du oft eher skeptisch oder vorsichtig gegenüberstehst.

Ohne eine Eins wurde dir das (über-)lebensnotwendige Ur- oder Gottvertrauen nicht in die Wiege gelegt. Du hast keine Ahnung, was es heißt, zu vertrauen, weil du gar nicht weißt, wie das geht. Deshalb triffst du immer wieder auf Konstellationen im Leben, die dir die Gelegenheit bieten, Vertrauen zu lernen. Diese Situationen beinhalten in der Regel Komponenten von Gefahr, Reiz oder Faszination, häufig in Kombination mit einem Anteil von Manipulation.

Menschen ohne eine Eins lassen sich leichter übertölpeln und betrügen als andere. Sie glauben unkritisch, was man ihnen sagt, und tun Dinge, die ihnen allein nicht in den Sinn gekommen wären. Solche Menschen kann man manipulieren und gut führen. Das Handwerk eines Soldaten ist ein gutes Beispiel dafür. Man sagt einem Soldaten, was er zu tun hat, und er führt die Befehle aus, ohne sie zu hinterfragen. Es gibt aber auch das exakte Gegenteil davon: Du vermeidest Situationen, in denen es darum geht, irgendjemandem vertrauen zu müssen, und neigst zu unangemessener Skepsis und Misstrauen, zu Übervorsichtigkeit und Ängstlichkeit.

Menschen, die sich ohne Probleme führen lassen, haben nicht genug Eigeninitiative, um sich selbst zu führen, um selbst Anführer zu sein. Es fehlt an Inspiration, Mut und Eigenmotivation. Wer unter einem derartigen Mangel leidet – leiden ist eigentlich das falsche Wort, denn diese Menschen leiden in der Regel nicht bewusst darunter –, wird kompensatorisch Gedanken, Ideen und Impulse von Dritten übernehmen und diese weiterentwickeln. Wer dazu neigt, handelt nicht aus Arglistigkeit, sondern reagiert aus einem Mangel dieser Eigenschaften, die ihm nicht in die Wiege gelegt wurden. Mit fortschreitendem Alter wird man sich die Charaktermerkmale einer Eins erarbeiten und so ein passives Reaktionsverhalten in ein aktives Aktionsverhalten umwandeln.

Langeweile, Passivität, Willensschwäche und Antriebslosigkeit können Thematik einer fehlenden Eins sein, die einen Menschen beschäftigen oder früher beschäftigt haben. Die fehlende Verbindung nach oben zu einer spirituellen oder göttlichen Ebene entspricht einem Mangel an Glauben oder Gottvertrauen. Daraus resultiert eine Unsicherheit. Unsichere Menschen haben ein großes Bedürfnis nach Sicherheit und neigen deshalb dazu, sich gegen alles zu versichern. Ein ganzer Wirtschaftszweig von Versicherungen profitiert davon und präsentiert jährlich stolz Milliardengewinne.

Pessimismus ist ebenso eine Grundhaltung, die bei einer fehlenden Eins oft zu finden ist, und dieser richtet den Fokus verstärkt auf das, was alles schieflaufen könnte, statt auf all das Positive, was daraus resultieren könnte.

Bemerkungen, Anregungen und Tipps

● Entwickle deinen eigenen Willen und öffne dich für Ideen und Ein-fälle. Verbinde dich dazu mit deiner inneren Stimme und achte auf den Impuls oder das Bild, das dein Unterbewusstsein an die Oberfläche deines Bewusstseins schickt.

● Versuche zu akzeptieren, dass da eine höhere Macht ist, auch wenn du sie mit deinem Verstand nicht erfassen oder definieren kannst. Du bist Teil eines größeren Ganzen, und dein Dasein beinhaltet einen tieferen Sinn.

● Du neigst zu Ängstlichkeit? Verbinde dich immer wieder mit deinem göttlichen Licht, oder nimm dir einen Engel zu Hilfe, wenn dir das leichter fällt. Erkenne, dass Angst immer ein Mangel an Vertrauen ist, denn wer Angst hat, vertraut nicht, und wer vertraut, hat keine Angst.

● Du neigst zu Leichtgläubigkeit? Übe dich in kritischem Denken. Vielleicht helfen dir diese Tipps:

– Lass dich nicht zu wichtigen Entscheidungen drängen. Bestehe darauf, Entscheidungen zu überschlafen, und ziehe bei Bedarf den Rat einer Vertrauensperson hinzu.

– Sag nicht ja, nur weil du niemanden enttäuschen möchtest. Hab keine Angst, nein zu sagen.

– Frag dich, was der Profit für die Gegenseite ist, wenn du ja sagst, und worin dein Profit oder Risiko besteht.

– Lass dich nicht von Alter, Ausbildung oder Autorität beeindrucken. Betrachte dein Gegenüber als gleichwertig und auf Augenhöhe.

– Wenn etwas als zu schön erscheint, um wahr zu sein, dann ist es zu schön, um wahr zu sein.

– Frag dich, wie glaubwürdig der Mensch oder wie qualitativ hochwertig ein Produkt ist. Informiere dich über andere Quellen, über Mensch und/oder Produkt.

– Stell Fragen, auch unbequeme!

– Reagiere nicht auf E-Mails, deren Absender du nicht kennst.

– Um Telefonverkäufer abzuwimmeln, genügt es in der Regel zu sagen: »Ich kaufe aus Prinzip nie etwas am Telefon, und mir fehlt die Zeit, um Ihnen weiter zuzuhören.«

Einmalige Eins

Dir wurde ein natürliches Urvertrauen in die Wiege gelegt. Der Ausspruch: »Es wird schon gut …« könnte von dir stammen, denn du empfindest das wirklich. Du bist auf einer höheren Ebene mit dem Göttlichen gut verbunden und gehst mit Vertrauen in die Zukunft. Du weißt, dass du niemals allein bist. Um diese Fähigkeit wirst du von vielen Seiten beneidet, auch wenn dir dies meist nicht offen gezeigt wird. Du strahlst eine innere Ruhe und Sicherheit aus, die dich für andere souverän und gefestigt erscheinen lässt.

Vorsorge ist dir nicht wichtig. Du spürst eine innere Sicherheit und Verbundenheit mit einer göttlichen Ebene und bist deshalb weniger stark auf äußere Sicherheit wie Versicherungen, Vorsorgelösungen etc. angewiesen.

Du besitzt eine hohe Eigenmotivation, deine Ideen weiter zu verfolgen und in die Realität umzusetzen. Begeisterungsfähig und temperamentvoll wie du bist, kannst du andere mitreißen. Du bist ein optimistischer Führer, der mutig vorangeht. Auch wenn es um originelle oder exzentrische Konzepte und Projekte geht, die die Welt noch nicht gesehen hat. Wer könnte sich besser als Erfinder eignen, als eine Eins ...?

Mit Einfällen verhält es sich übrigens wie mit Zufällen: Es handelt sich um einen passiven Vorgang, der sich nicht willentlich steuern lässt. »Es fällt mir gerade etwas ein ...« bedeutet: Irgendeine Instanz (aktiv) lässt mir (passiv) etwas ein- oder zufallen. Das Wort *Idee* stammt übrigens aus dem Altgriechischen und bedeutet Urbild. Ein geistiges Bild also, nach welchem das Handeln ausgerichtet wird.

Bemerkungen, Anregungen und Tipps

- Steht die Eins am Anfang deines Geburtsdatums, so bist du von Natur aus ein offener und fröhlicher Mensch. Du kannst den ersten Schritt machen und gut auf andere Menschen zugehen. Du solltest eine Führungsposition einnehmen.
- Deine Intelligenz, dein Temperament und deine Begeisterungsfähigkeit prädestinieren dich für die Entwicklung neuer Konzepte. Setz diese Gabe ein zum Wohl von dir selbst und deiner Umgebung.
- Verschließ dich nicht dem göttlichen Impuls, der Inspiration. Das ist es, was gemeint ist in der Bibel, wenn es heißt: »Den Seinen (mit Gottvertrauen ausgerüsteten) gibt's der Herr im Schlaf« (im Unterbewusstsein).
- Versuche, nicht immer alles kontrollieren zu wollen. Du verschwendest Energie, die du weitaus produktiver einsetzen könntest.

Mehrfache Eins

Eine Mehrfach-Eins ist meist überdurchschnittlich intelligent, in der Regel schnelldenkend und willensstark. Sie wird bombardiert mit Gedanken, Ideen und Impulsen, die sie manchmal nur schwer kanalisieren kann. Die starke Willenskraft und der damit verbundene Ehrgeiz können eine einflussreiche Führungspersönlichkeit hervorbringen. Der ständige Beschuss von Gedanken und Reizen kann aber auch zu einer Reizüberflutung führen, die dazu führt, dass man sich zurückzieht oder dass eine erhöhte Reizbarkeit entsteht, die die anderen dann zu spüren bekommen. Infolge der vielen Gedanken, Impulse und Reize kannst du abends möglicherweise nicht gut einschlafen.

Die Schwankungsbreite der mehrfachen Eins hinterlässt Spuren auf der Vertrauensskala. Auf der einen Seite leichtgläubig, naiv oder vertrauensselig und nur an das Gute im Menschen glaubend und auf der anderen Seite übervorsichtig, skeptisch und misstrauisch. Bei einer mehrfachen Eins findet man häufiger als bei anderen Zahlen Pessimismus, Eifersucht, Angststörungen und Panikattacken. Unsicherheit ist fast immer ein Thema, und meistens sehen diese Menschen eher Risiken als Chancen. Ihr Fokus ist oft auf die negativen Seiten des Lebens gerichtet.

Kinder, deren Geburt mit Komplikationen verbunden waren, sind auffallend oft mit mehreren Einsen ausgestattet. Unter komplikationsbehafteten oder erschwerten Geburten fallen unter anderem: Zangengeburten, Saugglockengeburten, Entbindungen mit Periduralanästhesie, Neugeborene mit der Nabelschnur um den Hals und natürlich Kaiserschnitt-Geburten. Ein solcher Start entspricht einem blockierten Anfang – einer doppelten Eins aus numerologischer Sicht.

Durch Kaiserschnitt geboren zu werden, ist stets verbunden mit Betäubung, sprich: Lokalanästhesie oder Vollnarkose der Mutter. Das führt dazu, dass das inkarnierende Kind im Unterbewusstsein die eigene Geburt nicht erleben kann, weil die Sinneswahrnehmung der Mutter betäubt ist. Da die erste Erfahrung des Kindes in dieser Welt von Vernebelung und Betäubung geprägt wurde, werden die Überlebensstrategien solcher Kinder oft darauf hinauslaufen, sich in Stresssituationen zu betäuben, um sich nicht spüren zu müssen. Sich zu betrinken, Marihuana zu rauchen oder andere Betäubungsmittel zu konsumieren sind bekannte Reaktionsmuster. Extremerfahrungen und Risikosportarten dienen ebenso der Betäubung wie Suchtverhalten an Computer oder Smartphone. Mehrfach-Einsen neigen verstärkt zu Suchtverhalten.

In kritischen Situationen stehen grundsätzlich drei mögliche Reaktionsmuster zur Verfügung: kämpfen, flüchten oder sich tot stellen. Oft ist bei Menschen mit einer Geburt unter Betäubung die dritte Variante zu beobachten: Der Muskeltonus erschlafft, und dieser Mensch muss gerettet werden. Beispiel: Die Person wird in einer Schock- oder Gefahrensituation ohnmächtig und sackt in sich zusammen. Man hat Angst, ist aber unfähig, zu reagieren. Genau wie bei einer Entbindung unter Narkose: Der Muskeltonus erschlafft, der Mensch ist ohnmächtig und unfähig zu reagieren. Doch nichts ist schlimmer für eine Mehrfach-Eins als

Kontrollverlust! Das Kontrollbedürfnis kann derart ausgeprägt sein, dass sie von anderen vielfach als *Kontrollfreaks* wahrgenommen werden. In Partnerschaften kann dies wegen der nagenden Eifersucht zur Überwachung des Partners führen.

Bemerkungen, Anregungen und Tipps

● Steht die Eins am Anfang deines Geburtsdatums, so kannst du den ersten Schritt machen und grundsätzlich gut auf andere Menschen zugehen. Manchmal kommt dir deine Skepsis dabei in den Weg und mindert deine Kontaktfreudigkeit.

● Du neigst zu Leichtgläubigkeit? Dann achte darauf, dich nicht von Alter, Status oder Autorität beeindrucken oder blenden zu lassen. Reagiere nicht auf Mails, die dir suspekt vorkommen und deren Absender du nicht kennst.

● Sei kritisch und hab keine Angst, Fragen zu stellen, auch wenn sie unangenehm erscheinen. Denk daran: Wenn etwas als zu schön erscheint, um wahr zu sein, dann ist es zu schön, um wahr zu sein.

● Lass dich nicht zu Entscheidungen drängen. Nimm dir Zeit, Entscheidungen zu überschlafen, und hol dir Rat von einer Vertrauensperson.

● Du neigst zu Ängstlichkeit? Verbinde dich immer wieder mit deinem göttlichen Licht, oder nimm dir einen Engel zu Hilfe, wenn dir das leichter fällt. Erkenne, dass Angst immer ein Mangel an Vertrauen ist, denn wer Angst hat, vertraut nicht, und wer vertraut, hat keine Angst.

● Du kannst dich versichern oder absichern. Sicherheit ist immer nur ein Gefühl und niemals real. Du kannst dich sicher fühlen, aber Sicherheit liegt nicht im Außen – sie ist in dir drin.

● Du hast einen starken Willen. Leb deinen Ehrgeiz sinnvoll aus! Du darfst ehrgeizig sein und nach Höherem streben, aber sei vorsichtig, dass du daran nicht zugrunde gehst und nicht rücksichtslos wirst dabei – es gibt noch andere Menschen.

● Du hast ein großes Kontrollbedürfnis und möchtest stets alles im Griff haben. Manche sagen sogar, du seist ein *Kontrollfreak*. Versuche, die Kontrolle abzugeben, indem du anderen Menschen dein Vertrauen schenkst. Selbst wenn sie nicht auf dieselbe Art und Weise (re-)agieren wie du, können sie dennoch zum Ziel gelangen.

● Die Fähigkeit zur Hingabe (= die Kontrolle abgeben) kann trainiert werden. Bitte zwei Freunde, dir dabei zu helfen. Stell dich aufrecht hin, verschränk die Arme vor dem Körper und schließ die Augen. Lass dich auf das Kommando deiner Freunde steif wie ein Stock nach hinten fallen. Deinen Freunden fällt die Aufgabe zu, dich aufzufangen. Vertrau ihnen! Du hast die Übung bestanden, wenn du keinen Schritt nach hinten gemacht hast, die Arme immer noch verschränkt sind und wenn du steif wie ein Besenstiel aufgefangen wirst.

● Es ist eine große Aufgabe, von einer negativen Grundhaltung zu einer optimistischen Weltanschauung zu finden. Nimm die Herausforderung bewusst an und beginne damit, den kleinen Dingen des Alltags die positiven Seiten abzugewinnen.

● Nicht »Der verdammte Schlüssel ist runtergefallen«, sondern ich darf ihn aufheben, und ich trainiere damit meine Muskeln und erhalte so die Beweglichkeit meiner Gelenke.

● Nicht »Die blöden Streichhölzer sind schon wieder ausgegangen«, sondern meine Lunge darf sich jetzt länger erholen bis zur nächsten Zigarette.

● Nicht »Der scheiß Zug ist vor meiner Nase abgefahren«, sondern ich habe jetzt ein paar Minuten Zeit, die nur mir gehört.

Achte darauf, positive Formulierungen zu finden, denn positives Denken funktioniert nicht mit negativen Formulierungen. Die Worte kein oder nicht zerstören jede positive Formulierung.

Die Zwei

Vision, Intuition, Medialität

Stichworte: Fantasie, bildliches Vorstellungsvermögen, Visualisierung, Vision, Medialität, außersinnliche Wahrnehmung, Sensibilität, Intuition, Beziehung, friedliebend, Harmoniebedürfnis, Kompromiss, Rücksicht, Vermittlung, Zusammenarbeit, Aufopferung, allen alles recht machen wollen, Zweifel, Verzweiflung, Suchtgefahr, Illusion, Wandlungs- und Unterscheidungsfähigkeit

Energie: Yin, weiblich, passiv

Farbe: Regenbogen, das gesamte Farbspektrum

Element: Wasser

Planet: Zodiac (der Tierkreis), Uranus

Chakra: Stirnchakra, das *Dritte Auge*

Tarot: II – *Die Hohepriesterin*, XI – *Die Kraft*
XX – *Das Gericht*

Kabbala: Chockmah – die höchste Weisheit

Besserung: Komplimente, Dank, Anerkennung, Harmonie, Gesellschaft, Zusammenarbeit

Verschlimmerung: Streit, Konflikt (auch bei anderen), Undankbarkeit, Isolation

Körper: Augen, rechte Gesichtshälfte
Fehlt die Zwei oder kommt sie mehrfach vor, so ist die Wahrscheinlichkeit von Symptomen in diesen Körperregionen erhöht.

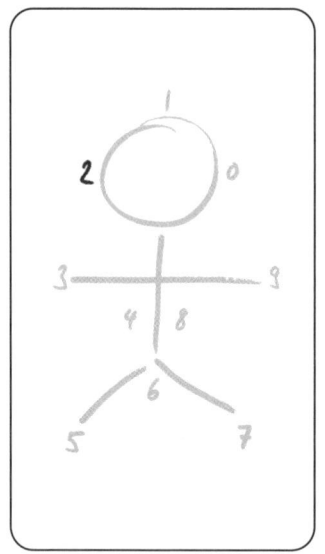

DIE HOHEPRIESTERIN

KRAFT

GERICHT

Die Trennung der Einheit in Teil und Gegenteil

Nach der Trennung steht dem ICH ein DU gegenüber, welches sich vom ICH unterscheidet, was ein Erkennen erst ermöglicht. Das Getrenntsein der Zwei führt zu Gespaltenheit, Zweifel und zuweilen Verzweiflung. Aufopfernd, einfühlsam, warmherzig und sensibel will die Zwei zwischen dem ICH und dem DU vermitteln und Harmonie herstellen.

Die Fähigkeit zur Unterscheidung gehört zur Zwei. Sie ist Kontaktpunkt zu Übersinnlichem und zum Unterbewusstsein, aber auch Ursprung des Zweifels. Das Zu-Hause-Sein »im Himmel wie auf Erden« macht die Zwei zur Zahl der medialen Veranlagung und der Intuition. Ihre vom Verstand oft angezweifelte Fähigkeit zur außer- und übersinnlichen Wahrnehmung kann eine Zwei in tiefe Unsicherheit und depressive Krisen stürzen. Zweien verfügen zudem über ein ausgeprägtes bildliches Vorstellungsvermögen und folglich über eine lebhafte Fantasie.

Eigenschaften wie *sensibel* oder *harmoniebedürftig* findet man fast immer bei der Zwei. Sie geht Konflikten lieber aus dem Weg und zeigt sich kooperativ und rücksichtsvoll. Meist stellt sie die Bedürfnisse ihrer Mitmenschen vor ihre eigenen. Zuweilen ist das Bedürfnis, allen alles recht zu machen, sogar so ausgeprägt, dass sie Kompromisse eingeht, die ihr selbst zum Nachteil gereichen, und damit steht sie in Gefahr, ausgenutzt zu werden. Entsprechend erhöht sich das Risiko, von anderen ausgebeutet zu werden, auch wenn ihr dies nicht von Anfang an auffällt. Eine Zwei kann beispielsweise ihre sexuellen Bedürfnisse an die ihres Sexualpartners anpassen und ihre eigenen Wünsche unterdrücken.

Was als positive Kooperationsbereitschaft gedacht war, kann so in sexuelle Ausbeutung ausarten. Wird ihr dies bewusst oder entwickelt sie entsprechende körperliche Symptome, so kann sie entgegen ihrem Naturell sehr undiplomatisch werden und sich grollend zurückziehen. Sie wendet sich von anderen ab und kann in eine Opferrolle verfallen. Ihre Gutherzigkeit verwandelt sich in Widerstand und Starrheit.

Eine natürliche Zwei kennt kein Konkurrenzdenken. Sie will nur ehrlich helfen und vermitteln, Frieden stiften und Menschen zusammenbringen. Mit Kritik kann eine Zwei Mühe haben, weil sie Sachliches und Emotionales nicht immer auseinanderzuhalten vermag. Es ist wichtig, dass Zweien lernen, ihre eigenen Bedürfnisse zu formulieren und sie auch zu äußern. Auch wenn dies bedeuten sollte, dass man andere damit vor den Kopf stößt.

Eine interessante Seite der Zwei ist ihre Wandlungsfähigkeit. Sie hat zwei Seiten und spielt in der Öffentlichkeit die Hauptrolle im Theaterstück »Mein Leben«. In dieser Rolle zeigt sie sich gern und vereinnahmt dabei ihr Publikum mit ihrer liebenswerten und aufgeschlossenen Art.

Die private Seite offenbart sie meist nur Menschen, denen sie vertraut und die sie schon etwas besser kennt. Diese Seite kann das genaue Gegenteil ihrer öffentlichen Seite sein, kann zurückgezogen und weit weniger vereinnahmend und viel verletzlicher sein. In ihrer privaten Rolle muss die Zwei ihr Schutzschild nicht immer auf aktiv schalten, sondern darf sein wie sie ist. Außerhalb der eigenen vier Wände will sie aber niemandem eine Angriffsfläche bieten und kann sich charmant, diplomatisch und angepasst allen Scharmützeln und emotionalen Attentaten entziehen.

Fehlende Zwei

Dass es keine Zufälle gibt, hat sich mittlerweile herumgesprochen und wird von vielen auch so verstanden. Von Zufall spricht man immer dann, wenn man keine Gesetzmäßigkeit im Ablauf eines Geschehens erkennen kann. Zufall bedeutet nicht nur, dass dir etwas zufällt, sondern dass dir genau das zufällt, was zu diesem Zeitpunkt *fällig* ist. Stets verbunden mit dem Risiko, dass du durch einen Zufall zu Fall gebracht werden kannst.

Dass du hier bist, ist kein Zufall, doch du zweifelst, manchmal bis zur *Verzweiflung*. Es fällt dir schwer, deine Intuition wahrzunehmen und ihr zu vertrauen. Es fehlt dir der Zugang zu deiner übersinnlichen Wahrnehmung, und falls du dir diesen Zugang erarbeitet hast, verfügst du nicht über die angeborene Fähigkeit, ihr zu vertrauen. Als Folge davon neigst du dazu, dich auf deinen Verstand zu verlassen.

Die Fähigkeit des bildlichen Vorstellungsvermögens (Visionen, Visualisierungen) wurde dir nicht in die Wiege gelegt, was dazu führt, dass du zunächst kompensatorisch auf die Vorstellungen und Bilder von anderen zurückgreifst.

Du hast das Bedürfnis nach einem harmonischen Umfeld, findest aber die Harmonie nicht in dir selbst. Es besteht ein Gefühl von Unzufriedenheit, wobei dir nicht bewusst ist, woher sie kommt.

Eine Neigung zu Suchtverhalten kann in fast allen Lebensbereichen zutage treten. Grund dafür ist ein tiefes Bedürfnis, der diesseitigen Welt zu entfliehen und in die geistige oder virtuelle Welt abzudriften.

Bemerkungen, Anregungen und Tipps

● Deine Intuition ist eng mit deinem Unterbewusstsein verknüpft. Dein Unterbewusstsein kann und wird niemals gegen dich arbeiten – diese Art von Selbstsabotage ist dem Verstand vorbehalten.

● Lerne zwischen *anderen sinnvoll helfen* und *sich ausnützen lassen* zu unterscheiden.

● Wenn du deinen Verstand benutzt, dann vergiss nicht, eine höhere Sichtweise einzunehmen, und berücksichtige den spirituellen Aspekt.

● Verbessere dein bildliches Vorstellungsvermögen, indem du zu einem Gedanken oder einer Idee bewusst versuchst, entsprechende Bilder vor deinem inneren Auge entstehen zu lassen. Spiele vor deinem inneren Auge Rollenspiele, in welchen du verschiedene Rollen spielst und unterschiedliche Sichtweisen einnimmst. Fühle dich in diese Rollen so gut es geht hinein.

● Vermeide Ablenkungen, um deine Konzentrationsfähigkeit zu erhöhen.

● Verbinde dich mit deiner Intuition, indem du dich in einer entsprechenden Situation fragst: »Was würde ich tun, wenn ich auf nichts und niemand Rücksicht nehmen, niemandem gefallen müsste und keine Fehler machen könnte?« Das Gefühl, das dann entsteht, solltest du nicht mit deinem Verstand zerstören.

Einmalige Zwei

Du bist ausgeglichen, friedliebend und hast ein ausgeprägtes Harmoniebedürfnis. Du bist kooperationsbereit und legst großen Wert auf eine kultivierte Zusammenarbeit. Du neigst dazu, allen alles recht machen zu wollen und deine Bedürfnisse hintanzustellen. Dass du allseits geschätzt wirst wegen deiner diplomatischen Fähigkeiten ist das eine, das andere ist, dass du Konflikte vermeidest und lieber faule Kompromisse eingehst, als einen Streit auszutragen. Es besteht die Gefahr, ausgenutzt zu werden, weil du dich immer in einer Vermittlerrolle befindest und mehr gibst, als dir guttut.

Es ist dir möglich, deinen Körper zu verlassen und Situationen von außen zu betrachten. Du kannst Angelegenheiten aus einer geistigen oder spirituellen Perspektive betrachten und verstehst es, diesen höheren Standpunkt mit dem Aspekt einer irdischen Betrachtungsweise zu verbinden. Das erleichtert es dir, eine gemeinsame, tragfähige Lösung zu erarbeiten.

Wenn du ein Buch liest, so verwandelt sich dessen Inhalt zu einem Film vor deinem inneren Auge. Deine Fantasie und dein bildliches Vorstellungsvermögen sind bemerkenswert, und du verfügst über das Talent zu visualisieren. Du kannst Ideen in Visionen verwandeln und dir das Endergebnis bildlich vorstellen. Diese Fähigkeit erlaubt dir, dein Handeln zielgerichtet weiterzuverfolgen.

Du bist ausgestattet mit einer intakten Intuition, die dir erlaubt, deinem Bauchgefühl zu vertrauen und zu unterscheiden, ob und wann der Verstand die Kontrolle übernehmen soll und wann nicht. Du verbindest mit diesem Talent Himmel und Erde, du fühlst und siehst beide Seiten. Man spricht in diesem Zusammenhang von einer ausgeprägten medialen Veranlagung. Das bedeutet, dass du die Fähigkeit zu Hellsichtigkeit, Hellhörigkeit oder – was am häufigsten vorkommt – Hellfühligkeit besitzt. Dinge, die anderen Menschen verborgen bleiben, sind für dich wahrnehmbar. Du kennst aus eigener Erfahrung bestimmt viele Beispiele, die dir dieses Potenzial bestätigen: Wie oft hat schon das Telefon geklingelt, nachdem du kurz zuvor an die anrufende Person gedacht hast? Genau das ist gemeint mit Hellfühligkeit. Du hast diese Ereignisse bisher oft als *Zufall* abgetan, doch bei Zufällen handelt es sich um Gesetzmäßigkeiten, die noch nicht als solche erkannt wurden. Dasselbe Prinzip ist übrigens verantwortlich dafür, dass bei Fisch- oder Vogelschwärmen alle Tiere gleichzeitig die Richtung ändern, ohne zusammenzustoßen.

Steht die Zwei am Anfang deiner Geburtszahlen, so zeigst du dich nicht von Anfang an, wie du wirklich bist. Du hast eine öffentliche Seite, die du den Menschen von Anfang an präsentierst, und eine zweite, private Seite, die du erst dann zeigst, wenn du jemanden besser kennst und ihm vertraust.

Bemerkungen, Anregungen und Tipps
● Vertraue deiner Intuition und lass dich nicht von der Logik deines Verstandes ablenken. Nutz dein Talent, um anderen Menschen zu helfen.

- Sei Schlichter und Vermittler. Es liegt dir einfach im Blut, Menschen zusammenzubringen, zur Harmonie beizutragen bzw. sie zu ermöglichen. Achte dabei auf eine gesunde Ausgewogenheit und pass auf, dass du dich nicht ausnutzen lässt.

Mehrfache Zwei

Du bist stark medial veranlagt. Das heißt, du besitzt eine überragende Fähigkeit zu Hellsichtigkeit, Hellfühligkeit oder Hellhörigkeit und hast eine stark entwickelte Intuition. Eine Mehrfach-Zwei kann sich in Raum und Zeit verlieren und wirkt deshalb manchmal so, als ob sie abwesend oder in Gedanken versunken wäre. »In seiner eigenen Welt zu Hause« ist ein Ausdruck, der oft angewendet wird bei Kindern mit Mehrfach-Zweien, denn es besteht bei ihnen die Veranlagung, sich in einer inneren Bilderwelt zu verlieren. Du lebst in einer oft außergewöhnlichen Fantasie- und Bilderwelt und ziehst diese dem realen Leben vor, weil du sie – im Gegensatz zum realen Leben – mühelos selbst gestalten und kontrollieren kannst. Dadurch kann es zu Entfremdung kommen, und du selbst oder andere können sich dadurch zurückgewiesen oder ausgeschlossen fühlen. Oft kann sich eine Mehrfach-Zwei nicht für Äußerlichkeiten begeistern, von denen Gleichaltrige schwärmen, und wird deshalb – halbwegs freiwillig – zum Einzelgänger.

Zweien und Mehrfach-Zweien sehen sich manchmal von außen, wenn sie sich an vergangene Ereignisse erinnern. Insbesondere dann, wenn es sich um Gefahrensituationen gehandelt hat. Peter erzählte mir von einer Extremsituation in den Bergen. Er hatte sich beim Skifahren abseits der Piste verfahren, und vor ihm lag eine Felswand von rund zehn Metern Höhe, an deren oberem Rand er stand. Er war allein unterwegs, und es war viel zu steil, um an eine Umkehr im tiefen Pulverschnee zu denken. Nicht einmal die Skier konnte er von den Füßen lösen, weil dies seine steile und unbequeme Standposition nicht erlaubte. Er ahnte, dass es möglich sein könnte, die Felswand mit einem gewagten Sprung zu überwinden, zweifelte aber eine lange und bange halbe Stunde in seiner unbequemen Haltung. Als seine Kräfte langsam nachließen, fasste er sich schließlich ein Herz, stieß sich mit aller Kraft ab und schaffte es knapp über die scharfkantigen Felsen, die ihm eine tiefe Schramme in seine Skier rissen. Er landete im tiefen weichen Schnee unterhalb des Felsens und konnte zu seiner eigenen Verwunderung sturzfrei weiterfahren. In seiner Erinnerung sieht sich Peter von hinten oben, als ob er über sich selbst schweben würde. Seine Seele hat sich in dieser Gefahrensituation aus dem Körper zurückgezogen und einen höheren Standpunkt eingenommen. Es handelt sich dabei nicht um ein Produkt seiner Fantasie, denn das Erlebnis war höchst real und furchteinflößend.

Die andere Seite der Mehrfach-Zwei ist die Blockade: Sie blockiert sein Talent zur Intuition und Visualisierung, und sie macht es ihm schwer, seine Visionen ernst zu nehmen und seiner medialen Wahrnehmung zu vertrauen.

Eine Doppel-Zwei (22. – 2.2. – zwei aufeinanderfolgende Zweien) taucht häufig auf nach Inkarnationen als Hohepriester, Mönch, Nonne, Schamane oder in einer anderen spirituellen oder religiösen Funktion. Das bedeutet, dass du große Erfahrung darin besitzt, eine spirituelle und/oder mediale Aufgabe zu übernehmen. Es bedeutet aber auch, dass du geschworen hast, dies nie wieder zu tun, aus welchen Gründen auch immer. Als Resultat davon verweigerst du dich deinen medialen Fähigkeiten und willst diesem Gottesgeschenk nicht mehr vertrauen. Doppel- und Mehrfach-Zweien weisen zudem hin auf die Gefahr von Suchterkrankungen wie Lesen oder Sport oder weniger anerkannte Süchte wie Alkoholismus, Sex oder Drogen.

Dein Harmoniebedürfnis ist geradezu extrem entwickelt. Dein Streben, Konflikte zu vermeiden, hat sich bei dir so stark ausgeprägt, dass du dich verausgabst, um Erwartungen zu erfüllen, die nur in deinem Kopf existieren. Du möchtest es allen recht machen und niemanden vernachlässigen. Du verwendest zu viel Zeit und Energie darauf, diplomatisch dafür zu sorgen, dass alle einträchtig und friedlich zusammenleben. Wird diese Verhaltensweise von deiner Umgebung bemerkt, besteht die Gefahr, dass du ausgenutzt oder ausgebeutet wirst. Symptome auf der psychischen oder körperlichen Ebene sind früher oder später zu erwarten. Wenn du selbst erkannt hast, dass du ausgenutzt wurdest, so kannst du dich in Frustration und Verbitterung zurückziehen und deine Umgebung mit Ablehnung bestrafen.

Steht die Zwei am Anfang deiner Geburtszahlen, so kennen dich die Menschen nicht wirklich, denn du hast zwei Seiten und zeigst dich nicht von Anfang an so, wie du wirklich bist. Die eine Seite ist für die Öffentlichkeit bestimmt, und du zeigst sie all deinen oberflächlichen Bekanntschaften. Die andere Seite von dir ist für jene Menschen reserviert, die du besser kennst und denen du dein Vertrauen geschenkt hast.

Bemerkungen, Anregungen und Tipps

● Erlöse deine mediale Blockade, indem du versuchst, die Stimme deiner Intuition wahrzunehmen und ihr zu vertrauen. Frag dich bei entsprechenden Gelegenheiten: »Was sagt die Vernunft? Was meint das Gefühl?«

● Erkenne, dass äußere Sucht nur eine Kompensation für das innere Suchen ist. Begib dich auf den Weg der Spiritualität und finde die geistige Verbindung zu einer höheren Macht in dir.

● Hast du eine Zwei und es fehlt dir die Eins, so fehlt deinen Visionen die göttliche Anbindung. Überprüfe, ob deine Visionen auf eigenen Ideen basieren.

● Lerne zu unterscheiden zwischen Kooperationsbereitschaft und Selbstaufopferung.

Die Drei

Kreativer Selbstausdruck

Stichworte: Unabhängigkeit, Selbstbestimmung, Kreativität, Kunst, nonverbale Ausdruckskraft, Humor, Schlagfertigkeit, Neugier, Spontaneität, Plan, Vorbereitung, Organisation, Wortgewandtheit, Geselligkeit, weibliche Seite, Revolution, Erneuerungskraft, Synthese, Vereinigung, Eitelkeit, Geltungsdrang

Energie: Weiblich, aktiv

Farbe: Indigoblau

Element: Luft

Planet: Saturn

Chakra: Stirnchakra (*Das dritte Auge*)

Tarot: III – *Die Herrscherin*, XII – *Der Gehängte*, XXI – *Das Universum*

Kabbala: 3 – Binah – die höchste Gerechtigkeit und Intelligenz

Besserung: Reden, schreiben, vor Publikum, wahrgenommen werden, kreativ sein, künstlerischer Ausdruck

Verschlimmerung: Nicht wahrgenommen werden, sich nicht ausdrücken dürfen, abhängig sein, bevormundet werden

Körper: Rechte Seite: Finger, Hand, Unterarm, Ellbogen, Oberarm, Schulter, Kehlkopf, Hals, Speiseröhre, Luftröhre, Schilddrüse, Kehlkopf, Stimmbänder, Lunge, Herz
Fehlt die Drei oder kommt sie mehrfach vor, so ist die Wahrscheinlichkeit von Symptomen in diesen Körperregionen erhöht.

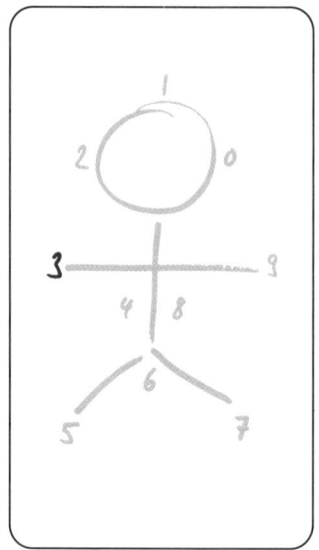

DIE HERRSCHERIN

DER GEHÄNGTE

DIE WELT

Das Ich (Eins) und das Du (Zwei) vereinigen sich zum Wir (Drei). Aus These (Eins) und Antithese (Zwei) wird Synthese (Drei). Spielen sich Inspiration (Eins) und Vision (Zwei) noch im Kopf ab, so finden diese beiden durch den kreativen Ausdruck der Drei ihren Weg in die Außenwelt und sind nun auch für andere äußerlich sichtbar und wahrnehmbar.

Die Drei kommt in der Natur überaus häufig vor, um Gegensätze zu vereinen. Oft formuliert als »Aller guten Dinge sind drei«. Beispiele sind:

Aggregatszustände: Wasser – Eis – Dampf
Zeit: Vergangenheit – Gegenwart – Zukunft
Gezeiten: Ebbe – Zwischentide – Flut
Archaische Reaktionen: Kampf – Flucht – tot stellen
Zellreaktionen: Reizung – Wachstum oder Schrumpfung – Zelltod
Maßhalten: Zu wenig – genug – zu viel
Homöopathie: Psora – Sykose – Syphilinie
Numerologie: Einmalige Zahl – mehrfache Zahl – fehlende Zahl

Mann und Frau machen noch keine Dreiheit aus. Erst wenn ein Kind hinzukommt, wird aus dem Mann ein Vater und aus der Frau eine Mutter. Erst durch das Kind wird aus dem Paar eine Familie, und aus Mann und Frau werden Eltern.

Eine Drei ist neugierig, spontan, optimistisch, begeisterungsfähig, kreativ und energiegeladen. Sie geht neue Wege und will wahrgenommen werden. Eine Drei schätzt Kunst als Ausdruck kreativer Energie und Fantasie. Sie besitzt eine rasche Auffassungsgabe, ist schnelldenkend, wortgewandt und kommunikativ. Zuweilen findet man die Drei so extrovertiert, dass sie sich mit Stimme und Wort ausdrücken muss und so auf die eine oder andere Art und Weise andere Menschen unterhalten will, denn vor Publikum blüht sie auf. Durch das Gefühl *nicht zu genügen, nicht gut genug zu sein* oder ein unterbewusstes *den Erfolg nicht annehmen können* kann eine Drei in ein tiefes Wechselbad der Gefühle fallen.

Der Zahl Drei wird seit jeher große Symbolkraft beigemessen. Die Trinität von Vater, Sohn und Heiliger Geist oder Körper, Geist und Seele ist uns genauso geläufig wie Geburt, Leben und Tod oder Vergangenheit, Gegenwart und Zukunft. Es gibt dutzendweise weitere Muster von Dreiheiten. Allen gemeinsam ist, dass jeweils ein Element die beiden anderen Elemente miteinander verbindet.

Die beiden ersten Karten im Tarot sind *Der Magier* (Eins) und *Die Hohepriesterin* (Zwei). Gemeinsam bilden sie die *Himmlischen Eltern* und damit die Vereinigung des männlichen und des weiblichen Prinzips auf der geistigen Ebene. Die Tarotkarte *Die Herrscherin* (Drei) symbolisiert das weibliche Element auf der irdischen Ebene und wird vervollständigt durch die Karte *Der Herrscher* (Vier) als männliches irdisches Pendant zur Herrscherin. Das Wort Herrscherin impliziert bereits, dass ein Machtanteil in der Drei vorhanden ist. Dieser beschränkt sich nicht auf das Thema Unabhängigkeit, sondern beinhaltet den starken Drang, vorgegebene Regeln zu missachten und sich ein Leben nach seinen eigenen Regeln zu gestalten.

Fehlende Drei

Du wirst immer wieder mit den Themen Unabhängigkeit und Selbstbestimmung konfrontiert und findest dich regelmäßig in Situationen wieder, die dich herausfordern, deine Abhängigkeiten und deine nicht gelebte Selbstbestimmung zu überdenken. Dein Verlangen nach Unabhängigkeit macht dir immer wieder deine Abhängigkeiten bewusst. Du registrierst gelegentlich, wie fremdbestimmt dein Handeln ist und identifizierst Menschen und Dinge, die dich daran hindern, frei zu sein. Es geht dabei in erster Linie um jene innere Freiheit, die jeder Form von äußerer Form vorausgehen muss.

Freiheit und Unabhängigkeit sind Voraussetzung für kreativen Selbstausdruck jeder Couleur. Künstlerische Freiheit ist die selbstgegebene Erlaubnis, seiner Fantasie freien Lauf zu lassen. Kreativität ist nicht schöpferisch, wenn sie fremdbestimmt und von äußeren Bedingungen abhängig ist. Erst auf der Basis innerer Freiheit können Ideen (Eins) in Visionen (Zwei) verwandelt werden und in kreativen Projekten (Drei) Ausdruck finden.

Während es bei der Zahl Neun (➤ Seite 164 ff.) um Kommunikation im Sinne von verbalem, also mündlichem Informationsaustausch geht, beschäftigt sich die Drei damit, auf welche Art und Weise Informationen nonverbal übermittelt werden können. Am häufigsten ist natürlich das Gespräch, das mit Tonlage, Mimik, Gestik und scharfsinniger Schlagfertigkeit ein komplexes Geflecht bildet. Doch auch schriftlicher Ausdruck, Gesang, Musik im Allgemeinen und jede andere Art künstlerischen Schaffens sind Formen nonverbaler Kommunikation. Was immer wir auch tun

– wir können nicht *nicht* kommunizieren. Ohne eine Drei funktioniert die nonverbale Kommunikation nicht ganz reibungslos, deshalb kommt es im Kontakt mit anderen Menschen manchmal zu Missverständnissen.

In Übereinstimmung mit der Tarotkarte *Die Herrscherin* ist das Thema *Weiblichkeit* der Zahl Drei zugeordnet. Es geht dabei nicht um die geschlechtliche Weiblichkeit, sondern um das Prinzip der passiven und empfangenden Weiblichkeit. Ohne eine Drei in den Geburtszahlen kommt es unverhältnismäßig oft vor, dass Frauen in ihrer Pubertät Probleme mit ihrer eigenen Weiblichkeit äußern, weil sie diese innere Weiblichkeit nicht fühlen und deshalb nicht ausdrücken können. Möglicherweise spielen sie Fußball oder betreiben andere Männersportarten, kleiden sich asexuell neutral oder tragen Kurzhaarschnitte. Ein ausgeprägter Kinderwunsch kann ein Anzeichen sein für das im Untergrund schwelende Bedürfnis, weiblich zu sein und Frau sein zu wollen. Oft beginnen diese Probleme in der Pubertät und dauern gelegentlich an bis in die späten 30er-Jahre des Lebens. Findet die Frau erst einmal den Zugang zu ihrer ureigenen Weiblichkeit, wird sie aufblühen und nach außen ihre Weiblichkeit leben können.

Männern ohne eine Drei fehlt oft die weibliche Seite, was in Chauvinismus, Prahlerei oder Hochmut zum Ausdruck kommen kann. In vielen Fällen erarbeiten sich Männer ohne eine Drei erst in den 30er-Jahren ihres Lebens ihre weibliche Seite und finden damit zu einer Weichheit und Sanftheit, die ihnen zuvor fremd war und möglicherweise sogar abstoßend wirkte.

Bemerkungen, Anregungen und Tipps

● Entwickle deine Weiblichkeit, indem du dich als Frau angemessen weiblich kleidest. Lass zu, dich weich und verletzlich zu zeigen.

● Als Mann musst du nicht ständig beweisen, was für ein Held du bist und dass ein Indianer keinen Schmerz kennt. Wer hart ist, kann brechen, wer weich ist, kann sanft sein und sich beugen, ohne deshalb schwach zu sein.

● Sei neugierig und entwickle deine eigene Art von Spontaneität. Werde flexibel und halte nicht starr an alten Ideen fest.

● Geh auf Reisen, lebe selbstbestimmt und erweitere deinen Horizont, innerlich wie äußerlich.

● Entwickle deine eigene persönliche Form von kreativem Selbstausdruck. Male, schreib, spiele Theater, sei handwerklich tätig oder tanze – such dir etwas aus, es stehen dir unendlich viele Möglichkeiten zur Verfügung.

● Beschäftige dich mit dem *Wort*. Halte Vorträge, spiele Theater, schreib ein Buch, diskutiere und argumentiere, berate Menschen …

Einmalige Drei

Idee (Eins) – Vision (Zwei) – Plan (Drei). Das Bild vor deinem inneren Auge wird jetzt für andere im Außen wahrnehmbar gemacht. Ein Architekt hat im Stadium der Eins die

Idee: »Ich baue ein Haus.« – In Stadium Zwei stellt er sich dieses Haus vor dem inneren Auge bildlich vor, und in Phase Drei geht es darum, dieses innere Bild für andere wahrnehmbar zu machen. Als Architekt kann er das Haus skizzieren oder ein Modell davon bauen. Er kann eine Planvorlage erstellen oder eine andere Ausdrucksform dafür finden.

Ginge es um einen Musiker, so lautete die Uridee: »Ich komponiere ein Lied.« Im zweiten Stadium hört er vor seinem inneren Ohr Rhythmus, Takt, Instrumente und Gesang. Die Abschnitte eins (Idee) und zwei (Fantasie) finden ausschließlich im Kopf statt. Erst im dritten Stadium wird das Zwischenresultat für andere wahrnehmbar gemacht, und der Musiker schreibt die Noten für die Instrumente auf ein Blatt.

Die dritte Entwicklungsphase umschreibt den Prozess von Planung, Vorbereitung und Organisation. Erst in einer nachfolgenden Sequenz folgt die Realisierung des Projektes, die Manifestation der zugrunde liegenden Idee.

Mit einer Drei bist du immer in Bewegung. Ungeduldig, freiheitsliebend, selbstbestimmt und unabhängig strukturierst du deinen Alltag. Am liebsten bestimmst du die Regeln, nach denen du lebst, selbst. Das gilt auch für deine Beziehungen: Du gestaltest sie am liebsten in Freiheit, weil du dich nicht gern bindest und dadurch abhängig machst. Du hältst dich nicht oder nur ungern an vorgegebene Strukturen und bist ein Machtmensch im Sinne von *eigenmächtig*.

Dreien sind gute Schauspieler, Künstler oder Musiker. Sie sind spontan, dynamisch und humorvoll, und sie sind gute Redner und Lehrer, die ihre Zuhörer in den Bann ziehen können. Dreien haben das Geschenk der Ausdruckskraft zu Beginn ihres Lebens erhalten und können nach Belieben davon Gebrauch machen. Kunst will wahrgenommen werden, genauso wie der Künstler, der davon lebt, Berufe mit Menschenkontakt, sei es in beratender Funktion oder vor Publikum.

Mit der Drei hast du Zugang zu deiner weiblichen Seite und bist sehr empfindsam. Du hast es nicht nötig, zu prahlen oder zu protzen, weil du weißt, dass künstlerischer Ausdruck nicht durch künstlichen Ausdruck kompensiert werden kann.

Bemerkungen, Anregungen und Tipps

- Du bist fantasievoll und künstlerisch veranlagt. Drück dich kreativ aus. Beschäftige dich mit dem Wort. Halte Vorträge, schreib ein Buch, diskutiere, argumentiere, trainiere deine Schlagfertigkeit.
- Du besitzt die Fähigkeit, andere Leute in den Bann zu ziehen. Was immer du tust, entwickle es zur höchsten Kunst, und das Publikum wird dich finden.
- Steht die Drei ganz am Anfang deiner Geburtszahlen, so bist du in der Jugend ein Revoluzzer, der über die Stränge schlägt und einen oft exzessiven Lebenswandel pflegt. Alkohol, Drogen, Sex – vermutlich hast du deine Unabhängigkeit und Selbstbestimmung gehörig gefeiert.
- In späteren Lebensabschnitten bist du ein Erneuerer, der Bestehendes perfektionieren und es auf ein noch höheres Level bringen kann.

- Zu planen und zu organisieren ist kein Problem für dich. Du hast ein Gespür für Abläufe und denkst über den Tellerrand hinaus, wenn es darum geht, ein Projekt auf die Beine zu stellen.
- Geht deiner Drei keine Zwei voraus, handelt sich um Kreativität ohne Vision. Du bist entweder kreativ, nur um der Kreativität willen, oder du gehst von der Idee (Eins) direkt in die Planung (Drei) und lässt den Schritt der Visualisierung (Zwei) einfach aus. Versuche, keine Schritte zu übergehen.

Mehrfache Drei

Du bist überaus kreativ veranlagt und besitzt eine Ausdruckskraft, die Menschen in den Bann zieht. Du bist ein Schnelldenker, scharfsinnig und schlagfertig, der sich gut ausdrücken kann. Möglicherweise bist du musikalisch und spielst ein Instrument, oder du bist auf eine andere Art und Weise künstlerisch tätig. Wobei sich Kunst nicht darauf beschränkt, zu malen oder zu musizieren. Auch in einer beratenden oder behandelnden Tätigkeit kannst du deine kreative Ader ausleben, als Masseur ebenso wie als Personalverantwortlicher oder als Psychologe. Hobbys wie die Schauspielerei erscheinen dir reizvoll, weil du dort eine Rolle spielen kannst und nicht du selbst sein musst.

Die mehrfache Drei zeigt, dass du überdurchschnittliche Fähigkeiten in den Bereichen Planung und Organisation hast. Manchmal behindert dich dieses Talent, den nächsten

Schritt zu machen und dein Vorhaben zu realisieren, weil du dich zu lange mit den Vorbereitungen aufhältst und darüber die Umsetzung aus den Augen verlierst.

Rein theoretisch betrachtet wärst du außerordentlich unabhängig und selbstbestimmt. Doch die Blockade der mehrfachen Drei hindert dich daran, dies in der Praxis zu leben. »Wer will, sucht Wege – wer nicht will, sucht Gründe«, lautet eine Redewendung. Du tendierst dazu, Dinge zu gründlich durchzudenken und philosophisch zu betrachten, statt dass du dich direkt und gerade auf die Umsetzung deiner Ursprungsidee fokussierst und dein Handeln danach ausrichtest.

Von deiner Veranlagung her bist du neugierig und würdest gern reisen. Es ist der Blick über den Tellerrand, der dir reizvoll erscheint, doch du stehst dir manchmal selbst auf den Füßen und verhinderst damit, dass du deine Fähigkeiten ausleben kannst. Im Extrem suchst du nach Ausreden wie: »Meine Großmutter ist krank, ich kann sie jetzt nicht allein lassen.« Oder: »Ich muss zuerst noch genug Geld verdienen, damit ich mir das leisten kann …«

Als Frau ist deine Weiblichkeit in der Jugend häufig blockiert, und du traust dich möglicherweise nicht, dein Frausein zu bejahen und dich auf deine Weiblichkeit einzulassen. Einige Frauen fühlen sich aus diesem Grund eher männlichen Sportarten zugeneigt oder kleiden sich neutral, um ihre weiblichen Attribute nicht zur Schau stellen zu müssen. Doch die Schwankungsbreite von mehrfachen Zahlen kann sich auch darin äußern, dass du dich übertrieben weiblich kleidest, übermäßig schminkst oder dich anderweitig inszenierst und in Szene setzt.

Bemerkungen, Anregungen und Tipps

● Wer will, sucht Wege – wer nicht will, sucht Gründe. Hör auf, nach Ausreden zu suchen, und fokussiere dich auf dein Ziel.

● Trau dich, spontan zu sein, und bleib neugierig. Vielleicht hat man dir als Kind eingetrichtert, dass du deine Nase nicht ständig in fremde Angelegenheiten stecken sollst. Das sollst du auch nicht. Steck sie lieber in deine eigenen Angelegenheiten und schaufle frei, was in dir verborgen liegt.

● Lass deine Fantasie frei. Gib ihr die Chance, von anderen wahrgenommen zu werden, du beschäftigst dich ja ohnehin die ganze Zeit mit irgendeiner Form von Kreativität. Beobachte einmal dein Denken!

● Sei künstlerisch tätig. Fokussiere dich auf das Wort. Halte Vorträge, spiele Theater, schreib ein Buch, diskutiere und argumentiere, arbeite an deiner Schlagfertigkeit. Eine beratende oder anleitende Tätigkeit würde gut zu dir passen, möglicherweise in Kombination mit einer therapeutischen Funktion.

● Steht deine Drei ganz am Anfang deiner Geburtszahlen, so bist du ein Revolutionär, der sich und die Welt immer wieder neu erfinden kann. Gib acht, dass du nicht zum Revoluzzer degenerierst – zu einem Möchtegern-Revolutionär, der nur so tut, als ob.

● Geht deiner Drei eine Zwei voraus, heißt das, deine Kreativität basiert auf konkreten Vorstellungen. Lass es raus! Zeig es!

● Besitzt du keine Zwei, so bist du kreativ um der Kreativität willen. Es fehlt die Vision, die Vorstellung davon, was Sinn und Zweck deines Ausdrucks ist. Oder du gehst von der Idee (Eins) direkt in die Planung (Drei) und überspringst den Schritt der Visualisierung (Zwei).

Die Vier

Struktur und Verantwortung

Stichworte: Raum, Materie, Struktur, Form, Umsetzung, Realisierung, Manifestation, Tatkraft, Handlung, Verantwortung, Vernunft, Sicherheitsdenken, Disziplin, Stabilität, Schutz, Zuverlässigkeit, Strenge, Logik, Gewissenhaftigkeit, Sachlichkeit, Pragmatismus, Halsstarrigkeit, Rechthaberei, Perfektionismus, Intoleranz

Energie: Männlich, aktiv

Farbe: Rot

Element: Feuer

Planet: Jupiter

Chakra: Halschakra

Tarot: IV – Der Herrscher, XIII – Der Tod

Kabbala: Chesed, die Güte

Besserung: Arbeiten, Aktivität, lernen, lehren, Selbstdisziplin, Verantwortung,
Vernunft, emotionslose
Betrachtung

Verschlimmerung: Kritik,
Widerspruch, Arbeitslo-
sigkeit, wenn andere die
eigenen Ansichten nicht
teilen, Gefühlsduseleien

Körper: Herz, Lunge, Ma-
gen, Darm, Leber, Rip-
pen, Solarplexus, Bauch-

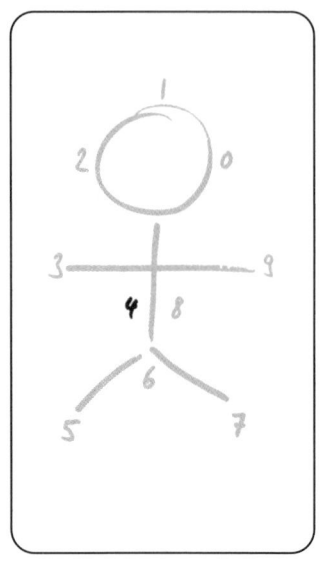

speicheldrüse, Zwölffingerdarm, oberer Teil von Rücken
und Wirbelsäule, Nackenmuskulatur

*Fehlt die Vier oder kommt sie mehrfach vor, so ist die Wahr-
scheinlichkeit von Symptomen in diesen Körperregionen erhöht.*

Überall, wo es um Materie und Struktur geht, taucht die
Zahl Vier auf.

Materie wird strukturiert durch die vier Elemente Feuer,
Luft, Wasser und Erde. Auf einer tiefer liegenden Ebene
sind es die vier Bestandteile eines Atoms: Proton, Neutron,
Elektron und Neutrino.

Auf biologischer Ebene wird die DNA, das menschliche
Erbgut, strukturiert durch vier Aminosäuren. Dass die Erb-
informationen auf 22 (man beachte die Quersumme vier)

DER HERRSCHER

TOD

Chromosomenpaare verteilt sind (plus das X/Y-Chromosom für die Geschlechtsbestimmung), scheint so konsequent und folgerichtig wie das Vorkommen von 22 proteinbildenden Aminosäuren in der Natur.

Raum wird strukturiert, indem man eine Achse zu Hilfe nimmt. In der Geografie heißt die Achse Nordpol-Südpol, und die Richtungen kennen wir als die Himmelsrichtungen Norden, Süden, Osten und Westen (➤ Tabelle).

Vorn	Hinten	**Sagittalebene**		Oben	Unten
Frontalebene		Links	Rechts	Oben	Unten
Vorn	Hinten	Links	Rechts	**Transversalebene**	
Norden	Süden	Westen	Osten		

Zeit wird auf folgenden Ebenen strukturiert

Jahrtausend (Millennium), Jahrhundert (Centennium)

Jahrzehnt (Dekade, Dezennium), Jahr (Annum)

Frühling – Sommer – Herbst – Winter

Neumond – zunehmender Mond – Vollmond – abnehmender Mond

Jahr – Monat – Woche – Tag

Morgen – Mittag – Abend – Nacht

Tag – Stunde – Minute – Sekunde

Farben können strukturiert werden…

… durch Cyan (blau), Magenta (rot), Yellow (gelb) und Black (schwarz).

Spielkarten unterscheiden sich nach Ländern und Traditionen. Gemeinsam ist ihnen, dass auch sie strukturiert werden durch vier verschiedene Farben: Pik, Herz, Karo, Kreuz oder durch Stäbe, Kelche, Schwerter, Münzen:

Farbe	Element	Symbol für
Stäbe	Feuer	Wille, Kraft, Impuls
Kelche	Wasser	Emotion, Instinkt
Schwerter	Luft	Denken, Intellekt
Münzen	Erde	Materie, Irdisches

Die numerologischen Eigenschaften einer Vier gründen sich auf den Pfeilern Verantwortung, Struktur, Autorität und Sicherheitsbewusstsein. Dazu kommen Pragmatismus und Fleiß. Eine Vier übernimmt die Verantwortung für die Umsetzung ihrer Ideen (Eins), Visionen (Zwei) und Pläne (Drei). Sie bringt angefangene Dinge zu Ende und übernimmt mit der Manifestation die Verantwortung für alle vorangegangenen Schritte. Nichts ist frustrierender für eine Vier, als wenn die Früchte ihrer Arbeit nicht (be-)greifbar sind. Aus diesem Grund sind Arbeiten im Haushalt unbefriedigend: Jeden Tag putzen, waschen, kochen und aufräumen, und am nächsten Tag sieht man nichts mehr davon und kann wieder von vorn anfangen. Viel besser eignet sich für eine Vier das Arbeiten mit Holz: Holz ist ein Werkstoff, der sich relativ einfach bearbeiten lässt. Man sieht das Resultat seiner Arbeit, und das Resultat hat Bestand. Vieren ziehen große Befriedigung aus der Arbeit mit Holz und können sich gut dabei entspannen.

Eine Vier ist solide und ergebnisorientiert. Dazu braucht sie ein stabiles Fundament, das sie in einem strukturierten Alltag, einem gesicherten Einkommen und in sozialer Sicherheit findet. Selbst bietet sie Geborgenheit und Sicherheit, ist zuverlässig, pflichtbewusst, gewissenhaft, sachlich und praktisch. Sie tauscht ihr Wissen gern mit anderen aus. Die Gefahr besteht, dass eine Vier sich zu sehr damit beschäftigt, was sie noch alles tun sollte und müsste. Das kann dazu führen, dass sie das Leben im Hier und Jetzt nicht recht genießen kann. Andere Menschen können sich dann in Gesellschaft einer Vier sogar allein fühlen.

Fehlende Vier

Idee (Eins) – Vision (Zwei) – Plan (Drei) – Umsetzung (Vier). Ohne die Vier wurde dir die Fähigkeit zur Umsetzung/Manifestation nicht in die Wiege gelegt. Das bedeutet, du führst angefangene Projekte nicht zu Ende. Du bist dank deiner Zuverlässigkeit, deinem Fleiß und deinem Pflichtbewusstsein zwar hervorragend geeignet, um Aufträge von Dritten auszuführen, doch wenn es um deine eigenen Ideen geht, stehst du da wie der *Ochs vorm Berg*.

Weil du keine Vier mitbringst, fehlt dir eine innere Struktur. Als Kompensation greifst du zurück auf äußere Strukturen wie Ordnungssinn, Zuverlässigkeit, Pünktlichkeit, Pflichtbewusstsein etc. Diese Art von Strukturen vermitteln dir eine scheinbare Sicherheit und bilden die Basis, damit du dich fallen lassen kannst. Du bist in vielen Bereichen sicherheitsbedürftig: finanziell, familiär und sozial. Geld zu sparen verleiht dir eine gewisse Sicherheit, und ein finanzielles Polster beruhigt dich. Bevor du dich um eine Arbeitsstelle bewirbst, klärst du ab, wie lange dieses Unternehmen schon aktiv ist und wie die Geschäftsberichte der letzten Jahre ausgefallen sind. Du möchtest wissen, ob ein dreizehntes Monatsgehalt ausbezahlt wird, wie oft die Geschäftsführung in der Vergangenheit ausgewechselt wurde oder wie sich der Börsenkurs entwickelt hat.

Zum Thema Verantwortung hast du ein etwas gespaltenes Verhältnis: Einerseits bis du sehr verantwortungsbewusst, wenn es darum geht, im Alltag zu funktionieren. Andererseits wehrst du dich unbewusst dagegen, Eigenverantwortung zu übernehmen, und scheust die Konsequenzen, die sich daraus ergeben könnten, insbesondere wenn es um deine eigene spirituelle Entwicklung geht. Das kompensierst du durch die Übernahme von Verantwortung in der Außenwelt im Alltag. Du bist in der Freizeit womöglich erster Vorsitzender der lokalen Kirchengemeinde, Aktuarin im Gesangsverein oder Kassier des Kaninchenzüchtervereins. Beruflich weiß man, dass du verantwortungsbewusst und zuverlässig bist, und wenn man dich bittet, Überstunden zu leisten, wirst du dich nur selten verweigern. Vielleicht findet man dich in der verantwortungsvollen Position eines Abteilungsleiters oder noch höher auf der Karriereleiter.

Gegen Autoritäten (z. B. Vater, Lehrer, Vorgesetzte, Polizei) lehnst du dich innerlich oder äußerlich auf. Doch gleichzeitig hast du das Bedürfnis nach einer strukturierenden und autoritären Kraft in deinem Leben, die dir die Stabilität und Sicherheit verleiht, die du benötigst. Auf deinen Mangel an Selbstdisziplin reagierst du mit einer Ablehnung für Menschen, die dich Disziplin lehren wollen. Sie treffen deinen Nerv und halten dir den Spiegel vor. Du empfindest sie als autoritär.

Bemerkungen, Anregungen und Tipps
● Lerne, angefangene Dinge zu Ende zu bringen, auch wenn es keinen Spaß macht. Übernimm Verantwortung für die Umsetzung deiner eigenen Projekte.
● Sorge soweit es dir möglich ist für ein stabiles Umfeld, sei es in der (Herkunfts-)Familie, in der Partnerschaft oder im Beruf.

● Verantwortung zu übernehmen tut dir gut. Das gibt dir das Gefühl, anerkannt zu werden und wichtig zu sein. Diese Form von Anerkennung ist wesentlich für Menschen ohne eine Vier. Verwechsle die von außen wahrgenommene Verantwortung nicht mit der inneren Verantwortung, bei der es darum geht, deine eigene spirituelle (seelische) Entwicklung voranzutreiben.

● Äußere Strukturen verleihen dir ein Gefühl von Sicherheit. Erarbeite dir eigene Strukturen, damit du nicht mehr von fremden Strukturen abhängig bist. Bring einen Rhythmus in dein Leben. Es geht dir einfach besser, wenn du einen geregelten Tagesablauf (= äußere Strukturen) hast.

● Weil sich im Dunkeln die Strukturen verlieren, kommt es oft vor, dass Kinder ohne eine Vier in den Geburtszahlen Angst im Dunkeln oder vor der Dunkelheit haben. Das ist besonders dann der Fall, wenn zugleich eine oder mehrere Nullen in den Geburtszahlen auftauchen.

● Kinder ohne eine Vier benötigen Strukturen in Form eines wiederkehrenden Tagesablaufs und in Ritualen. Sie müssen Vernunft, Disziplin und Grenzen kennenlernen, damit sie später im Leben besser bestehen können. Erzieher sind damit oft überfordert, wenn ihnen selbst die Vier fehlt und sie diese Qualitäten früher nicht lernen durften.

Einmalige Vier

Mit einer Vier in den Geburtszahlen besitzt du eine innere Struktur und Ordnung, auch wenn man dir das von außen nicht unbedingt ansieht. Wenn es darum geht, ein Projekt umzusetzen, bist du die richtige Wahl, denn du bist diszipliniert, konsequent und übernimmst die Verantwortung für dein Handeln.

Du bist im Beruf möglicherweise ordentlich, zuverlässig, pflichtbewusst und strukturiert, während du im Privatleben weniger Wert darauf legst. Vielleicht bist du sogar ein richtiger Chaot – zumindest aus Sicht deiner Mitmenschen. Das ist aber nicht dein Problem, denn du hast dank deiner Vier eine innere Struktur und legst deshalb weniger Wert auf äußere Strukturen. Selbst im Chaos findest du stets, was du suchst, zumindest in deinem eigenen. Du störst dich höchstens an der Unordnung bei anderen.

Du bist verantwortungsvoll und stellst eine Autorität dar, an der sich andere orientieren. Du verfügst über profundes Wissen in vielen Bereichen, das du dir durch ständiges Lernen angeeignet hast. Du weißt, wovon du sprichst, und gibst dieses Wissen gern weiter, manchmal, ohne dich zu vergewissern, ob andere sich ebenfalls für dieses Wissen interessieren. Lob und Anerkennung sind Öl für deinen Motor, dann kannst du auch Dinge durchhalten, die keinen Spaß machen. Das kann sogar so weit gehen, dass du deine eigenen Bedürfnisse hinter die Bedürfnisse anderer stellst, bis es in einer Extremform in eine Art Helfersyndrom ausartet, das aus falsch verstandener Verantwortung resultiert.

Beachte die Übereinstimmung zur *Tarotkarte IV* – Der Herrscher: Es geht um Verantwortung, Struktur und Autorität. Ein Herrscher verleiht seinem Reich Struktur. Er definiert Grenzen, schafft ein Rechtssystem, gibt seinem Reich eine Währung und sorgt für Wohlstand, zieht Steuern ein und sorgt für Schutz und Sicherheit seiner Bürger gegen innen und außen. Er ist es, der die Verantwortung übernimmt, sich um sein Volk kümmert und sich zum Wohl seiner Untertanen zurücknimmt. Wenn es notwendig war, hielten Herrscher früher den Kopf hin und hafteten für ihre Unfähigkeit, wenn es hart auf hart ging. Nicht selten befand sich dieser Kopf dann direkt unter einem Fallbeil. Früher. Schwache Herrscher neigen seit jeher dazu, ihre Verantwortung abzutreten, sich am Volk zu bereichern und sich auf Kosten ihres Volkes schützen zu lassen. Nicht zuletzt deshalb genießt die Kaste der Politiker und Wirtschaftsbosse – die heutigen Herrscher – nicht mehr den Nimbus des wohlwollenden Patriarchen. Die positiven Aspekte der Macht zu genießen und die negativen Aspekte auf das Volk abzuwälzen ist eines wahren Machthabers unwürdig.

Bemerkungen, Anregungen und Tipps
- Steht die Vier am Anfang deiner Geburtszahlen, so wirkst du vernünftig, pflichtbewusst und strukturiert. Ernsthaftigkeit bestimmt deinen Gesichtsausdruck, möglicherweise bereits seit deiner Kindheit.
- Du bist ein Machertyp. Wo du recht hast, hast du recht. Aber pass auf, dass du nicht zu schulmeisterlich (= rechthaberisch, besserwisserisch) rüberkommst.

Menschen lernen viel besser, wenn es Freude macht.

● Du neigst dazu, dich für andere aufzuopfern. Nur weil du etwas in einer Angelegenheit unternehmen kannst, heißt das noch lange nicht, dass es in deinen Zuständigkeitsbereich fällt.

● Du solltest lernen, dich körperlich und seelisch zu entspannen. Es besteht die Gefahr von Überarbeitung bzw. eines Burn-outs, weil du immer das Gefühl hast, dass alles an dir hängen bleibt.

● Disziplin in Ehren, aber wenn du dich aus Gründen der Verantwortung für andere abquälst, dann solltest du einmal einen Gang zurückschalten. Du solltest deine Batterien nicht nur leeren, sondern zwischendurch auch wieder einmal aufladen.

● Falls du zu einem autoritären Verhalten neigst, dann vermutlich aus einem übertriebenen Drang, für alles die Verantwortung übernehmen zu müssen. Denk bitte daran: Du bist nicht für alles verantwortlich, und es ist nicht nötig, allen anderen deine eigenen Strukturen aufzuzwingen.

● Lerne, eine Fünf gerade sein zu lassen. Der Ausspruch »Ordnung ist das halbe Leben« ist gut. Pass auf, dass du ihn nicht abwandelst in »Ordnung ist das ganze Leben«. Strukturen sind in Ordnung, aber nicht alle anderen Menschen funktionieren so wie du. Nicht nur deine Strukturen sind okay. Versuche, Verständnis dafür aufzubringen und toleranter zu werden.

Mehrfache Vier

Die Struktureigenschaft der Zahl Vier ist mehr als einmal in deinen Geburtszahlen vorhanden, deshalb kann man dich ohne Übertreibung als *überstrukturiert* bezeichnen. Überstrukturiertheit kann sich auf verschiedene Arten zeigen:

- Perfektionismus, Pedanterie oder Pingeligkeit
- Permanentes Handeln (inneres Müssen)
- Unfähigkeit, sich zu entspannen
- Autoritäres Auftreten
- Rechthaberei und Besserwisserei
- Helfersyndrom aus übertriebenem Verantwortungsbewusstsein

Unordentlichkeit kann sich bei einer Mehrfach-Vier paaren mit einem großen Bedürfnis nach Ordnung. Sandra, eine allein lebende Klientin, gab mir ein gutes Beispiel dafür: Sie bezeichnete sich selbst als Chaotin. Sie warf die Schuhe im Eingangsbereich in eine Ecke und legte die Jacke achtlos über eine Stuhllehne, wenn sie nach Hause kam. Ihre Handtasche stellte sie einmal hierhin, einmal dorthin. Wenn sie einen Joghurt aus dem Kühlschrank nahm, stellte sie den leeren Becher zusammen mit dem Löffel auf den Couchtisch, wenn sie fertig war. Ihre Schlüssel legte sie jedes Mal woandershin, und Wäschestücke wurden von Pontius zu Pilatus verschoben, ohne sie in die entsprechenden Schränke einzuräumen. Das Geschirr wurde einmal hier und einmal da aufbewahrt, und sie suchte ständig die elementarsten Küchenutensilien, die sie jedes Mal woanders fand. Sie störte sich unglaublich an ihrer eigenen Unordnung, regte sich noch mehr auf über ihre eigene Unfähigkeit, Ordnung zu halten. Ständig räumte sie hinter sich selbst her und war abends müde und ausgelaugt, ohne das Gefühl zu hegen, wirklich etwas geleistet zu haben. Sandra fehlte das richtige Maß für Struktur und Ordnung, und sie verlor enorm viel Energie, weil sie ständig in fruchtlosem Handeln blockiert war und kaum jemals ein Resultat ihrer Arbeit zu Gesicht bekam.

Als Mehrfach-Vier bist du fast immer bei irgendeiner Tätigkeit anzutreffen. Ständig bist du bei der Arbeit oder tust irgendetwas. Es scheint ein innerer Zwang, ein inneres Müssen, das Kommando übernommen zu haben, denn immer wieder hört man von dir: »Ich muss noch schnell…« – »Wenn ich grad schon dabei bin, …« Wenn man alles »… nur noch kurz …« erledigen muss, ist der Tag ständig zu kurz, und die Zeit vergeht zu schnell.

Nichtstun empfindest du als lästig, und Entspannung findest du oft nur in irgendeiner Tätigkeit. Vielleicht treibst du Sport, fährst Mountainbike oder joggst, am liebsten anstrengend und schweißtreibend. Du bezeichnest es als »den Kopf durchlüften«, aber es ist nur ein weiteres Beispiel für dein Unvermögen, dich gleichzeitig körperlich und seelisch zu entspannen. Auch das Umgekehrte ist möglich: Du legst dich hin und entspannst deinen Körper, während du ein Buch liest oder einen Film anschaust. Deine Aufmerksamkeit wird so gebunden, und dein Geist kann sich nicht entspannen.

Du hast ein Problem mit Autoritäten, die dir ihre Strukturen, ihr Wissen oder ihre Ansichten aufzwingen wollen.

Solches treibt dich in den Widerstand, und du lehnst dich innerlich oder äußerlich dagegen auf. Du kannst selbst ein autoritäres Verhalten an den Tag legen und deine Meinungen und Ansichten in einer Art und Weise übermitteln, was bei anderen als rechthaberisch oder besserwisserisch ausgelegt werden kann, auch wenn das von dir keinesfalls so beabsichtigt ist. Dieses autoritäre Auftreten basiert bei dir auf einem übertriebenen Pflichtbewusstsein und nicht auf reiner Machtliebe.

Mehrere Vierer in den Geburtszahlen deuten auf vergangene Herrscher-Inkarnationen hin. Das bedeutet, dass du deine eigenen Bedürfnisse zurückstellst zum Wohle anderer. Dies wiederum kann sich bemerkbar machen in einem erhöhten Risiko für eine Erschöpfungsdepression.

Häufig wählen Menschen mit einer Mehrfach-Vier Berufe, in denen sie die strukturellen Aspekte der Vier verstärkt ausleben können. Berufe, in denen ein Grundperfektionismus von Vorteil ist, sind beispielsweise Buchhalter, Lehrer, Technischer Zeichner, Feinmechaniker, Lektor, Treuhänder, Informatiker, Mediamatiker, Uhrmacher, Konstrukteur, Optiker, Jurist, Anwalt, Laborant oder Polizist.

Bemerkungen, Anregungen und Tipps
● Steht die Vier am Anfang deiner Geburtszahlen, so erscheinst du auf den ersten Blick übermäßig vernünftig, pflichtbewusst und oft ernst. Achte auf deine Gesichtszüge und lächle immer wieder einmal, auch wenn es keinen speziellen Grund dafür gibt.

- Der Ausspruch »Ordnung ist das halbe Leben« ist gut. Pass auf, dass du ihn nicht abwandelst in: »Ordnung ist das ganze Leben.«
- »Wenn ich etwas mache, dann richtig.« Diese Aussage könnte von dir stammen. Daran ist auch nichts auszusetzen, aber denk ans Pareto-Prinzip: »In 20 Prozent der Zeit erledigt man 80 Prozent der Arbeit. Die restlichen 80 Prozent der Zeit vertrödelt man mit den anderen 20 Prozent der Arbeit.«
- Wenn du zu den Menschen gehörst, die nur im aktiven Tun entspannen können, dann solltest du einmal einen Gang zurückschalten. Dein Körper wird es dir danken. Du solltest einmal darüber nachdenken, ob alle Arbeiten wirklich von dir erledigt werden müssen oder ob es Bereiche gibt, die du delegieren kannst. Deine aufopfernde Haltung beinhaltet die Gefahr von Überarbeitung oder – moderner ausgedrückt – eines Burn-outs, ein Burn-out, das sich auf der körperlichen Ebene möglicherweise stärker bemerkbar macht als auf der psychischen.
- Du bist zwar immer in Aktion, doch dein Handeln ist oft fruchtlos. Du bist andauernd beschäftigt, doch das Umsetzen deiner eigenen Ideen und Visionen gelingt dir nur vereinzelt. Meist begnügst du dich damit, Ideen und Projekte anderer durchzuführen, weil deine Fähigkeit, eigene Pläne zu realisieren, blockiert ist.

● Menschen können viel von dir lernen, aber gib acht, dass dich die anderen nicht als rechthaberisch und besserwisserisch empfinden. Teile dein Wissen, aber dräng es keinem auf – andere haben auch recht.

● Denk daran, dass Sparsamkeit in Geiz, Geradlinigkeit in Halsstarrigkeit und Logik in Humorlosigkeit umschlagen können.

Die Fünf

Sinn und Macht

Stichworte: Die spirituelle Macht auf Erden, Machtanspruch, Abenteuerlust, Leidenschaft, göttliche Führung, altes Wissen, innere Klarheit, Lehrbefugnis, Sinn, Quintessenz (lateinisch quinta essentia: das fünfte Wesen), Spiritualität, Selbstverwirklichung, Selbstermächtigung, Fluchtreflex, Fanatismus

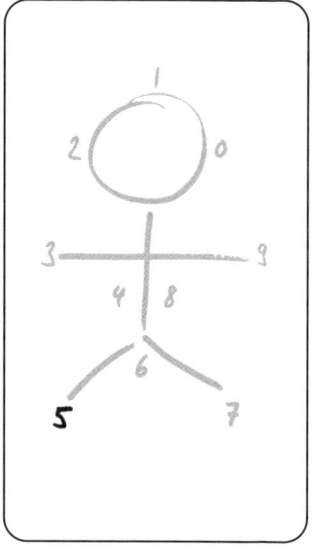

Energie: Weiblich, passiv

Farbe: Rot

Element: Erde

Planet: Erde

Chakra: Halschakra

Tarot: V – Der Papst ,   XIV – Die Mäßigkeit

Kabbala: Geburah – die Strenge, die Stärke

Besserung: Ausleben von Leidenschaft und Freiheit, Beschäftigung mit Spiritualität und alternativem Wissen, Sinnfindung in sich selbst

Verschlimmerung: Eingeengt werden, Sinnlosigkeit, Abhängigkeit, Unterdrückung

Körper: Rechtsseitig: Fuß, Fußgelenk, Unterschenkel, Knie, Oberschenkel, Hüfte, Haut

Fehlt die Fünf oder kommt sie mehrfach vor, ist in diesen Körperregionen die Wahrscheinlichkeit von Symptomen erhöht.

Die Fünf steht für die Überwindung des Materiellen und für die Sinnfindung durch die Vereinigung von Geist (Eins) und Materie (Vier). Die innere Unruhe einer Fünf strebt nach dem tieferen Sinn des Lebens. Findet sie diesen nicht in sich selbst, besteht ihre Überlebensstrategie darin, die Pointe des Lebens außerhalb von sich selbst zu suchen. Deshalb sind Fünfen leidenschaftlich in ihren Unternehmungen und lieben den Nervenkitzel.

Eine Fünf ist direkt mit göttlicher Führung verbunden und kann auf altes Wissen zurückgreifen – jenes Wissen, das man sich nicht in den regulären Schulinstitutionen aneignen kann. Es ist jene Art von Wissen, das sich wie eine aufgefrischte Erinnerung anfühlt und das dazu führen kann, dass ein Fünfjähriger eine Sonate von Beethoven virtuos und fehlerfrei zu spielen vermag.

Die Zahl Fünf steht sinnbildlich für Macht und Machtanspruch. Kann oder darf eine Fünf ihre Macht (= eigene Macht, Eigenmächtigkeit) nicht leben, besteht die Gefahr, Drogen, Alkohol, exzessivem Sex

oder Fressattacken (= Kompensation für Freiheit und Leidenschaft) zu verfallen. Auch exzessives Reisen oder Überarbeitung gehören zum Thema Flucht: Man flüchtet vor dem eigenen Innersten, indem man sich äußerlich ablenkt.

Durch den Bund von irdischem (materiellem, waagrechtem) Balken und außerirdischem (geistigem, senkrechtem) Balken entsteht im Schnittpunkt des Kreuzes die *quinta essentia*, das fünfte Wesen. Der Schnittpunkt verbindet die geistige Welt mit der materiellen. Das fünfte Gebot in der Bibel lautet: »Du sollst nicht töten.« Gemeinhin wird dieses

Gebot so verstanden, dass der Mensch nicht morden soll. Bei der Quintessenz handelt es sich um die sinn- und liebevolle Vereinigung von Geist und Materie, die den Menschen formt. Im nachfolgenden sechsten Gebot – dem siebten bei Juden, Anglikanern und Orthodoxen – heißt es: »Du sollst nicht Ehe brechen.« Damit ist primär nicht die eheliche Verbindung von Mann und Frau gemeint, sondern auch die Ehe zwischen dem männlichen Geist (*der* Geist) und der weiblichen Materie (*die* Materie). Wenn die Materie von der liebenden und zusammenhaltenden Kraft des Geistes geschieden wird, tritt der Tod ein. Übrig bleibt ein geist- und liebloser Materialismus, der nicht mehr in das Reich Gottes Eingang finden kann. Alles Materielle wird aus dem Geistigen geboren, ist vergänglich und wird deshalb irgendwann sterben oder vergehen. Das Geistige hingegen, das nicht materiell existiert, kann nicht sterben und dem Tod anheimfallen, denn es ist unvergänglich und unsterblich.

So wie die Eins für die göttliche Führung auf geistiger Ebene steht (im Tarot *Der Magier*), so entspricht die Fünf der göttlichen Führung auf irdischer Ebene (im Tarot *Der Papst* bzw. *Der Hierophant**).

Die Fünf entspricht einer harmonisierenden Vereinigung nach dem 1:4-Prinzip:

- Geist (Eins) und Materie (Vier)
- Die Umsetzung (Vier) entspricht dem ursprünglichen Willen (Eins)

* Gr. Hierophant = »Enthüller der heiligen Geheimnisse«

- Ein (Eins) Kopf bestimmt, was vier (Vier) Gliedmaßen tun
- Luft besteht aus einem Teil Sauerstoff und vier Teilen Stickstoff
- Ein (Eins) Daumen und vier (Vier) Finger ermöglichen ein Be-Greifen
- Das erste (Eins) Buch (Genesis) und die anderen vier (Vier) Bücher (Exodus, Levitikus, Numeri, Deuteronomium) bilden zusammen das Alte Testament
- Im Tarot: die Eins (Der Magier, geistige Macht) und die Vier (Der Herrscher, irdische Macht) ergeben zusammen die Fünf (Der Papst, höchste geistliche Macht auf Erden)

Wir kennen fünf vollkommene platonische Körper. Es handelt sich dabei um Objekte, die aus zusammengesetzten Flächen bestehen, die allesamt die gleiche Form besitzen und dieselbe Kantenlänge aufweisen.

Das *Tetraeder* (griechisch Vierflächner) besteht aus vier gleichseitigen Dreiecken, die gemeinsam eine Pyramide bilden.

Das *Hexaeder* (griechisch Sechsflächner) setzt sich zusammen aus sechs Quadraten, die einen Würfel bilden.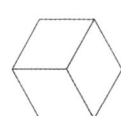

Das *Oktaeder* (griechisch Achtflächner) fügt sich zusammen aus zwei Pyramiden mit jeweils vier Seiten, die an den Grundflächen aufeinandergelegt werden und so eine gespiegelte Pyramide bilden.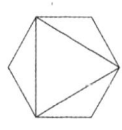

Das *Pentagondodekaeder* (griechisch Zwölf-flächner) besteht aus einem Dutzend gleich-seitigen Fünfecken, die gleichmäßig aneinan-dergefügt werden.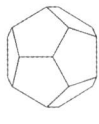

Und schließlich das *Ikosaeder* (griechisch Zwan-zigflächner), das zwanzig gleichseitige Drei-ecke miteinander vereinigt und das letzte geometrische Gebilde ist, das sich aus lauter gleichen Flächen zusammensetzt.

Fehlende Fünf

Ohne eine Fünf hast du ein Machtproblem. Dir ist nicht be-wusst, was es bedeutet, Macht zu besitzen, und du kannst nicht damit umgehen, wenn andere Macht über dich aus-üben wollen. Das ist der Grund für deine instinktive und stark ausgeprägte Abwehrhaltung, wenn jemand zu dir sagt: »Du musst …« Dein erster innerer Impuls wird sein: »Nein! Ich will nicht müssen!«

Das Fehlen der Fünf sorgt dafür, dass du dich nicht weh-ren kannst, weil dir diese innere Macht fehlt. Das führt da-zu, dass du letztendlich entgegen deinem inneren Abwehr-impuls trotzdem tust, was man von dir verlangt.

In dieselbe Kategorie fällt die Unfähigkeit, sich zu weh-ren und Nein zu sagen, wenn dich jemand um etwas bittet. Generell das Unvermögen, dich abzugrenzen und zu distan-zieren von Angelegenheiten, die nicht dich selbst oder deine eigene spirituelle Entwicklung betreffen.

Um es noch einmal zu wiederholen: Du bist weder schlecht noch falsch, wenn du nicht über diese Zahl verfügst. Das Gesetz der Anziehungskraft wird nur völlig unparteiisch dafür sorgen, dass du in unbestimmten Abständen immer wieder mit dieser Thematik in Berührung kommen wirst: mit der nicht geäußerten Aufforderung, bewusster zu werden, das dahinterliegende Problem zu erkennen und dessen Lösung in Angriff zu nehmen. Es besteht also kein Grund für ein schlechtes Gewissen oder für Schuldgefühle. Zumindest nicht bis zu dem Zeitpunkt, an dem dir bewusst wird, was dein Thema ist, und du dennoch nicht daran arbeitest.

Betrachte die in solchen Situationen enthaltenen Aufforderungen nicht als Gemeinheit seitens des Universums, sondern als Geschenk und liebevolle Unterstützung bei deiner weiteren seelischen Entwicklung. Du wirst geliebt, ob du es spürst oder nicht.

Ohne eine Fünf tendierst du dazu, dir die Ansichten, Erwartungen oder Probleme von anderen anzueignen oder sie zu übernehmen. Auch das zeigt dir, dass du dich nicht abgrenzen kannst. Du beziehst Aussagen und Erwartungen immer gleich auf dich selbst, statt diese auf die andere Person zu beziehen.

Bemerkungen, Anregungen und Tipps
● Lerne, dich abzugrenzen. Betrachte die jeweilige Situation und mach dir bewusst, dass du nicht verantwortlich bist für die Ansichten, Meinungen und Lebenssituationen Dritter. Lerne zu unterscheiden, welches Thema zu dir gehört und welches nicht.

Übergib die Verantwortung an die zuständige Instanz oder übernimm die Verantwortung selbst, wenn es dein Thema ist.

● Mach dir bewusst, dass das Leben ein Spiegel deiner selbst ist. Die Welt ist immer so, wie du sie wahrnimmst, und das Leben liegt im Auge des Betrachters. Wenn jemand »Dumme Kuh!« zu dir sagt, so werden dir weder Fell noch Hufe noch Schwanz noch Hörner wachsen. Die Aussage »Dumme Kuh!« betrifft dich nämlich gar nicht. Es handelt sich um eine Wahrnehmung deines Gegenübers. Wie ein anderer die Welt wahrnimmt, geht dich aber – deutsch und deutlich formuliert – einen »Bockmist« an. Dafür bist du in keiner Weise verantwortlich – wie denn auch!

● Eine Ent-Täuschung ist das Gegenteil einer Täuschung und gibt zu verstehen, dass eine Täuschung ihr Ende gefunden hat. Jemanden zu enttäuschen, heißt, ihn mit einer Täuschung zu konfrontieren, der er sich hingegeben hat.

● Du bist nicht verantwortlich für die Erwartungen und Enttäuschungen anderer Menschen. Wenn jemand von dir erwartet, dass du einen doppelten Rückwärtssalto mit Fahrrad machst, dann ist das seine Erwartung und demzufolge auch seine Enttäuschung. Erst wenn du diese Erwartung übernimmst und sie zu deiner eigenen machst, wirst auch du von dir selbst enttäuscht sein. Also: Übernimm keine Erwartungen und verhindere auf diese Weise viele Enttäuschungen.

● Setz dich mit dem Thema Macht auseinander und versuche, deine Verhaltensmuster und ihre Herkunft zu erkennen, damit du sie transformieren kannst. Jeder Mensch hat die Aufgabe, zu seiner eigenen Macht und Mächtigkeit zu finden – ob er nun eine Fünf mitbringt oder nicht.

● Sag nicht Ja, wenn du Nein meinst. Lerne Nein zu sagen, wenn du Nein meinst. Du darfst dich wehren. Du solltest dich sogar unbedingt wehren, wenn es angebracht ist! Es wird nicht nur deinen Selbstwert stärken, sondern dich auch authentischer machen.

● Level Zwei ist eine ganz andere Schuhgröße: Level Zwei ist dann erreicht, wenn du kein schlechtes Gewissen mehr hast, wenn du jemandem eine Absage erteilst. Je näher du einer Person stehst, desto schwieriger ist es, Nein zu sagen. Besonders dann, wenn sich dein Ja bereits als Gewohnheit eingebürgert hat.

● Gibt es ein Thema in deinem Leben, das dich unverständlicherweise einfach nicht loslässt? Befass dich mit den geistigen Gesetzmäßigkeiten des Lebens. Vielleicht liegen in einem speziellen Bereich ungeahnte Potenziale brach, die du wecken könntest.

● Leb deine Freiheit im Rahmen der sozialen Verträglichkeit. Wenn du darüber hinaus deine Freiheit einforderst, könntest du dich in Schwierigkeiten bringen, die durch die gewonnene Freiheit nicht kompensiert werden können.

● Mach dich auf die Suche nach dem Sinn des Lebens – aber suche nicht im Außen, sondern in dir selbst. Der Sinn des Lebens besteht darin, seinem Leben einen Sinn zu verleihen.

Einmalige Fünf

Mit einer einfachen Fünf hast du einen gesunden, vielleicht großen Machtanspruch. Wenn du etwas willst, dann diskutierst du nicht. Es erscheint dir selbstverständlich, dass immer alles nach deinem Willen geschieht, und zwar so wie du es möchtest und nicht anders. Vielleicht merkst du gar nicht, dass du so bist, und wunderst dich, wenn andere darauf mit Widerstand reagieren.

Enthalten deine Geburtszahlen sowohl eine Vier als auch eine Fünf, so spricht das für eine ausgeprägte Kompromisslosigkeit in wichtigen Angelegenheiten. Die Autorität und Tatkraft der Vier im Zusammenschluss mit dem Machtanspruch einer Fünf spricht für eine Unverträglichkeit von Widerspruch. Es besteht das Risiko, dass damit eine Intoleranz einhergeht, mit der du dich bei anderen Menschen unbeliebt machst.

Dich auf irgendeine Art unter Druck setzen zu wollen, ist völlig sinnlos. So funktionierst du nicht. Wer versucht, dich unter Druck zu setzen oder dich zu etwas zu zwingen, wird von dir total blockiert. Dasselbe passiert, wenn man dich einzuengen versucht. Wer dich halten will, wird dich verlieren, wer dich gehen lässt, zu dem kehrst du zurück. Denn Freiheit geht dir über alles.

Es gibt zwei Möglichkeiten, dich dazu zu bringen, etwas zu tun, was du eigentlich nicht möchtest:

- Man versucht, dich zum genauen Gegenteil zu bewegen. Dann reagierst du aus Trotz so, dass du eigentlich das machst, was du nicht möchtest. Das funktioniert allerdings eher bei Kindern und nur, wenn man nicht vorher bekannt gibt, was man wirklich will.
- Man verhandelt mit dir wie auf einem Markt. Es werden gegenseitig Zugeständnisse gemacht, aber du musst das Gefühl haben, gewonnen zu haben.

Du verfügst über Zugang zu altem, verborgenem Wissen, zu Wissen, das du in keiner Schule gelernt hast und das dennoch von irgendwoher gekommen ist. Du weißt um Zusammenhänge und Einzelheiten, die dir von Beginn an absolut logisch erscheinen, obwohl du sie niemals erlernt hast, als ob du dich erinnern würdest.

Bemerkungen, Anregungen und Tipps
- Steht die Fünf am Anfang deiner Geburtszahlen, so erweckst du den Eindruck eines machtvollen Menschen, der die Führung übernimmt. Andere (die keine Fünf in den Geburtszahlen haben) werden dir folgen. Steht die Fünf weiter hinten, so bist du zwar

toleranter, lässt aber in wichtigen Angelegenheiten dennoch nicht mit dir diskutieren.

● Suche und erneuere deinen Zugang zu altem, verborgenem Wissen. Vertiefe dieses Wissen und lass andere daran teilhaben, indem du eine Lehrposition einnimmst. Achte darauf, nicht den Anschein von Mächtigkeit oder gar Übermacht zu erwecken, du könntest sonst Freunde verlieren.

● Taucht neben deiner einfachen Fünf auch noch eine einfache Zwei in deinen Geburtszahlen auf, so kann es sein, dass du zu anderen Zeiten ein Armutsgelübde geleistet hast. Schwüre und Gelübde gelten für immer und basieren darauf, dass zugunsten von Medialität (Zwei) und Spiritualität (Fünf) auf ein materielles Leben verzichtet wurde. In einem solchen Fall wäre eine Rückführung (Reinkarnationstherapie) bei einem professionellen Therapeuten sinnvoll.

Mehrfache Fünf

Deine Sehnsucht nach einem tieferen Sinn im Leben ist sehr ausgeprägt. Du hinterfragst alles und bist auf der ständigen Suche nach Antworten. Auf deiner Suche nach der Essenz des Lebens wirst du immer wieder konfrontiert mit den beiden Polen Sinn und Sinnlosigkeit sowie allerlei Zwischenformen wie Irrsinn, Wahnsinn, Schwachsinn, Stumpfsinn oder Unsinn.

Du schwingst hin und her zwischen Macht und Ohnmacht. Im Normalfall fällt es dir schwer, Nein zu sagen, dich abzugrenzen oder dich zu wehren. Du fühlst dich ohnmächtig und lehnst dich innerlich auf, ohne äußerlich zu reagieren. Nur selten traust du dich, auf den Tisch zu hauen und auszuflippen. Wenn es dennoch einmal so weit kommen sollte, dann sollten sich die anderen in Deckung bringen, denn dann knallt es. Menschen mit einer verdrängten oder blockierten Machtthematik neigen dazu, sich als Opfer zu fühlen oder schwingen hin und her zwischen Täter- und Opferrolle.

Im Alltag kann sich eine mehrfache Fünf in Form von gehäuften Konflikten bemerkbar machen. In der inneren Überzeugung, unschuldig zu sein und keinen Beitrag zu diesen Konflikten geleistet zu haben, neigst du dazu, dich zu verteidigen und zu rechtfertigen. Falls zugleich ein Reaktionsmuster besteht, aus Angst zu handeln, kann sich daraus eine Mobbingsituation entwickeln, in der du dich als Opfer fühlst, obwohl du unbewusst einen Täteranteil daran hast.

Du hast ein großes Potenzial an altem Wissen, das du in dieses Leben mitgebracht hast. Da du dir jedoch aus irgendeinem Grund geschworen hast, nie wieder Gebrauch davon zu machen, wird es blockiert bleiben, bis die entsprechenden Schwüre, Eide und Gelübde erfüllt und eingelöst worden sind. Eine solche Annullation kann mithilfe der Rückführung respektive einer Reinkarnationstherapie durchgesetzt werden.

Bemerkungen, Anregungen und Tipps

● Steht die Fünf am Anfang deiner Geburtszahlen, wirkst du auf andere allenfalls erdrückend mit deinem Machtanspruch, ohne dass dir das selbst bewusst ist. Steht die Fünf ganz hinten in der Jahreszahl (z. B. Jahrgang 1965) sowie ganz am Schluss in der Geburtszeit (z. B. 07:25 Uhr), dann ist dein Machtanspruch ebenfalls vorhanden. Vielleicht nicht offenkundig, sondern eher verdeckt, aber er ist da. Pass auf, dass du dann deine Ziele nicht auf manipulative Weise verfolgst und von anderen deshalb als listig oder gar hinterlistig erlebt wirst. Mobbing kommt bei Mehrfach-Fünfen häufig vor, sowohl als Täter als auch als Opfer. Hinterfrag dich selbst und deine Rolle in diesem Zusammenhang, falls das bei dir der Fall sein sollte.

● Versuche, deinen Machtanspruch nicht dazu zu benutzen, andere Menschen zu dominieren, sondern um deine innere Macht zu entdecken und zu leben.

● Dein blockierter Machtanspruch kann sich dadurch äußern, dass du unbewusst und möglicherweise sogar unbemerkt in eine Opferrolle fällst. Vielleicht kippst du sogar hin und her zwischen Täter- und Opferrolle. Frag im Zweifelsfall dir nahestehende Personen, um zu erfahren, ob das bei dir manchmal der Fall ist. Fordere diese Person auf, schonungslos ehrlich zu dir zu sein, auch wenn es dir wehtun könnte.

● Lerne, dich abzugrenzen. Betrachte die jeweilige Situation und mach dir bewusst, dass du nicht verantwortlich bist für Erwartungen, Ansichten, Meinungen und Lebenssituationen von Dritten. Lerne zu unterscheiden und gib die Verantwortung dorthin, wo sie tatsächlich hingehört.

● Du darfst dich wehren. Du solltest dich sogar unbedingt wehren, wenn es angebracht ist! Es wird nicht nur deinen Selbstwert stärken, sondern dich zusätzlich authentischer machen, wenn du nicht widerspruchslos und ergeben nach dem Willen anderer handelst.

● Gibt es ein Thema in deinem Leben, das dich unverständlicherweise einfach nicht loslässt? Geh der Sache einmal nach – vielleicht liegen in diesem Bereich ungeahnte Potenziale (altes Wissen) brach, die du nutzen könntest.

● Verwechsle Spiritualität nicht mit Scharlatanerie. Menschen, die spirituelle Teilerkenntnisse und Halbwissen als Essenz verkaufen, neigen dazu, sich in die Sackgasse der Scharlatanerie zu verrennen. Denk vernetzt und verknüpfe deine Erkenntnisse mit anderen Ebenen, damit du ein noch vollständigeres Bild von der Wirklichkeit erhältst.

● Vermeide jede Form missionarischen Eifers.

● Bleib auf der Suche nach dem Sinn des Lebens. Behalte dir die Freiheit, diesen Sinn immer wieder zu hinterfragen und aus anderen Blickwinkeln zu betrachten. Die Entwicklung geht unaufhaltsam weiter, auch deine.

Die Sechs

Liebe, Entscheidung und Fürsorge

Stichworte: Liebe, Entscheidungskraft, Lebensfreude, Genuss, Liebesenergie, Sexualität, Begierde, Zeugungskraft, Entschlossenheit, Bestimmtheit, Durchsetzungsvermögen, Beschützerinstinkt, Fürsorglichkeit, Bevormundung, Aufdringlichkeit, Aufopferung, Zynismus

Energie: Männlich, aktiv

Farbe: Gelb

Element: Luft

Planet: Sonne

Chakra: Herzchakra

Tarot: VI – Die Liebenden, XV – Der Teufel

Kabbala: 6 – Tiphareth – Schönheit

Besserung: Durch Aufgaben, die eine Herausforderung darstellen; sich um jemanden oder etwas zu kümmern; eine Entscheidung treffen

Verschlimmerung: Das Gefühl, nicht gebraucht zu werden (= wenn alles rund läuft); Unentschlossenheit; keine Projektionsfläche für seine Liebe haben

Körper: Genitalorgane, Prostata, Blase, Nieren, Gebärmutter, Eileiter, Eierstöcke, untere Wirbelsäule, Steißbein
Fehlt die Sechs oder kommt sie mehrfach vor, so ist die Wahrscheinlichkeit von Symptomen in diesen Körperregionen erhöht.

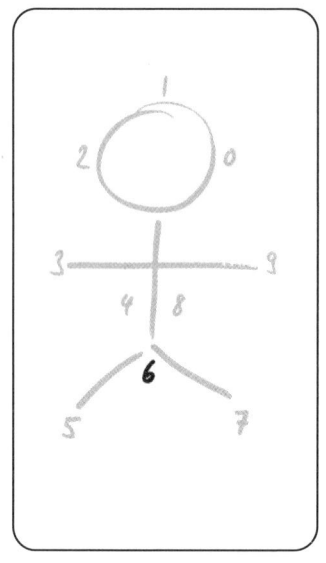 

Wollte man den fünf platonischen Körpern, wie sie unter der Zahl Fünf aufgeführt sind, einen sechsten hinzufügen, so käme hierfür einzig und allein die Kugel infrage. Sie allein verkörpert Perfektion und Unendlichkeit. Sechs ist die perfekte Zahl. Sie ist die einzige Zahl im Universum, die sowohl Summe als auch Produkt ihrer Teiler ist.

Summe: $1 + 2 + 3 = 6$
Produkt: $1 \times 2 \times 3 = 6$

Die Sechs steht für die Ausdehnung des Raums mit den sechs Richtungen oben – unten – vorne – hinten – links – rechts. Ohne diese Ausdehnung gäbe es keinen Raum und ohne Raum keine Form.

In der Kabbala entspricht Tipharet der Zahl Sechs im Lebensbaum. Dieser Ebene wird die Sonne ebenso zuge-

ordnet wie das Herzchakra. Hauptthema der Sechs ist die Liebe. Dieser Ausdruck höchster göttlicher Perfektion enthüllt sich auch in der sechsten Karte des Tarot *Die Liebenden*. Mann und Frau stehen bei je einem Baum. Die Frau steht bei einem Baum, der Früchte trägt, was die Fruchtbarkeit der Frau symbolisiert. Die Schlange, die sich um den Stamm ringelt, ist sowohl Symbol der Verführung als auch Symbol von Auferstehung und Unsterblichkeit. Der Mann hingegen steht unter einem Baum ohne Früchte, nur mit Laub behangen. Dieser Baum steht für Kraft, Beständigkeit und Treue. Beide – Mann und Frau – stehen unter der Schirmherrschaft der Liebe, die durch Amor, den Gott der Liebe, vor der Sonne dargestellt wird. Auf einer anderen Ebene kann man die Karte VI – *Die Liebenden* verstehen als:

I: *Der Magier* + V: *Der Papst* = Vereinigung von himmlischem Vater und irdischem Stellvertreter
II: *Die Hohepriesterin* + IV: *Der Herrscher* = Vereinigung von Intuition und Vernunft
III: *Die Herrscherin* + III: *Die Herrscherin* = Wiederholung des sich ewig Gebärenden

Was Gott zusammenfügt, soll der Mensch nicht scheiden, heißt es in der Bibel. Es geht bei der Sechs auch nicht um das Thema Scheidung, sondern um das Gegenteil davon: um das Thema Entscheidung. Es geht um die Entscheidung aus und für die Liebe. Entscheide dich stets für das, was dir am Herzen liegt, für deine tiefste Liebe. Dies ist die Kernaussage der Sechs.

Die Sechs steht im Strichmännchen zwischen den Beinen, direkt unterhalb der Eins und bildet eine senkrechte Achse, welche die göttliche mit der irdischen Liebe verbindet. Liebe gibt sich zu erkennen als Zärtlichkeit, Fürsorge, Rücksicht und Bemutterung sowie in tausend weiteren Formen. Fürsorge orientiert sich am Gegenstand der Liebe. Sie kümmert sich liebevoll um das Objekt der Liebe. Deshalb gilt die Zahl Sechs als Vaterzahl und Zahl der Bemutterung. Eine Sechs kümmert sich liebevoll um andere und findet sich infolgedessen oft in der Rolle des Ernährers.

Direkt am unteren Ende des Rumpfes lokalisiert, steht die Sechs anatomisch da, wo sich Sechs (Sex) abspielt, nämlich auf Höhe der Scheide. Hier befindet sich der Scheideweg, symbolisiert durch die beiden Schenkel, welche die beiden Wege anzeigen, die beschritten werden können. Bei umgekehrter Betrachtung münden die beiden Beine am Orientierungspunkt der Sechs wieder in den Rumpf. So, als ob man die vorangegangene Scheidung rückgängig machen würde durch eine Ent-Scheidung.

Die Zahl Sechs symbolisiert die Begegnung zweier Körper in liebevoller Absicht. Die Tarotkarte VI – *Die Liebenden* zeigt diese lichtvolle Seite der Liebe im Gegensatz zur

Tarotkarte XV – *Der Teufel*, welche die dunkle Seite dieser Liebe versinnbildlicht und die Gefahr von Verstrickung in Lust- und Suchtmuster anzeigt. Muster, von denen man sich oft nur schwer wieder lösen kann. Die Quersumme von 15 ergibt wiederum 6.

Am sechsten Werktag der Schöpfung (an einem Freitag, dem sechsten Tag) wurde der Mensch als sexuelles Wesen männlich-weiblich erschaffen, und ebenfalls an einem Freitag im Tod Jesu am Kreuz erlöst.

666 – die Zahl des Teufels

Wie gefährlich ist diese Zahl?

Sie ist gar nicht gefährlich. Eine Zahl an sich ist niemals gefährlich. Gefährlichkeit ist abhängig vom Deutenden und der Bedeutung, die jemand einer Zahl beimisst. Zum Mythos dieser Zahl Folgendes:

Die Zahl 666 wird mit römischen Zahlen als DCLXVI geschrieben.

D (500) + C (100) + L (50) + X (10) + V (5) + I (1) = 666

Dabei handelt es sich um alle Zahlwerte kleiner als M (1000), die in lückenlos absteigender Reihenfolge je einmal verwendet werden.

Die Summe aller Zahlen von 1 bis 36 ergibt 666. 36 ist die Quadratzahl der 6.

Der sechste hebräische Buchstabe, das Waw (ו – entspricht unserem O, U, V oder W) bedeutet *Haken* und symbolisiert eine Verbindung zwischen zwei Dingen. Im Alltag benutzen wir dazu das Verbindungswort UND. Die Verdreifachung dieser Verbindung (www oder eben 666) wird mit dem Internet und dessen teuflischem Einfluss in Verbindung gebracht. Wobei nicht das Internet an sich teuflisch ist, sondern unglücklicherweise einige seiner Nutzer.

Der Papst (im Tarot: V – *Der Papst* oder *Der Hierophant*) ist irdischer Stellvertreter des Sohnes Gottes (im Tarot: I – *Der Magier*) oder wie es auf lateinisch heißt: VICARIUS FILII DEI. Nimmt man nur diejenigen Buchstaben, die im römischen Alphabet vorkommen und einem Zahlzeichen entsprechen, so ergäbe dies folgende Summe:

V I C A R I U S   F I L I I   D E I

5 +1 +100   +1 +5   +1 +50 +1 +1   +500   +1 = 666

Da im Lateinischen die Buchstaben U und V gleich geschrieben werden, bekommt auch das U den Zahlenwert 5.

Es gibt noch viele weitere Beispiele, doch alle diese Erklärungen zur Zahl 666 haben eines gemeinsam: Es handelt sich um Interpretationen und Erklärungsmodelle, die manchmal etwas an den Haaren herbeigezogen sind, aber allesamt darauf hinauslaufen, die Gefährlichkeit einer Zahl erklären zu wollen. Es gibt noch weitere Interpretationen, doch keine davon macht das Leben auch nur ein bisschen gefährlicher oder weniger gefährlich als es ohnehin ist. Außerdem haben Interpretationen nichts mit dem interpretierten Objekt zu tun, sondern immer mit der Person, die interpretiert, indem sie eigene Gedanken, Überzeugungen und Glaubenssätze hineinliest.

Fehlende Sechs

Die Fähigkeit, dich zu entscheiden, wurde dir nicht in die Wiege gelegt. Die Aufgabe, die sich dir stellt, lautet also: »Lerne dich zu entscheiden!« Die Natur unterstützt dich dabei, indem das Gesetz der Anziehungskraft ganz unparteiisch dafür sorgen wird, dass du im Leben immer wieder in Situationen kommen wirst, in denen es darum geht, Entscheidungen zu treffen. Je länger du versuchst, dich dieser Herausforderung zu entziehen, desto schwerwiegender werden die Situationen, in denen du eine Entscheidung treffen musst.

Dasselbe Naturgesetz ist zuständig dafür, dass du lernen kannst zu lieben. Ohne eine Sechs und ohne das Wissen um die Liebe brauchst du viele Situationen, die dir helfen zu unterscheiden, was wahre Liebe ist und was nicht. Du wirst also beide Arten von Situationen anziehen. In Bezug auf die eigene Sexualität ist die fehlende Sechs ein Hinweis darauf, dass man lernen sollte, als Mann ein *Kerl* oder als Frau ein *Weib* zu sein. Themen wie Homosexualität oder Identitätskrisen in Bezug auf das eigene Geschlecht gehören zum Einflussbereich einer fehlenden Sechs. Auch die Unterscheidung zwischen Faszination und Liebe gehört in diesen Bereich. Verliebt sein hat mit Faszination zu tun. Man ist fasziniert von der Art, wie jemand geht, spricht oder aussieht. Man kann sich kaum lösen von dieser Art, wie man von dieser Person angeschaut oder berührt wird und von den Emotionen und Gefühlen, die einen dabei durchströmen. Das hat allerdings noch nichts mit Liebe zu tun. Liebe ist weder angewiesen auf Anwesenheit noch stellt sie Bedingungen an Aussehen, Gang oder Sprechweise.

Verliebtheit kann eine Vorstufe von Liebe sein, muss aber nicht. Bei der Sechs geht es um jene tiefere Form von Liebe, die nicht zerstört werden kann durch äußere Umstände.

Bemerkungen, Anregungen und Tipps
● Unterscheide zwischen körperlicher Faszination und tiefer (spiritueller) Liebe.
● Lerne zu lieben und dich für deine Liebe zu entscheiden. Lerne, auf dein Bauchgefühl zu hören, es vermittelt dir die notwendige Klarheit in der Ausrichtung, welche die beste Basis für anstehende Entscheidungen ist. Entscheide dich stets für deine tiefe Liebe.
● Oft können Haustiere mit Kuschelfaktor (z.B. Hase, Katze) dabei helfen, sich mit seiner Liebe zu verbinden. Die Nähe, die Berührungen, das Sich-Kümmern bilden gute Grundvoraussetzungen dazu.
● Werde dir klar darüber, was dir wirklich wichtig ist, und kümmere dich darum. Gib deiner Liebe dadurch eine Projektionsfläche.
● Überprüfe in Situationen der Entscheidung immer wieder:
– Will ich überhaupt etwas an meiner Situation ändern?
– Ist es mir wichtig?
– Ist ein inneres Lachen da, wenn ich es tun würde?
● Entwickle eine Entschlossenheit, die es dir ermög-

licht, deine Ideen und Visionen durchzusetzen. Wenn es sein muss, auch gegen Widerstand.

● Lass dich nicht nur von logischen Gedanken leiten. Denk auch analogisch und geistreich statt nur logisch und vernünftig.

Einmalige Sechs

Du weißt, was Liebe ist. Wird deine Sechs nicht durch eine Null ergänzt, so ist zwar das theoretische Wissen um die Liebe vorhanden, doch das Fühlen (Null) der Liebe muss zuerst erlernt werden. Zu lieben (Sechs), ohne zu fühlen (Null), ist wie zu essen, ohne zu schmecken und satt zu werden.

Die Ebene der Entscheidung für die Liebe ist eine Initiations- bzw. Einweihungsebene. Du bist fähig, dich auf der Basis von Liebe zu entscheiden, und tust es hoffentlich oft. Getroffene Entscheidungen kannst du mitsamt der sich daraus ergebenden Konsequenzen akzeptieren.

Aus einer höheren Sicht geht es darum, ob du dich für einen überwiegend materiellen Weg entscheidest oder ob du die geistigen Komponenten des Daseins in deinen Weg integrieren möchtest, um dadurch deine spirituelle Entwicklung zu fördern. Welchen Weg du einschlägst, ist zweitrangig. Eine Entscheidung darf wertfrei als das betrachtet werden, was sie in Tat und Wahrheit ist: eine Entscheidung und nicht mehr. Erst die Umsetzung einer Entscheidung bringt die Konsequenzen deines Entschlusses zutage.

Im Alltag blühst du auf, wenn es ungewöhnliche Herausforderungen gibt, die nicht mühelos zu bewältigen sind. Werden deine Entschlusskraft und Fürsorge nicht benötigt, fühlst du dich fast ein bisschen unterfordert, unnütz oder gelangweilt.

In deinen Beziehungen bist du entgegenkommend, zärtlich und beweist oft deine Großzügigkeit und Herzlichkeit. In die Fürsorge und Pflege von Heim und Familie investierst du viel Herzblut, und auch als Führungskraft bist du fürsorglich und kümmerst dich um Mitarbeiter und Angestellte ebenso wie um Kunden oder Lieferanten.

Deine Fähigkeiten in Bezug auf Entscheidungsfindung, Durchsetzungskraft und Entschlossenheit können sich aber auch zulasten der Teamfähigkeit auswirken, weil du anderen Menschen durch deine Entscheidungsfreudigkeit die Selbstbestimmung nimmst. Dadurch, dass du gerne versuchst zu gewährleisten, dass es allen gut geht, kann dein Auftreten zuweilen dominant erscheinen. Deine Fürsorglichkeit kann dann in Aufopferung oder Bevormundung umschlagen, und bei Missachtung ihrer Anstrengungen kann eine Sechs sogar zynisch werden.

Bemerkungen, Anregungen und Tipps
● Steht die Sechs am Anfang der Geburtszahlen, besitzt du eine Ausstrahlung, die über die körperliche Schönheit hinausgeht. Liebevolle Entschlossenheit ist dir anzusehen.

● Zieh den Rat deines Herzens auch weiterhin hinzu, wenn es um anstehende Entscheidungen geht und denk daran: Gute Entscheidungen messen sich daran, dass sie stets zum Wohl eines größeren Ganzen sind, auch wenn die Entscheidung an sich durchaus unangenehm sein kann.

● Liebe deinen Nächsten wie dich selbst bedeutet: Kümmere dich um Menschen, Tiere und Dinge, die dir wichtig sind. Vergiss darüber nicht, dass du dich ebenso liebevoll um dich selbst kümmern solltest. Es ist kräfteraubend und deprimierend, sich immer nur um andere zu kümmern und selbst zu verkümmern. Du wirst dich irgendwann ausgenutzt fühlen, und dann wird Verbitterung an die Stelle von Liebe treten, und du läufst Gefahr, zynisch zu werden oder in eine Erschöpfungsdepression (Burn-out) zu geraten.

Mehrfache Sechs

Du neigst zu Unentschlossenheit und Wankelmütigkeit und hast vielleicht einen Hang dazu, vorschnelle Entscheidungen zu treffen, die du im Nachhinein bereust und die du deshalb widerrufen oder korrigieren möchtest. Du kennst das Gefühl, das einer Fehlentscheidung folgt, und die möglicherweise unbewusste Angst vor einer erneuten Fehlentscheidung sitzt irgendwo noch tief in dir drin. Entscheidungen überlässt du deshalb lieber anderen. Eine Aussage, die man von dir wahrscheinlich kennt, lautet: »Ich weiß nicht.« Dieses innere Nicht-wissen-Wollen begründet sich auf negativen Erfahrungen in der fernen Vergangenheit. Erfahrungen, die dazu führten, dass eigenmächtig getroffene Entscheidungen furchtbare Konsequenzen nach sich gezogen hatten, so furchtbar, dass die Seele sich geschworen hat, nie wieder entscheiden zu wollen, weil sie die Konsequenzen fürchtet.

Mehrfach-Sechsen können deshalb bei Frauen ein Hinweis sein auf eine *Amazonen-Vergangenheit* und bei Männern auf eine *Heerführer-Vergangenheit*. In dieser Funktion hatten sich die Kämpferinnen und Kämpfer selbst dazu verpflichtet, sich um ihre Mitstreiter zu kümmern und für ihre Entscheidungen den Kopf hinzuhalten. Die Folge einer Fehlentscheidung, die für sie selbst und/oder ihre Mitkämpfer zum Tod geführt hat, kann dazu führen, dass sich eine Seele schwört, nie wieder entscheiden zu wollen. Denn sie gelangte zur Überzeugung: »Ich kann nicht die richtigen Entscheidungen treffen.« Das Resultat ist: Eine mehrfache Sechs in einer anderen Inkarnation, die uns mitteilen will: »Ich könnte zwar entscheiden, aber ich will nicht!«

Wie schon bei der fehlenden Sechs kann auch bei der mehrfachen Sechs gehäuft eine Unsicherheit in Bezug auf seine eigene sexuelle Ausrichtung festgestellt werden. Die Wankelmütigkeit der mehrfachen Sechs kommt hier oft in Form von Bisexualität zum Vorschein. Auch ein verstärktes Bedürfnis nach Sexualität, möglicherweise kombiniert mit häufigem Wechsel der Geschlechtspartner kann Ausdruck davon sein.

Steht die Sechs am Anfang der Geburtszahlen, kann deine Ausstrahlung schwanken zwischen Entschlossenheit und Unsicherheit. Du besitzt jedoch diese innere Schönheit, die äußere Makel unwichtig erscheinen lässt, auch wenn du das

selbst nicht bemerkst und dich deswegen vielleicht sogar unzulänglich fühlst. Du bist über alle Maßen liebevoll und gut-
mütig und sorgst gern für deine Lieben, ob Mensch oder Tier.

Bemerkungen, Anregungen und Tipps

● Überwinde deine Angst vor Entscheidungen. Stell
dich dieser Herausforderung immer wieder aufs
Neue und lerne aus den Konsequenzen deiner Entscheidungen.

● Unterscheide zwischen körperlicher Faszination
und tiefer (spiritueller) Liebe. Wer mehrere Sechser
hat, braucht möglicherweise viel Sex, kann aber keine
Liebe geben. Lerne zu unterscheiden zwischen Liebe
und Sex.

● Überprüfe in Situationen der Entscheidung immer
wieder:

– Will ich etwas an meiner Situation ändern?

– Ist es mir wichtig?

– Ist ein inneres Lachen da, wenn ich es tun würde?

● Lass deine Liebe (auch zu dir selbst) fließen. Zu lieben ist etwas Aktives. Du kannst dich nur geliebt fühlen, wenn du selbst liebst. Seinen Nächsten zu lieben
ist eine wunderschöne Eigenschaft, jedoch nutzlos,
kräfteraubend und deprimierend, wenn man sich
selbst nicht liebt.

● Du neigst dazu, dich um alles zu kümmern. Vergiss
nicht, ein Gleichgewicht anzustreben. Auch du bist es
wert, dass man sich um dich kümmert.

Die Sieben

Loslassen, Aufbruch, eigener Weg

Stichworte: Loslassen, Selbstständigkeit, spiritueller Aufbruch, der Reisende, die Suche, der eigene Weg, Mystik, Philosophie, Herausforderung, Überwindung, Krise, Ernsthaftigkeit, Eigenständigkeit, konservativ, Einsamkeit, Verletzlichkeit

Energie: Weiblich, passiv

Farbe: Grün

Element: Wasser

Planet: Venus (weiblich, sinnlich)

Chakra: Solarplexus-Chakra

Tarot: VII – Der Wagen, XVI – Der Turm

Kabbala: 7 – Nezach – Sieg, Kreislauf, Ewigkeit, Sinnlichkeit, nonverbale Kommunikation

Besserung: Alleinsein in der Natur, an Gewässern, Meditation, Ablenkung, Beschäftigung, verzeihen

Verschlimmerung: An seine Probleme denken oder darüber reden müssen; an Altem festhalten, in der Vergangenheit leben

Körper: Linksseitig: Fuß,

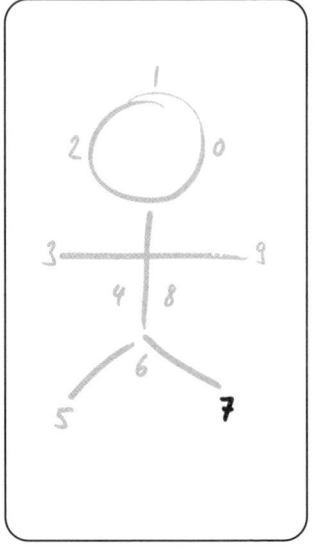

Fußgelenk, Unterschenkel, Knie, Oberschenkel, Hüfte, Dickdarm, Mastdarm, Enddarm

Fehlt die Sieben oder kommt sie mehrfach vor, so ist die Wahrscheinlichkeit von Symptomen in diesen Körperregionen erhöht.

Nach einer einmal getroffenen Entscheidung (Sechs) geht es nun darum, Altes loszulassen und auf eigenen Füßen zu stehen. Es geht darum, selbstständig aufzubrechen und seinen eigenen Weg zu gehen. Dabei kann es sich um eine Neuorientierung im weltlichen Leben handeln oder um einen Aufbruch zu seinem eigenen, inneren spirituellen Weg.

Mit Loslassen ist gemeint, dass man sich von der Bindung an die Materie lösen soll und nicht von der Materie selbst. So wird der Weg frei, um die geistige und spirituelle

DER WAGEN

DER TURM

Seite kennenzulernen. Die Bindung an die Materie ist nicht dasselbe wie die Materie selbst. So kann man ohne Weiteres Millionär bleiben und dennoch seine Reise in die spirituelle Welt antreten. Das ist kein Widerspruch. Der Unterschied lautet kurz und knapp: *besitzend versus besessen*.

Als Besitzender darf ich über materiellen Reichtum verfügen und ein Leben in Wohlstand führen. Wessen Handeln sich jedoch von materiellen Gütern und Reichtum bestimmen lässt und wer nur noch in einer Weise handeln kann, dass sich sein Reichtum erhalten und vermehren lässt, der wird vom Besitzenden zum Besessenen, weil er nicht mehr frei ist in seinen Entscheidungen. Der materielle Reichtum hat das Diktat übernommen.

Spiritualität ist ein Kernthema der Sieben. Dabei geht es nicht um verschiedene Religionsformen, sondern um die tiefschürfenden Fragen zu den Kräften, die das Universum zusammenhalten. Eine Sieben sucht Gespräche und verabscheut Gerede. Sie wirkt deshalb oft eher introvertiert und zurückhaltend.

Für eine Sieben geht es darum loszulassen, was als Ballast den eigenen spirituellen Fortschritt behindert. Mitnehmen kann man nur, woran man sich nicht bindet. Mit leichtem Gepäck reist es sich besser.

Es geht aber nicht nur um materielle Dinge. Bedeutsamer ist es, sich von alten Erwartungen, Ansichten, Meinungen, Überzeugungen, Freundschaften, Beziehungen etc. zu trennen. Wer das nicht kann, stürzt möglicherweise in tiefe Depressionen und Sinnkrisen, wird sich durch Rückzug, Essstörungen oder Kommunikationsverweigerung der aktuellen Thematik zu entziehen versuchen. Angst und Misstrauen aus Unsicherheit kann sich als Abwehr-, Kampf- oder Fluchtreflex entladen.

Die Zahl Sieben symbolisiert dem Reisenden auf seiner ewigen Suche nach der Wahrheit und nach der Antwort die Fragen: »Wer bin ich? Wo komme ich her, und wo gehe ich hin?« Dies sind leitende Themen einer Sieben. Das ist naheliegend, denn die Zahl Sieben kommt ausnehmend oft vor:

- Die sieben Sakramente: Taufe, Firmung, Eucharistie, Beichte, Ehe, Weihe und Krankensalbung
- Die sieben Todsünden: Hochmut, Habgier, Wollust, Zorn, Völlerei, Neid und Faulheit
- Die sieben Weltwunder: Die hängenden Gärten in Babylon, der Koloss von Rhodos, das Mausoleum von Helikarnassos, der Leuchtturm von Pharos, die Pyramiden von Gizeh, der Tempel der Artemis und die Zeus-Statue von Olympia
- Die sieben Schöpfungstage
- Die sieben Tage der Woche
- Die sieben Hauptchakren: Kronenchakra, Stirnchakra, Halschakra, Herzchakra, Solarplexuschakra, Nabelchakra und Wurzelchakra
- Der siebenarmige Leuchter (Menora), der auf abgewandelte Art den Lebensbaum der Kabbala darstellt
- Die sieben Planeten im Altertum: Sonne, Merkur, Venus, Mond, Mars, Jupiter und Saturn
- Die sieben Töne einer Oktave: C, D, E, F, G, A und H (der achte Ton entspricht dem ersten Ton der nachfolgenden Oktave)

- Die sieben Öffnungen im Kopf: zwei Ohren, zwei Nasenlöcher, zwei Augen und ein Mund
- Die sieben Sinne: sehen, hören, riechen, schmecken, tasten, Orientierung und Gleichgewicht
- Die sieben Farben des Regenbogens: rot, orange, gelb, grün, blau, indigo und violett
- Die sieben Perioden im Periodensystem der Elemente

Bemerkenswert ist die Gemeinsamkeit von alledem: Die Sieben steht symbolisch für ein größeres Ganzes, und ein Ganzes ist als solches eben *heil* im Sinne von ganz, und deshalb wird die Sieben auch als *heilige Zahl* bezeichnet. Diese Ganzheit gilt auch für die irdischen Eltern im Tarot (3 – *Die Herrscherin* und 4 – *Der Herrscher*), die zusammen das weltliche Menschsein (Sieben) symbolisieren.

Fehlende Sieben

Da die Sieben als heilige Zahl gilt und Heiligkeit das Wort heil enthält, symbolisiert die Sieben auch Heilung im erweiterten Sinn. Jeder noch so kleine abgespaltene Teil führt dazu, dass etwas nicht mehr heil im Sinne von ganz ist. Daher kommt die Frage des verstehenden Arztes: »Was fehlt Ihnen?« In dieser Frage ist das Gegenteil von Zuwenig und Zuviel gleichermaßen abgedeckt. Ein Zuviel an Stress ist ein Zuwenig an Ruhe. Ein Zuviel an Ärger ist ein Zuwenig an gelassener Entspanntheit.

Wenn dir die Sieben fehlt, hast du Mühe loszulassen. Diese Thematik begegnet natürlich nicht nur dir, sondern allen von uns. Einigen fällt es leichter. Doch im Alltag fällt es dir deutlicher auf, weil dir diese Fähigkeit abgeht. Das Thema Loslassen begegnet dir ständig in allen möglichen Facetten und Schattierungen:

- Wenn du in der Vergangenheit lebst und alte Erlebnisse nicht vollständig verarbeiten kannst
- Wenn du nachtragend bist, weil du an alte und unangenehme Ereignisse denkst
- Wenn du an Altem festhalten und dich nicht auf Neues einlassen willst
- Wenn du starr an alten Sichtweisen und Vorstellungen festhältst und konservativ bist
- Wenn du dich sagen hörst: »Früher war alles besser.«
- Wenn du nicht selbstständig sein kannst, privat wie beruflich
- Wenn du anhänglich bist und klammerst
- Wenn du lieber stehen bleibst, als deinen eigenen Weg zu gehen
- Wenn dich spirituelle Themen zwar interessieren, du dich aber nicht überwinden kannst, tiefer in die Materie einzutauchen
- Wenn du Beziehungen ablehnst, weil du Angst hast, verletzt zu werden

Vielleicht spürst du körperliche Symptome, die zum Thema Nicht-loslassen-Können passen, überall da zum Beispiel, wo Stauungssymptome, Blockaden oder Beweglichkeitsstörungen bestehen. Dies sind Formen der Erstarrung in irgendeinem Bereich.

Nicht loslassen zu können hat zu tun mit einer Form von Nicht-selbstständig-sein-Können. Es ist nicht einfach für eine fehlende Sieben, ihren eigenen Weg zu gehen, ohne jemanden an seiner Seite zu haben, der ihn in seinen Entscheidungen und deren Konsequenzen begleitet, unterstützt und bekräftigt.

Ohne die Sieben bist du bewusst oder unbewusst auf der Suche nach deinem tiefsten inneren Glauben, weißt aber nicht so richtig, wo und wie du anfangen sollst mit deiner Suche.

Bemerkungen, Anregungen und Tipps
- Bevor Neues angefangen werden kann, muss Altes abgeschlossen werden, sonst besteht die Gefahr der Verzettelung.
- Lass alte Dinge, Erwartungen, Überzeugungen, Anschauungen oder Meinungen los, wenn sie dich nicht mehr weiterbringen.
- Beende Arbeitsverhältnisse, Freundschaften und auch Beziehungen, wenn sie dich in deiner geistigen und spirituellen Entwicklung behindern.
- Werde selbstständig, eigenständig und eigenwillig. Trau dich, für dich selbst einzustehen und vertritt eigene Standpunkte.
- Folge nicht der Herde, sondern geh und erschaff dir deinen eigenen Weg, indem du ihn begehst – Schritt für Schritt, egal, was andere von dir denken mögen.
- Lerne, deine Angelegenheiten selbst in die Hand zu

nehmen, und erledige sie selbstständig, ohne auf Unterstützung von Dritten zurückzugreifen.

● Beharre nicht auf deinen Ansichten und Meinungen. Deine Unfähigkeit loszulassen kann so weit gehen, dass du andere Ansichten nicht gelten lassen kannst, weil du meinst, deine eigene Meinung dafür hergeben zu müssen. Du darfst eine eigene Meinung haben, ohne andere Ansichten deshalb als falsch erklären zu müssen.

Einmalige Sieben

Nachdem du dir darüber klargeworden bist, was du wirklich willst und du dich für eine Option entschieden hast, verleiht dir die Sieben die Kraft, Altes loszulassen, damit du etwas Neues in Angriff nehmen kannst. Du bist ein eigenständiger Mensch, fähig, für dich selbst einzustehen und auf eigenen Füßen zu stehen. Du gibst dir deine eigene Stabilität und lässt dich nicht beirren von Meinungen und Ansichten anderer Menschen.

Du erledigst Dinge lieber selbst, als sie zu delegieren. Tief in dir ist so ein Muster von »Ich muss das selbst …« – »Ich will das allein …« Als Mensch mit einer Sieben bist du in hohem Maße selbstständig, was sich oft schon in der Kindheit zeigt: Vor der Zeit selbstständig essen oder sich anziehen, allein die ersten Schritte machen, zeichnen, Rad fahren wollen etc.

Besitzt du neben der Sieben auch noch eine einfache Fünf, dann bist du prädestiniert für eine Chef-Position. Mit dem Machtanspruch der Fünf und der Selbstständigkeit der Sieben fühlst du dich nicht unbedingt wohl in der Herde, außer du stehst als Leithammel an der Spitze.

Deine Selbstständigkeit erstreckt sich auch ins Denken. Du bist selbstständig denkend und handelnd und beschäftigst dich mit philosophischen und spirituellen Themen. Steht die Sieben ganz am Anfang deiner Geburtszahlen, so wirkst du auf andere tiefgründig, geheimnisvoll, etwas introvertiert und irgendwie unfassbar. Du bist ein äußerst interessanter Gesprächspartner, solange es nicht um oberflächliches Gerede und Trivialkonversation geht. Dein Desinteresse an Oberflächlichkeiten kann sich auf die Wahl deiner Kleidung ausweiten, die du nicht nach der aktuellen Mode ausrichtest. Das kann dazu führen, dass andere meinen, du seist etwas bieder oder äußerlich nachlässig. Aber auch hier gilt für dich: Der Inhalt ist wichtiger als die Form.

Deiner Beschäftigung mit spirituellen Themen gehst du gern in der Einsamkeit nach. Du besitzt einen außerordentlich wachen Verstand und neigst zunächst dazu, spirituelle Themen zu rationalisieren. Deine tiefschürfende Beschäftigung mit diesen Themen schließt die Gefahr ein, dass du die Probleme deiner Mitmenschen bagatellisierst und nicht so ernst nimmst. Folglich wirst du manchmal als wenig einfühlsam oder gar als kaltherzig wahrgenommen.

Bemerkungen, Anregungen und Tipps

● Finde zu einem tiefen inneren Glauben und lass deine Bindung an die Materie los. Du darfst weiterhin vermögend sein, Haus, Auto etc. besitzen – aber lass dich von deinem Besitz nicht besitzen, sonst bist du besessen.

● Übertreibe es nicht mit äußerlicher Bescheidenheit, sondern genieße das Leben. Nimm dich etwas weniger ernst und lächle oder lache mehr.

● Achte darauf, nicht nur in einer theoretischen und verstandesorientierten Spiritualität zu verharren. Es ist essenziell für dich, Spiritualität zu leben, indem du dein Leben in umfassender Koexistenz mit deinen Mitmenschen lebst. Dazu gehören auch die oberflächlichen Fragen und Elemente des Lebens.

● Erkenne, wann es Zeit ist, Altes loszulassen, und finde das richtige Maß. Das betrifft nicht nur materielle Dinge, sondern insbesondere Vorstellungen, Erwartungen, Wünsche, Ansichten, Meinungen etc.

● Lerne zu delegieren, du musst nicht alles allein erledigen. Und denk daran: Delegieren heißt, die Kontrolle abzugeben, heißt, die Angelegenheit nicht mehr im Griff zu haben. Das hat zur Folge, dass der eingeschlagene Weg nicht demjenigen entspricht, den du begangen hättest. Aber das gehört zum Lerninhalt der Sieben.

Mehrfache Sieben

Obwohl du äußerlich bemerkenswert selbstständig bist, wurde dir die Fähigkeit, du selbst zu sein, nicht in die Wiege gelegt. Du folgst lieber einer Herde, als sie anzuführen oder deinen eigenen Weg zu gehen. »Ich weiß, aber ...« sagst du vielleicht zu anderen. In der Theorie ist dir alles klar, aber du bist unsicher und ängstlich. Damit stehst du dir oft selbst im Weg, weil du glaubst, es allein nicht zu schaffen, was zur Folge hat, dass du gar nicht erst damit beginnst und es in der Folge tatsächlich nicht schaffst.

Das Nicht-loslassen-Können oder Hergeben-Wollen von Vorstellungen, Erwartungen, Meinungen usw. wirkt erhaltend und will Veränderungen verhindern. Du darfst deshalb in gewissen Lebensbereichen ohne Weiteres als konservativ bezeichnet werden, denn du konservierst deine Sichtweisen und verhinderst damit Veränderungen, die nicht notwendigerweise ein Risiko darstellen, sondern die dir die Chance bieten, auf deinem eigenen Weg Fortschritte zu machen. Ist diese konservative Tendenz im Übermaß vorhanden, kann dein Festhalten an alten Konventionen als Starrsinn interpretiert werden und verhindert dadurch erforderliche Erneuerungen. Zusätzliche Parameter wie starker Wille (Eins), Machtanspruch (Fünf) und Autorität (Vier) können sich dann als das Negative verstärkend erweisen.

Kennzeichen von Starrsinn ist Erstarrung und damit fehlende Flexibilität und Elastizität. Diese Thematik überträgt sich auf den Körper in Symptomen wie beispielsweise Bluthochdruck. Ein Mangel an Elastizität der Blutgefäße, Thromboseneigung und andere Verstopfungssymptome belegen das. Gelenkbeschwerden, Halsstarrigkeit, Verkalkung, Verkrampfung und Verspannung können ebenfalls mit einer mehrfachen Sieben in Verbindung gebracht werden.

Im Strichmännchen ist die Sieben der linken unteren Extremität zugeordnet. Wenn du also mit mehr als einer Sieben auf dem Boden stehst, hast du einerseits Mühe damit, Altes loszulassen (bist du ein Sammler?) und andererseits kann diese Zahlenkonstellation dazu führen, dass du immer wieder alles hinschmeißt und dich neu erfindest. Sei es geografisch, beruflich oder in Beziehungen: wiederholte Berufswechsel, häufige Wohnortwechsel oder wechselnde Beziehungspartner sind häufig anzutreffender Ausdruck einer mehrfachen Sieben.

Bemerkungen, Anregungen und Tipps

- Steht die Sieben am Anfang deiner Geburtszahlen, so wirkst du auf andere selbstständig, aber eher introvertiert. Du erscheinst etwas mystisch oder ein bisschen geheimnisvoll, weil du Zugang zu spirituellen Gedanken hast, der anderen verwehrt ist.
- Lass alte Erwartungen, Ansichten und Meinungen los. Sie behindern dich in deiner weiteren Entwicklung. Du kannst an deiner Lebenssituation ablesen, um welche Themen es sich handelt und dementsprechend handeln.
- Steh zu dir und steh für dich ein. Du bist gut so wie du bist.
- Geh deinen eigenen Weg, egal was andere darüber

denken mögen. Denk daran, wer immer den anderen folgt, wird nie seinen eigenen Weg gehen und die Vorangehenden niemals überholen. Und die Menschen werden immer über dich denken, was sie wollen, ganz egal, was du tust oder wie du dich verhältst.

● Falls du zu jenen gehörst, die immer alles allein und selbstständig erledigen wollen – versuche zu delegieren, was nicht von dir selbst erledigt werden muss und übergib den Rest denen, die es betrifft.

● Das Festhalten an alten und unangenehmen Erinnerungen bringt dich nicht weiter. Lass los, indem du Lehren aus deinen Erfahrungen ziehst und akzeptiere sie als notwendige Bestandteile deiner Entwicklung.

● Du bist unordentlich oder eine Sammlernatur? Räum wieder einmal auf. Gib Dinge weg, die Platz in Anspruch nehmen, den du anderweitig besser nutzen könntest. Lös dich emotional von materiellen Dingen. Gibt es Dinge, die du länger als ein Jahr nicht mehr bewusst beachtet hast? Such bewusst nach Gegenständen, die du lange nicht mehr benutzt hast und setz sie auf eine rote Liste. Überprüfe diese rote Liste nach einiger Zeit. Entscheide dich, welche sieben Dinge dir am wenigsten bedeuten, und gib sie weg.

● Lerne zu verzeihen. Dir selbst und anderen. Denk daran, dass das Verzeihen nur die eine Hälfte des Loslassens ist. Erst das Vergessen macht das Loslassen vollständig.

Die Acht

Selbstwert und Gerechtigkeit

Stichworte: Gerechtigkeit, Selbstwert, Selbstvertrauen, Selbstbewusstsein, Selbstsicherheit, Geschäft, Erfolg, Status, Gleichgewicht, Ausgewogenheit, Bilanz, Balance, Maßhalten, Reifung und Vollendung, Unendlichkeit, Energiefluss, Unparteilichkeit, Urteil, Vorurteil

Energie: Männlich, aktiv

Farbe: Gelb

Element: Feuer

Planet: Merkur, der Götterbote

Chakra: Solarplexus-Chakra

Tarot: VIII – Die Gerechtigkeit, XVII – Die Sterne

Kabbala: 8 – Hod – Die Herrlichkeit

Besserung: Gleichgewicht im Nehmen und Geben aufrechterhalten (das richtige Maß). Erwartungen realistisch ansetzen

Verschlimmerung: Ungerechtigkeit bei sich selbst und anderen, Maßlosigkeit, übersteigerte Erwartungen, Perfektionismus, Fehler begehen, Versagen, Mangel an Anerkennung

Körper: Rücken, Dünndarm, Dickdarm, Bauchspeicheldrüse, Milz, Leber, Niere
Fehlt die Acht oder kommt sie mehrfach vor, so ist die Wahrscheinlichkeit von Symptomen in diesen Körperregionen erhöht.

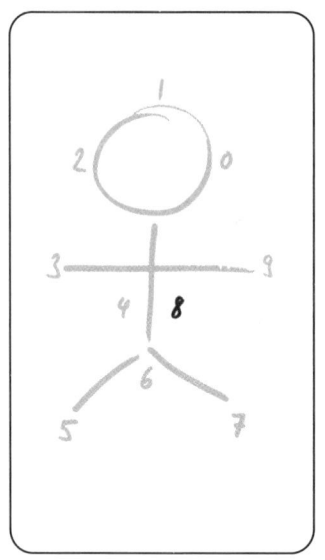

Die Acht ist Erkennungszeichen für das Urprinzip der Vollendung. Von der Unendlichkeit der Null zur Unendlichkeit der Acht. Während die Null das absolute Minimum, das unendlich Kleine symbolisiert, stellt die Lemniskate (∞, die liegende 8) das Zeichen des unendlich Großen und des göttlichen Gleichgewichts dar. Sowohl die Acht als auch die Lemniskate sind nichts anderes als eine Null, der man den Kopf

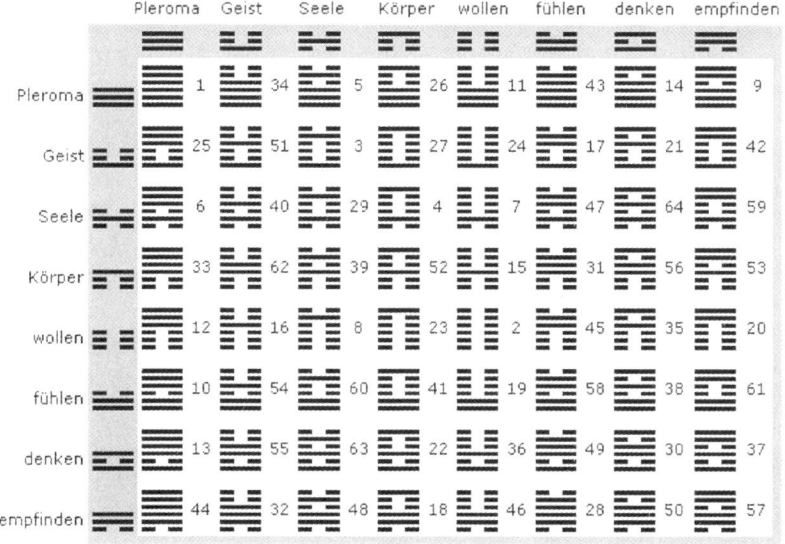

	Pleroma	Geist	Seele	Körper	wollen	fühlen	denken	empfinden
Pleroma	1	34	5	26	11	43	14	9
Geist	25	51	3	27	24	17	21	42
Seele	6	40	29	4	7	47	64	59
Körper	33	62	39	52	15	31	56	53
wollen	12	16	8	23	2	45	35	20
fühlen	10	54	60	41	19	58	38	61
denken	13	55	63	22	36	49	30	37
empfinden	44	32	48	18	46	28	50	57

verdreht hat, damit sie sich selbst von der anderen Seite betrachten kann.

Der achte Ton einer Oktave ist gleichzeitig der erste Ton der nächsten Oktave – Vollendung und Neubeginn. Der hinduistische Gott Vishnu hat acht weltumspannende Arme, und im Buch der Wandlungen (I Ging) der chinesischen Tradition gibt es die acht Trigramme zur Erklärung der Welt. Diese acht Trigramme werden untereinander kombiniert, sodass daraus insgesamt 64 Hexagramme entstehen. Diese beschreiben die Entwicklungsstufen des Menschen auf seinem Weg zurück in seine Göttlichkeit. Die westliche Entsprechung davon finden wir in der Uroffenbarung der Kabbala.

Werten, bewerten und verwerten, urteilen, beurteilen und verurteilen: Bei der Zahl Acht geht es um Wertvorstellungen, um Gerechtigkeit und darum, das richtige Maß zu finden im Umgang mit Geld, Suchtmitteln, Tätigkeiten und in allen anderen Bereichen. Ehrgeiz und Fleiß können umschlagen in Maßlosigkeit, Gier, Geiz und Vernachlässigung der Familie. Eine Acht sollte ihre Wertvorstellungen immer wieder überprüfen und gegebenenfalls anpassen.

Eine Acht kombiniert Manager- und Führungsqualitäten mit gutem Geschäftssinn und einem inneren Gespür für Gerechtigkeit und ethischen Werten. Die Acht ist sozusagen der Manager und das Gewissen unter den Zahlen. Finanzielle und spirituelle Freiheit sind ebenso wichtig wie Qualität und Status. Achter sind praktisch veranlagt und beruflich oft selbstständig oder sie haben eine leitende Position inne.

Daneben symbolisiert die Zahl Acht Reichtum, Erfolg und Energiefluss. Wie man diesen Einfluss spürt? Sind die Finanzen nicht im Lot, ist die göttliche Energie nicht im Fluss.

Fehlende Acht

Es geht um Werte, Wertvorstellungen und Wertsysteme – ganz besonders aber um deinen eigenen Selbstwert. Ohne die Acht in den Geburtszahlen wurde dir dieser nicht in die Wiege gelegt. Du magst Mittel und Wege gefunden habe, dieses Manko gegen außen zu vertuschen, aber du weißt selbst ganz genau, dass Selbstwertgefühl und Selbstvertrauen nicht zu deinen Stärken gehören.

Etwas zu tun, was du noch nie getan hast, fällt dir deshalb schwer, weil du es dir nicht zutraust. Deine Komfortzone zu verlassen, um sich einer Herausforderung zu stellen, ist ein mühseliges Hindernis für dich. Einen Vortrag zu halten vor unbekannten Menschen ist im Übrigen ziemlich unangenehm ohne eine Acht. Zu groß ist die Angst, sich der Lächerlichkeit preiszugeben, ausgelacht zu werden oder zu versagen.

Es ist gut nachzuvollziehen, dass du deine Ideen und Projekte nicht umsetzt, weil du es dir nicht zutraust. Der Mangel an Selbstwert wird in unserer Gesellschaft häufig durch Coolness, Modebewusstsein, ein teures Auto oder ein anderes Statussymbol kompensiert. Ruhm, Macht oder Geld im Allgemeinen sind beliebte Strategien, um einen Mangel an Selbstwertgefühl zu verschleiern. Wer Geld hat, ist etwas wert in dieser Welt. Geld ist ein großes Thema bei dir, und wenn du keines hast, musst du hart arbeiten, um Geld zu verdienen. Erfolg muss man sich verdienen – ohne eine Acht ist das ungleich schwieriger als mit dieser Zahl.

Das findest du natürlich nicht immer gerecht – und (Un-) Gerechtigkeit ist auch ein wichtiges Thema bei dir. Ohne eine Acht fühlt man sich selbst rasch ungerecht behandelt, und das Bedürfnis nach Gerechtigkeit ist ausgeprägt, meist allerdings nicht so intensiv, dass man sich auch für Ungerechtigkeit bei anderen stark machen würde. Da ist es doch um einiges einfacher, die Faust im Sack zu machen, die Welt als ungerecht zu erklären und anderen die Schuld zuzuschieben. Ein Charakterzug, der oft bei Kindern zu finden ist, die weder eine Acht noch eine Neun in ihren Geburtszahlen haben.

Ein weiteres großes Problem ist es, das richtige Maß zu finden. Die Acht steht für Ausgewogenheit, im Tarot dargestellt durch die Karte VIII – *Die Gerechtigkeit.* Es gilt, die Balance zu finden zwischen zu viel und zu wenig. Ohne eine Acht ist es nicht einfach, ein solches Gleichgewicht zu erreichen, und man muss lernen, auf den goldenen Mittelweg zu kommen. Zu viel oder zu wenig Arbeit? Gesund leben um jeden Preis oder ständig mit Fast Food und Alkohol über die Stränge schlagen? Die moderne Technik verabscheuen oder sich permanent hinter irgendwelchen Geräten verstecken? Auf das richtige Maß kommt es an.

Bemerkungen, Anregungen und Tipps

● Erkenne, dass du gut bist, so wie du bist mit all deinen Stärken und Schwächen. Es geht nicht um Haben oder Tun. Es geht nur um Sein.

● Getrau dich, etwas zu tun, was du noch nie getan hast und was du schon lange tun wolltest. Trau es dir zu und verlass deine Komfortzone. Du kannst es, aber das wirst du erst wissen, wenn du es dir durch das Tun bewiesen hast.

● Lerne, mit Kritik umzugehen und nimm nicht alles persönlich. Betrachte es so: Ein Nein ist nicht ein generelles Nein zu einem Menschen, sondern nur ein Nein zu einer Sache. Ein Ja hingegen ist ein Ja zum Menschen und nicht nur ein Ja zu einer Sache.

● Gerechtigkeit ist eine Frage der Sichtweise. Objektive Gerechtigkeit gibt es nicht. Versuch zu unterscheiden zwischen Unparteilichkeit und Ungerechtigkeit. Unparteiisch ist beispielsweise das Wetter

oder die Zeit, dass zum Beispiel der Tag vierund-
zwanzig Stunden hat.

● Gib acht, dass du dich nicht in Vorurteile verrennst.
Versuch, jeweils alle Standpunkte kennenzulernen
und die Motivation dahinter zu ergründen. Jeder
Mensch hat aus seiner eigenen Sicht recht, und keiner
braucht ein Vorurteil.

● Lerne, Maß zu halten, und sorge für Ausgewogenheit in deinem Leben. Wie du weißt, ist es die Dosis,
die das Gift ausmacht. Deshalb vermeide Extreme,
die dich aus dem Gleichgewicht bringen.

Einmalige Acht

Du besitzt ein inneres, untrügliches Wertesystem, das dich
immer genau wissen lässt, was richtig und angemessen bzw.
falsch und unangemessen ist. Dieses innere Wertesystem
muss nicht mit dem offiziellen Rechtssystem übereinstimmen, aber du besitzt dieses Gespür für Recht und Unrecht
– ein ausgeprägtes moralisches und ethisches Bewusstsein.
Menschen, die über eine Acht (Gerechtigkeitsbewusstsein
und hohes ethisches Bewusstsein), eine Neun (soziales Gewissen und Weisheit) und eine Null (Empathie und Barmherzigkeit) in ihren Zahlen verfügen, sollten bevorzugt eine
Richter-Funktion ausüben.

Du bist fähig, das richtige Maß, ein Gleichgewicht zu finden. Dein Selbstvertrauen ist in der Regel gut, und wenn du
weißt, dass etwas richtig und angemessen ist, dann stehst du

dazu und kannst es umsetzen. Wenn du einen Raum betrittst, versuchst du nicht, möglichst unauffällig zu bleiben, sondern du bleibst authentisch und zeigst dich. Dich zu verstecken ginge ohnehin nicht, die Blicke schweifen automatisch in deine Richtung, und deine Anwesenheit findet Beachtung. Du besitzt eine Aura, welche die Aufmerksamkeit von anderen Menschen auf sich zieht. Du bist nicht schüchtern oder gehemmt, sondern traust dir auch zu, deine Meinung kundzutun, ohne dich unsicher zu fühlen. Andere Menschen schätzen deine Anwesenheit, manchmal unbewusst mit dem Wunsch verbunden, sich bei dir mit Selbstbewusstsein zu infizieren.

Herausforderungen schüchtern dich nicht ein. Neuen Unternehmungen stehst du grundsätzlich positiv gegenüber, und du kannst ziemlich rasch und realistisch einschätzen, wo die Machbarkeit Grenzen hat. Auch wenn dir inneres Gleichgewicht und Ausgewogenheit gegeben sind, sind deine Ansprüche an dich selbst und andere manchmal übersteigert. Nur weil du selbst diesen Erwartungen zu genügen vermagst, heißt das noch lange nicht, dass andere ebenfalls dazu fähig oder willens sind.

Du bist in aller Regel beruflich erfolgreich, und oft werden Dinge, die du in die Hand nimmst, fast automatisch von Erfolg gekrönt sein. Folglich gibt es Menschen, die dir das nicht gönnen, und du hast sicher schon häufig erlebt, dass dir Neid und Missgunst entgegengebracht werden.

Bemerkungen, Anregungen und Tipps

● Steht die Acht ganz am Anfang deiner Geburtszahlen, so wirkst du auf andere attraktiv, selbstbewusst und erfolgreich. Die Menschen in deinem Dunstkreis sonnen sich gern in deinem Glanz. Pass also auf, mit wem du dich umgibst.

● Selbstbewusstsein und Arroganz können leicht miteinander verwechselt werden. Achte bewusst darauf, keinen überheblichen Eindruck zu hinterlassen.

● Nutz deine ausgeprägten Managerqualitäten zu deinem Wohl und zum Wohl deines Umfelds. Versuch dabei, gerecht und unparteiisch zu sein und lass im Zweifelsfall Gnade vor Recht ergehen.

● Andere Menschen können von dir lernen, sich selbst wertzuschätzen. Leite sie an, sie werden es dir danken.

● Es ist nicht ungerecht, dass du Selbstvertrauen hast und andere nicht. Andere Menschen haben andere Aufgaben als du, und deshalb solltest du dich nicht im Übermaß um die Aufgaben anderer kümmern, sondern dich zunächst einmal auf deine eigenen Herausforderungen konzentrieren.

● Du bist Spezialist im Bereich Ethik und Recht, selbst wenn du nicht explizit in diesem Bereich ausgebildet bist. Sei ein Vorbild für andere.

Mehrfache Acht

Dein eigenes Wertesystem offenbarst du zwar nicht sofort und von dir aus, doch du bist Spezialist im Themenbereich Ethik und Gerechtigkeit. Ungerechtigkeit widert dich an, und du kannst empört und aufgebracht reagieren, wenn du damit konfrontiert wirst. Du gehörst zu den Menschen, die sich für andere einsetzen, wenn sie ungerecht behandelt werden. Richter sollten über genau dieses brillante Gespür für Recht und Ethik verfügen, idealerweise ergänzt durch Weisheit, Barmherzigkeit und Einfühlungsvermögen.

Deine Fähigkeiten auf diesem Gebiet basieren auf Erfahrungen aus früheren Inkarnationen. Eine mehrfache Acht beinhaltet die karmische Bedeutung, dass man sich in einer anderen Inkarnation schuldig gemacht hat. Es kann sich um einen Verrat gehandelt haben oder um die Tatsache, dass man als Richter einen unschuldigen Angeklagten verurteilt hat.

Doch Mehrfach-Achten neigen schon aus weit geringfügigeren Gründen zu übermäßigen oder unangemessenen Schuldgefühlen, nämlich dann, wenn sie ihren eigenen Ansprüchen nicht genügen können. Dass derartige Situationen wiederholt vorkommen, verwundert nicht weiter, denn nicht nur die ethischen und moralischen Grunderwartungen sind überspitzt, sondern auch die alltäglichen Ansprüche setzen eine Mehrfach-Acht ständig unter Druck. Permanent im Zugzwang, ihr Allerbestes geben zu müssen oder ein Versagen abzuwenden, strengt sie an. Sie gerät dadurch in einen Teufelskreis, dem sie sich nur schwer wieder entziehen kann. Dass infolge dieser Verausgabung der Körper über Symptome zu verstehen gibt, dass eine Grenze überschritten wurde, erstaunt deshalb nicht.

Darüber hinaus finden wir bei Mehrfach-Achten die Achterbahn des Selbstwerts: Zu gewissen Zeiten ist der Selbstwert völlig überhöht: »Ich kann alles!«, und dann gibt es wieder Intervalle mit stark limitiertem Selbstvertrauen und dem Gefühl: »Ich kann gar nichts!« Demselben Auf und Ab sind auch deine Finanzen unterworfen. So kannst du aus dem Status eines Habenichts zu Fülle und Überfluss gelangen, um im nächsten Moment wieder zurückgeworfen zu werden. Diese Schwankungen betreffen generell alle Bereiche, in denen es darum geht, das richtige Maß zu finden.

Bemerkungen, Anregungen und Tipps

● Du bist genau richtig, so wie du bist. Hätte Gott dich nicht so gewollt, hätte er dich nicht so erschaffen. Stell dich dem Leben und anerkenne dich selbst.

● Hüte dich davor, deinen Selbstwert über Geld oder andere äußere Werte zu definieren oder zu kompensieren.

● Es gibt keine Schuld, es gibt nur Lerninhalt (Lektion). Verurteile weder dich selbst noch andere, sondern versuch, die Essenz der Situation zu erfassen. Erkenne, dass Schuldgefühle ein Hinweis darauf sind, dass du immer noch verurteilst und noch nicht vergeben hast.

● Deine Ansprüche an dich selbst und andere sind hoch oder sogar zu hoch. Erwarte von anderen nicht, dass sie deine Ansichten teilen können. Sie verfügen nicht über dasselbe Bedürfnis nach Perfektion wie du.

● Finde das richtige Maß in allem, was du tust, und sei nicht zu hart dir selbst gegenüber. Überprüfe deine Erwartungen in allen Lebensbereichen und denk daran, dass Erwartung und Enttäuschung Geschwister sind.

● Ein Teufelskreis ist wie ein Hamsterrad: Von innen sieht es aus wie eine Karriereleiter: Es geht immer nur bergauf. Ständig lockt der Zenit, und obwohl man ständig schneller rennt, gelangt man nie ans Ziel.

Die Neun

Weisheit und Kommunikation

Stichworte: Rückzug, Weisheit, Kommunikation, Hilfsbereitschaft, Idealismus, innere Stimme, Klarheit, Menschenliebe, Aufopferung, Neutralität, Gelassenheit, Güte, Selbstlosigkeit, Wohlwollen, Mitleid, Selbstmitleid, Auflösung, Abschluss, Auferstehung, Unsterblichkeit
Energie: Weiblich, passiv
Farbe: Violett
Element: Erde
Planet: Mond, weiblich nährend
Chakra: Nabelchakra

Tarot: IX – Der Eremit, XVIII – Der Mond

Kabbala: 9 – Jesod – das Fundament; Selbstbild, Weltbild, Vorstellungen, Image

Besserung: Gleichgewicht von Rückzug und Kommunikation, auf die innere Stimme hören, anderen helfen

Verschlimmerung: Kleben bleiben in der Vergangenheit, alte Dinge nicht abschließen, Konzentration auf Äußerlichkeiten

Körper: Linksseitig: Hand, Arm, Schulter; Hals, Schilddrüse, Kehlkopf, Speiseröhre, Luftröhre, Stimmbänder, Bronchien, Lunge, Herz

Fehlt die Neun oder kommt sie mehrfach vor, so ist die Wahrscheinlichkeit von Symptomen in diesen Körperregionen erhöht.

Rückzug, Weisheit und Kommunikation, Altruismus und Integrität. Die höchste Zahl im uns geläufigen Dezimalsystem. Abschluss und Vorbereitung auf einen Neubeginn.

Die Phase des (Be-)Wertens und (Ver-)Urteilens (Acht) ist überwunden, es geht um Neutralität und Wertfreiheit. Gelebte Wertfreiheit geht einher mit Gelassenheit und Toleranz. Das nachstehende Bonmot, von einigen auch als Gebet betrachtet, bringt die Energie der Neun recht gut auf den Punkt: »Herr, gib mir die Kraft, zu ändern, was ich ändern kann, die Gelassenheit, hinzunehmen, was ich nicht ändern kann, und die Weisheit, den Unterschied zu erkennen.«

Ging es zu Beginn noch um Selbstfindung (Eins, Ego-Aufbau), geht es jetzt um Selbstlosigkeit (Neun, Ego-Abbau oder Ego-Überwindung).

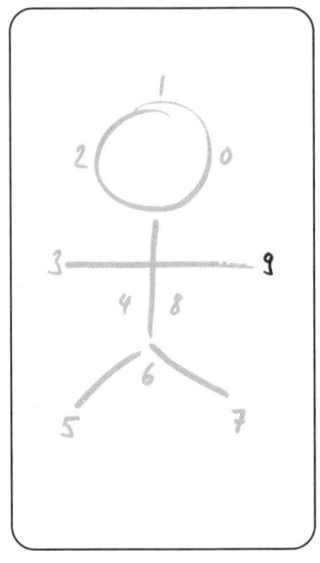 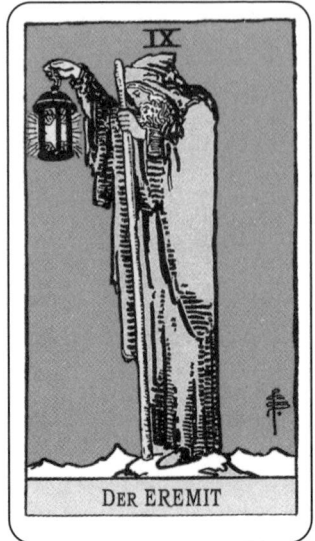

DER EREMIT

Die Neun steht für Integrität (Leben im Einklang mit höheren spirituellen Gesetzen) und für das Auflösen von alten Strukturen, die den neuen Platz machen müssen. Die Wörter *neu* und *neun* haben in vielen Sprachen denselben Wortstamm:

Deutsch: neun – neu
Italienisch: nuove – nuovo
Französisch: neuf – neuf
Spanisch: nueve – nuevo
Portugiesisch: nove – novo
Rumänisch: noua – nou
Lateinisch: nove – novum
Dänisch: ni – ny

Die Selbstlosigkeit einer Neun drückt sich aus in Hilfsbereitschaft. Sie wählt deshalb oft (unbewusst) einen Beruf,

DER MOND

der ebendies zum Inhalt hat. Die Neun ist bekannt als Therapeutenzahl, und sie kommt überdurchschnittlich häufig vor bei lehrenden, sozialen und pflegenden Berufen. Durch ihre dynamische und optimistische Ausstrahlung wird eine Neun oft in eine Führungsrolle gedrängt, die sie selbst möglicherweise nicht einmal gesucht hat. Selbstlosigkeit, soziales Gewissen, Offenheit und Hilfsbereitschaft einer Neun können allerdings dazu führen, dass sie ausgenützt oder missbraucht wird und sich über ihre Kräfte verausgabt. So sind es auch oft Neuner oder Menschen in sozialen, lehrenden oder pflegenden Berufen, die an einem Burn-out-Syndrom (depressive Überlastungs-Erschöpfung) leiden.

Das Bedürfnis nach Selbst-Reflexion und die Suche nach einer tieferen Weisheit und Wahrheit bringt Neuner dazu, in die Innenschau zu gehen, zu meditieren und ihre innere Stimme wahrzunehmen. Sich selbst in einem Spiegel der Unvoreingenommenheit zu betrachten ist jedoch eine Kunst, die kein Mensch vollumfänglich beherrschen kann: Schonungslose Ehrlichkeit, die Fähigkeit zu Einsicht und Erkenntnis, eine große Portion Humor, viel Frustrationstoleranz und Selbstironie sind zwar hilfreich – aber wie will sich ein Subjekt objektiv betrachten? Das ist ein Widerspruch in sich selbst.

Doch alle Weisheit und Wahrheit ist ohne Kommunikation nichts wert. Kommunikation ist integraler und notwendiger Bestandteil der Neun. Mit Kommunikation ist nicht nur die Fähigkeit des Diskutierens oder des Argumentierens gemeint. Kommunikation umfasst insbesondere die Fähigkeit, etwas über sich selbst, das Wesen(tliche), preiszugeben.

Fehlende Neun

Ohne die Neun besteht bei dir wenig Bedürfnis, dauernd andere Menschen um dich herum zu haben. Äußere Aktivitäten scheinen dir oft unattraktiv, und dir fehlt der Anreiz, dich ständig mit anderen Menschen zu umgeben. Viel interessanter findest du es, Zeit mit dir selbst zu verbringen. Du brauchst diese Zeit und diesen Raum für dich selbst, um dich wohlzufühlen. Andere sehen in dir vielleicht eine introvertierte Person oder einen Einzelgänger, aber dir ist es einfach wohler auf diese Art. Dein Rückzug kann auf verschiedene Arten stattfinden: Spiel, Sport, Natur, Lesen, Fernsehen, Hausarbeit, Stricken etc. Das Gemeinsame aller Aktivitäten ist, dass du zwar äußerlich meist irgendwie beschäftigt bist, dich innerlich aber ganz woanders *in deiner eigenen Welt* aufhältst.

Dich anderen Menschen mitzuteilen, bereitet dir Mühe. Du hast Mühe zu kommunizieren. Du kannst möglicherweise gut argumentieren und diskutieren, du kannst auch etwas nachplappern, was andere vorgesagt haben, doch etwas von dir selbst preiszugeben, fällt dir schwer. Das spürst du insbesondere in Beziehungen zu Partnern oder Kindern, wenn du immer wieder merkst, dass du nicht verstanden wirst oder nicht verstehst.

Bemerkungen, Anregungen und Tipps
- Finde ein ausgeglichenes Verhältnis zwischen Rückzug und Kommunikation. Lerne zu kommunizieren und überprüfe immer wieder, ob das, was du gesagt hast, so verstanden wurde, wie du es gemeint hast.
- Lerne, Konfliktsituationen im Dialog zu lösen.
- Richte deine Aufmerksamkeit auf deine innere Stimme und getrau dich, ihr zu folgen. Finde den Mut zum Selbstausdruck.
- Deine Zweifel am Sinn des Lebens sind aus der Sicht der Welt nachvollziehbar, aus höherer Sicht jedoch unangemessen. Finde dein bedingungsloses Vertrauen in ein größeres auslösendes Element der Schöpfung wieder.
- Achte darauf, im direkten Dialog den Augenkontakt herzustellen. Das hilft, die Aufmerksamkeit auf das Gespräch zu fokussieren und nicht in eine innere Gedanken- oder Bilderwelt abzudriften.

Einmalige Neun

Du besitzt die Fähigkeit zur Kommunikation. Du beherrschst nicht nur die Argumentation und Diskussion über Äußerlichkeiten (was dich oft langweilt, weil sie oberflächlich ist), sondern du besitzt daneben die Fähigkeit, aus dir selbst heraus zu sprechen. Du kannst über Wesentliches (dein Wesen) kommunizieren und etwas über dich selbst preisgeben. Du hörst deine innere Stimme und vermagst ihr zu folgen.

Die Stufe des Wertens hast du hinter dir gelassen. Es gelingt dir, Dinge und Situationen wertfrei zu betrachten, und für andere Menschen bist du – oft schon in jungen Jahren – ein Symbol für Integrität, Weisheit und Reife, selbst wenn dir das selbst nicht unbedingt auffällt.

Deine humanitäre Denkweise prädestiniert dich für Berufe, die eine hohe Sozialkompetenz erfordern, also Berufe, die mit Menschen zu tun haben und eine gewisse Hilfsbereitschaft erfordern.

Die Zahl Neun beinhaltet das Wort *Neu*. Es geht darum, sich vorzubereiten auf etwas Neues, denn mit der Zehn beginnt der Kreislauf von vorn (mit der Quersumme 1 und den Elementen Eins (Anfang) und Null (Einfühlungsvermögen und Gefühle).

Bemerkungen, Anregungen und Tipps

- Nutz deine Fähigkeit, das Wesentliche zu erkennen und zu kommunizieren und sei ein Beispiel für Integrität.
- Nimm dir die Zeit für den Rückzug, die dir erlaubt, die Kraft zu tanken, die du für dein Leben benötigst.
- Verschließ dich nicht deiner Führungsrolle. Du bist ein guter Führer!
- Schließ ab mit deiner Vergangenheit, damit sie dich nicht daran hindert, einen Neuanfang (Zehn) in Angriff zu nehmen.

Mehrfache Neun

Du verfügst über eine überaus hohe Sozialkompetenz. Das fällt bereits in jungen Jahren auf, wenn du als hilfsbereit wahrgenommen wirst und anderen selbstlos zur Seite stehst.

Du kannst gut argumentieren und diskutieren, aber etwas von dir selbst preiszugeben, fällt dir schwer. Bei Menschen, die dich gut kennen, redest du möglicherweise fast gar nicht, währenddessen du außerhalb von zu Hause sehr viel sprichst, ohne wirklich etwas Wesentliches zu sagen.

Möglicherweise weißt du noch nicht einmal, ob das, was du sagst, die Wahrheit ist oder ob du einfach etwas nachplapperst, das jemand anders vorgeplappert hat. Stottern, Legasthenie oder Sprechblockaden sind Themen einer Mehrfach-Neun, insbesondere in der Kindheit. Das kann in direktem Zusammenhang stehen mit einem Schweigegelübde in vergangenen Inkarnationen. In einem solchen Fall wäre eine Rückführung (Reinkarnationstherapie) sinnvoll.

Bemerkungen, Anregungen und Tipps

- Lerne, auf deine innere Stimme zu hören und das Wesentliche zu kommunizieren.
- Rede weniger und sprich mehr. Die Menschen in deinem Umfeld wollen kein Gerede, sie wollen Gespräche.
- Lerne zu unterscheiden, welche Art von Inhalten von dir kommuniziert werden: Handelt es sich um nichtssagende Redewendungen, die du irgendwann, irgendwo von irgendwem unkritisch übernommen

hast oder sind es eigene tiefere Erkenntnisse, die in
dir selbst gereift sind?

● Gib acht, dass du nicht ausgenützt wirst aufgrund
deiner überaus großen Hilfsbereitschaft.

● Sich für Tiere und Menschen in irgendeiner Form
einzusetzen ist vorbildlich und lobenswert. Versuch
dabei, das richtige Maß zu finden, damit du nicht ausgenutzt wirst.

Die Null

Gefühle, Herzenskraft, Potenzial

Stichworte: Nichts, Potenzial, Göttlicher Ursprung, die rei-
ne unbefleckte Seele, Leere, Stille, Ewigkeit, das innere
Kind, Mitgefühl, Feingefühl und Einfühlungsvermögen,
Unendlichkeit, Unbeschwertheit, Leichtigkeit, kindlich,
kindisch, spielerisch, Empfindsamkeit, Empfindlichkeit,
Kaltblütigkeit, Empfindungslosigkeit

Energie: Weiblich, passiv

Farbe: Blau – rot – gelb – schwarz

Element: Erde

Planet: Erde, die Projektionsfläche für männlich und weiblich

Chakra: Wurzelchakra

Tarot: 0 – Der Narr

Kabbala: 0 (10) – Malkuth – Das Königreich

Besserung: Auf seine innere Stimme hören, Selbstreflexion, Meditation, sich mit seiner Gefühlswelt verbinden

Verschlimmerung: Unbeweglichkeit, Mangel an Flexibilität. Festhalten an alten Überzeugungen und Selbsteinschätzungen, Gefühle verdrängen oder nicht zulassen

Körper: Ohren, Gehörgang, Lymphknoten, Schmerzempfinden, Taubheitsgefühle

Fehlt die Null oder kommt sie mehrfach vor, so ist die Wahrscheinlichkeit von Symptomen in diesen Körperregionen erhöht.

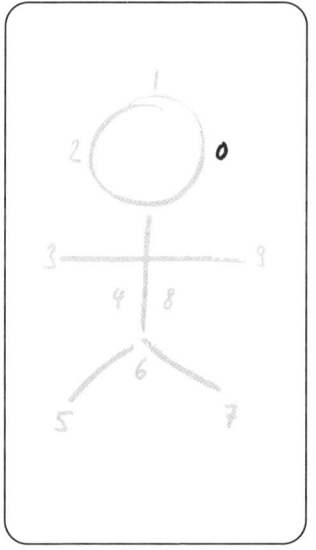

Die »Nicht-Zahl« – aus dem Nichts kommend – zurück ins Nichts gehend. Der Anfang und das Ende – das Alpha und das Omega. Potenzial und Potenzierung.

Die Null – für sich allein ohne jegliche Energie – ist eine der stärksten Kräfte des Universums. Sie ist Boden und Nährgrund für alles, was als unmanifestiertes Potenzial im Nichts oder eben in der Null liegt. Dieses Potenzial ist unendlich groß. Die Unendlichkeit der Null bezieht sich einerseits auf das Nichts, denn *Nichts* ist unendlich klein. Andererseits bezieht sich diese Unendlichkeit auch auf das innewohnende Potenzial des Nichts, das unendlich groß, vielfältig und stark ist. Im Gegensatz dazu steht die liegende Acht, die für das andere Ende der Unendlichkeit steht und sozusagen das maximal ausgeschöpfte Potenzial der Null darstellt. Vielleicht sieht die ∞ ja deshalb aus wie eine ausgewrungene Null.

Selbst ohne Energie, besitzt die Null die Fähigkeit, alle anderen Zahlen zu potenzieren, ihnen Energie zu verleihen, sie um eine Dimension zu erhöhen. So macht sie aus einer Eins eine Zehn, aus einer Zehn eine Hundert, eine Tausend, Zehntausend etc.

Die Form der Null deutet ihre Symbolik bereits an: Der Kreis schließt sich. Das *Alles* ist beendet und kehrt zurück ins unendliche Potenzial des *Nichts*. *Alpha* (A) ist der erste Buchstabe im Griechischen Alphabet, *Omega* (O) der letzte. Das ist das A und O des Alphabets.

Die Null symbolisiert die inneren und nicht messbaren Gaben wie Unbeschwertheit, Mitgefühl, Feingefühl, Einfühlungsvermögen und die Herzenskräfte, die in uns walten.

In der Zehn vorkommend, erhebt die Null die Eins auf eine höhere Ebene. Die Null enthält das Potenzial, das sich auf dieser neuen Ebene entfalten kann.

Die Summe von 1 + 2 + 3 + 4 ergibt 10. Das bedeutet:

1 göttlich   männlich   (1 – *Der Magier*)

2 göttlich   weiblich   + (2 – *Die Hohepriesterin*)

3 irdisch   weiblich   + (3 – *Die Herrscherin*)

4 irdisch   männlich   + (4 – *Der Herrscher*)

10 die ganze Schöpfung = (10 – *Das Rad des Schicksals*)

In einigen Tarotdecks wird die Karte Zehn auch Rad der Wiedergeburt genannt. In beiden Fällen besteht die Symbolik darin, dass nach dem Abschluss (Neun) einer Inkarnation eine Wiedergeburt (Reinkarnation) ansteht, die wiederum das gesamte Spektrum (Null) von Entwicklungsmöglichkeiten enthält, die von einer Seele in einem neuen Körper entfaltet werden können.

Fehlende Null

Es mag sein, dass du über deine eigentlichen Gefühle einfach hinweggehst, weil du sie gar nicht spürst. Du machst sozusagen keinen Unterschied zwischen Herz (Gefühl) und Kopf (Verstand). Menschen, die sich nicht spüren oder keine tieferen Empfindungen haben, besitzen oft keine Null oder aber eine mehrfache Null in ihren Geburtszahlen.

Möglicherweise hattest du in der Kindheit nicht den Raum, wirklich Kind zu sein. Zärtliche Zuwendung mag dir schwerfallen, weil du hinter dem sachlichen Ausdruck die Gefühle nicht wahrnimmst. Insbesondere wenn Kinder von ihren Eltern keine oder wenig Liebe erfahren haben, wird es ihnen im Erwachsenenalter selbst schwerfallen, Liebe zu empfinden und zu geben.

Weil dir der Kontakt zu deiner Gefühlswelt nicht in die Wiege gelegt wurde, fällt es dir zu Beginn schwer, mit Gefühlen umzugehen. Daraus entsteht eine gewisse Unberechenbarkeit, die andere Menschen verunsichern kann, oder eine Gefühlskälte, die sogar eine abschreckende Wirkung auf andere haben kann. Es besteht die Gefahr, manipuliert zu werden, weil man nicht auf seine Gefühlsebene reflektieren kann.

Bemerkungen, Anregungen und Tipps

- Lerne zu fühlen. Es genügt nicht, nur über den Kopf wahrzunehmen, auch der Bauch bzw. das Herz ist untrennbarer Bestandteil von dir.
- Bring die Bereitschaft auf, deinen inneren Impulsen zu folgen, auch wenn sie nicht logisch scheinen. Getrau dich, kindisch und albern zu sein.
- Fehlt dir die Null, kannst du die Liebe der Sechs nicht fühlen.
- Fehlt dir die Null, bleibt die Urteilsfähigkeit der Acht rational und kalt. Die Reflexion ins Gefühl fehlt und damit auch die Barmherzigkeit, die Bestandteil der Gerechtigkeit sein sollte.
- Fehlt dir die Null, und du besitzt eine Vier in deinen Geburtszahlen, so warst du schon als Kind zu vernünftig für dein Alter. Möglicherweise hat man dir deshalb schon früh Verantwortung übertragen.
- Versetz dich in die Lage anderer Personen und überleg dir, wie du handeln würdest, wenn du dich in der Lage der anderen Person befinden würdest.

Einmalige Null

Du hast dir dein inneres Kind bewahrt und kannst immer noch albern sein.

Eine gewisse Unbeschwertheit ist bei dir feststellbar. Du nimmst nicht alles immer so ernst, sondern kannst auch spielerisch mit Situationen umgehen.

Du besitzt Mitgefühl, Feingefühl und verfügst über ein gutes Einfühlungsvermögen. Du bist gefühlvoll und sensibel und reagierst manchmal etwas emotional. Weinen dürfte dir nicht allzu schwerfallen.

Du bist nicht manipulierbar und hast eine ausgeprägte Fähigkeit zur Selbstreflexion. Weil du gut reflektieren kannst, ist es dir möglich, über dich selbst zu lachen. Das ist eine Form von Humor, die immer gut ankommt und dich sympathisch macht.

Du kannst dich freuen oder traurig sein. Du kannst ärgerlich sein oder gelassen. Dir steht die ganze Palette von Gefühlen und Emotionen zur Verfügung.

Bemerkungen, Anregungen und Tipps

● Leite andere an, das Leben etwas spielerischer zu nehmen.

● Behalte deine Offenheit. Sie ist der Schlüssel, mit dem alles gelingen kann.

● Sei weiterhin unkompliziert und lebensfroh.

● Die Null im Zusammenspiel mit der Acht befähigt dich, auf der Gefühlsebene zu werten und zu reflektieren.

- Die Null in Kombination mit der Sechs bedeutet, dass du die Liebe (Sechs) auch fühlen (Null) kannst.
- Steht die Null in Kombination mit einer Vier, so wird die Vernunft (Vier) durch Einfühlungsvermögen (Null) ergänzt.

Mehrfache Null

Eine mehrfache Null zieht oftmals Launenhaftigkeit und Unberechenbarkeit nach sich. Ihre emotionalen Spannungen schwanken von *himmelhoch jauchzend* bis *zu Tode betrübt*. Extreme Liebe wechselt sich ab mit emotionaler Kälte oder Gleichgültigkeit. Angst und Wut können sich abwechseln, insbesondere wenn die mehrfache Null in Kombination mit einer Eins steht.

Die überaus ausgeprägte Empathie einer Mehrfach-Null trägt dazu bei, dass sich der Träger dieser Zahlen so intensiv in andere Menschen einfühlen kann, dass er deren Gefühle schon fast als seine eigenen empfindet. Das birgt die Gefahr von Mitleid, jener inneren Anteilnahme an der Not anderer, die deutlich von Mitgefühl unterschieden werden muss, da Mitleid jenen Anteil eines Leidens anspricht, der jemand anderem nicht abgenommen werden kann oder soll.

Phasen von Emotionslosigkeit alternieren mit Überempfindlichkeit und hysterischen Reaktionen. Die Thematik von »gut austeilen, aber schlecht einstecken können« wird in diesem Zusammenhang öfter beobachtet. Es besteht eine Angst vor dem Verrücktwerden und von Kontrollverlust.

Die Überlebensstrategie einer mehrfachen Null besteht oft darin, dass Gefühle nicht gezeigt werden. Als Narr (die Null im Tarot) kann man ärgerlich schmollen und ein Trotzverhalten an den Tag legen, wie es auch bei Kindern der Fall sein kann.

Bemerkungen, Anregungen und Tipps

- Lerne bewusst zu fühlen. Beobachte dich, wie du funktionierst, und erkenne, wann und in welchen Situationen es zu emotionalen Stressmomenten kommt.
- Bei Kindern kann die Thematik von gut austeilen und schlecht einstecken vorkommen: Seine eigene Kraft nicht spüren, wenn man ein anderes Kind schlägt, aber Zeter und Mordio schreien, wenn man bloß ungewollt berührt wird.
- Behalte den Kontakt zu deiner Gefühlswelt, aber lös dich von dem Drama. Stell dir folgendes Szenario vor: Du stehst auf der Bühne und spielst die Hauptrolle im Theaterstück *Mein Leben*. In der Aufführung – manchmal ist es ein Drama, manchmal ein Krimi und manchmal eine Komödie – spielst du voller Inbrunst deine Rolle. Um die Dramatik aus der Rolle zu verbannen, setz dich in die vierte Reihe und beobachte das Szenario von außen. Lös dich von deiner Rolle und stell dir vor, jemand anderer würde die Hauptrolle übernehmen. Überleg dir, ob so viel Dramatik angemessen ist und was man sonst zum Positiven verändern könnte. Dann schlüpf wieder in deine Rolle und spiel weiter.

Falsche Geburtszeit?

In der erwartungsvollen und angespannten Atmosphäre einer Entbindung geht es in erster Linie um das Wohlergehen von Mutter und Kind und nicht um den Blick auf die Uhr.

Je hektischer oder komplizierter eine Geburt, desto wahrscheinlicher ist eine fehlerhaft notierte Geburtszeit. Wenn nach der Entbindung erst nach fünf oder zehn Minuten oder noch später auf die Uhr geschaut wird, ist davon auszugehen, dass die Geburtszeit um einige Minuten abweicht. In der Praxis trifft man deshalb überdurchschnittlich oft Geburtszeiten an, die auf eine Null oder eine Fünf enden, weil die Zeit dann auf jeweils auf- oder abgerundet wurde. Insbesondere bei Jahrgängen vor 1980 wurde die Zeitangabe nicht immer exakt erfasst.

Andererseits gibt es auch exakte Zeitangaben wie beispielsweise 07:24 Uhr, die aber möglicherweise nicht korrekt sind. Wie bereits an anderer Stelle erwähnt, gibt es Möglichkeiten, sich einer exakten Geburtszeit anzunähern. Dank den Kenntnissen über die Eigenschaften der Zahlen, wie sie in den vorherigen Kapiteln erläutert wurden, können Abweichungen in der Geburtszeit einigermaßen zuverlässig festgestellt werden. Wobei an dieser Stelle erwähnt sei, dass sich weder die Geburtszeit gemäß Urkunde noch deren Korrekturen beweisen lassen. Es handelt sich um Spekulation oder, wie ich es gern ausdrücke, um *begründetes Raten*.

Eine Veränderung der Geburtszeit geht zwangsläufig damit einher, dass einzelne Zahlen hinzukommen, während andere wegfallen. Diese Veränderung der Zahlen äußert sich in andersartigen Charaktermerkmalen und Eigenschaften des Menschen.

Geburtszahlen lassen sich in Einklang bringen mit den ursprünglichen Charaktermerkmalen einer Person, indem man Fragen stellt, die auf die Eigenschaften von Zahl und Person abzielen. Dabei nimmt man nicht nur Bezug auf die Gegenwart, sondern auch und vor allem auf die Vergangenheit, soweit sich die Person daran erinnern kann. Denn es handelt sich ja – wie bereits erwähnt – um Geburtszahlen.

Vorgehensweise

Will man möglichst gute Resultate erzielen, lohnt es sich, die angegebenen Geburtszahlen einer Überprüfung zu unterziehen. Ungeachtet dessen, ob Zweifel an der Richtigkeit der Angaben angebracht sind oder nicht.

In der überwiegenden Anzahl der Fälle bewegen sich Abweichungen in einem Rahmen von plus zwei bis minus zwei Minuten. Daher sind mehrere Korrekturmöglichkeiten in Betracht zu ziehen.

Die Konsequenzen einer Änderung können weitreichend sein. Eine Korrektur der Geburtszeit um nur eine Minute kann vier, in seltenen Fällen sogar noch mehr Zahlen verändern.

Das bedeutet in der Praxis, dass die Charaktermerkmale einer Person mit den Eigenschaften ihrer Geburtszahlen gewissenhaft überprüft werden müssen. Dazu werden Fragen gestellt, die sowohl mit den Charaktermerkmalen der Person als auch mit den Eigenschaften der jeweiligen Zahl in Verbindung stehen.

Dabei ist es wichtig, dass man nicht nur den Stand von heute berücksichtigt, sondern gezielt danach fragt, wie es früher um diese Fähigkeiten, Talente und Eigenschaften stand.

Natürlich besteht immer die Möglichkeit, dass die angegebene Geburtsminute korrekt erfasst wurde und dass gar keine Änderung vorgenommen werden muss, aber selbst wenn das wahrscheinlich erscheint, ist es in der Regel sinnvoll, die damit verbundene Arbeit auf sich zu nehmen.

Die Arbeit, die mit einer Überprüfung verbunden ist, stellt sich zunächst als recht schwierig dar und ist für den noch unerfahrenen Numerologen mit einigem Zeitaufwand verbunden. Wir versuchen nun anhand eines fiktiven Beispiels, den Arbeitsablauf einer Überprüfung nachzuvollziehen.

Schritt 1

Offizielle Geburtszahlen: 16. 02. 1965 / 18 : 40 Uhr
Zeichne ein Strichmännchen und trage die ursprünglichen Angaben ein.

Zeichne ein zweites Strichmännchen und trage eine Korrektur von einer Minute ein (in diesem Beispiel: minus eine Minute).

Die Geburtsminuten sind für einen besseren Überblick eingekreist.

Offizielle Daten: 16. 02. 1965 / 18:40 Uhr

   Vorhanden: 11 / 2 / 4 / 5 / 66 / 8 / 0

   Fehlend: 3 / 7 / 9

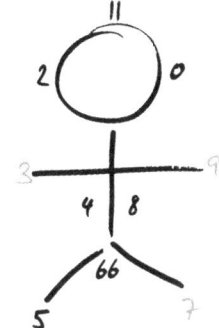

Korrigierte Daten: 16. 02. 1965 / 18:39 Uhr

   Vorhanden: 11 / 2 / 3 / 5 / 66 / 8 / 9

   Fehlend: 4 / 7 / 0

Schritt 2

Stell die Veränderungen bei den Geburtszahlen fest und notiere sie.

Im vorliegenden Fall sind folgende Änderungen zu notieren:

Die Vier und die Null fallen weg

Die Drei und die Neun kommen hinzu

Schritt 3

Stell relevante Fragen zu den Themen und Eigenschaften der veränderten Zahlen und versuch herauszufinden, ob die gemachten Angaben korrekt scheinen oder ob eine Änderung wahrscheinlich ist.

Verfahre dazu weiter wie auf ➤ Seite 185 ff. beschrieben.

Schritt 4

Wiederhole die Schritte 1–3.

Verwende dazu Änderungen der Geburtszeit um eine weitere Minute nach vorn oder hinten.

Bei einer Minutenabweichung nach vorn sind folgende Änderungen zu notieren:

Geburtszahlen

Offizielle Daten: 16. 02. 1965/18 :40 Uhr
    Vorhanden: 11 / 2 / 4 / 5 / 66 / 8 / 0
    Fehlend: 3 / 7 / 9

Korrigierte Daten: 16. 02. 1965/18 :41 Uhr
    Vorhanden: 111 / 2 / 4 / 5 / 66 / 8
    Fehlend: 3 / 7 / 9 / 0

In diesem Fall verändern sich nur zwei Zahlen
Die bisher vorhandene Vier bleibt, die Null fällt weg, und die Eins ist neu dreifach vorhanden.

Da bei der Vier alles gleichbleibt, ergeben sich auch keine Fragen dazu.

Die Eins war bereits vorher doppelt vorhanden und ist nun dreifach vorhanden. Da es sich in beiden Fällen um eine Blockade handelt, können über die Eins keine relevanten Informationen erfragt werden.

Es bleibt die Null. Hier findet eine relevante Änderung statt. Es gilt, die richtigen Fragen dazu zu stellen. Dazu ist wie auf ➤ Seite 185 beschrieben zu verfahren.

Relevante Fragen zu den einzelnen Zahlen

Es handelt sich bei den nachstehenden Fragen nur um einige Anregungen, die beliebig erweitert werden können.

Beachte: Es ist immer möglich, dass eine ursprüngliche Begabung durch traumatische Erfahrungen verloren gegangen ist.

Ergänze eine Frage durch einen Bezug zur Vergangenheit, wenn sich die Antwort nur auf die Gegenwart bezieht.

Fragen zur Eins

- Wie lange dauert es, bis Sie jemandem vertrauen können?
- Hinterfragen Sie alles, oder würden Sie sich als leichtgläubig bezeichnen?

  »Sind Sie eher Optimist oder Pessimist?«
- Wo befinden Sie sich in Gedanken: In der Vergangenheit? In der Zukunft? Im Jetzt? Worum drehen sich diese Gedanken (Befürchtungen, Ängste, Sorgen oder eher freudige Erwartung, Zuversicht)?
- Wie eifersüchtig sind Sie?
- Gibt es Ängste oder Befürchtungen, die Sie immer wieder beschäftigen?
- Bei einer ersten Begegnung im Privatleben: Wer macht den ersten Schritt?
- Welche Rolle übernehmen Sie üblicherweise in einer Gruppe: Anführer, Mitläufer oder Beobachter?
- Wie ehrgeizig sind Sie?
- Wie wichtig ist es für Sie, alles unter Kontrolle zu haben?
- Bei jeder Frage kann folgende Zusatzfrage gestellt werden: Und wie war das früher?

Möglicher Hintergrund eines traumatischen Verlusts
»Vertrauen ist gut, Sicherheit ist besser.«
»Heutzutage kann man niemandem mehr trauen!«
»Wo man hinschaut, nur Betrüger!«
»Überall wird man übers Ohr gehauen!«

Weitere Informationen zur Zahl Eins siehe ➤ Seite 59.

Fragen zur Zwei

- Wie reagieren Sie in einer Konfliktsituation?
- Spielen Sie in einer Diskussion eher den neutralen Vermittler oder den Advocatus Diaboli? Warum?
- Wie wichtig ist es Ihnen, allen alles recht zu machen? Wie viel Aufwand betreiben Sie dafür?
- Wie steht es um Ihre Intuition? Woran merken Sie das?
- Vertrauen Sie Ihrem Bauchgefühl? Nennen Sie ein Beispiel dafür!
- Wie stark ist Ihre Verbindung zur geistigen Welt? Spüren Sie irgendwelche Einflüsse, die Sie nicht zuordnen können, oder nehmen Sie Energien wahr, die anderen verborgen bleiben?
  Beispiel: Wie häufig kommt es vor, dass Sie an eine Person denken und kurz darauf steht Ihnen die Person gegenüber oder ruft an?
- Wenn Sie eine Idee haben oder eine Idee aufgreifen: Wie lange dauert es, bis ein dazugehöriges Bild vor Ihrem inneren Auge entstanden ist, und wie detailliert ist dieses Bild?

- Können Sie sich vorstellen, wie die Ursprungsidee aussieht, wenn sie realisiert wurde? Und wie sieht es aus, wenn die Idee angewendet oder benutzt wird?

Möglicher Hintergrund eines traumatischen Verlusts
»Jetzt nur keinen Streit anfangen!«
»Wer laut wird, hat schon verloren.«
»Sei nicht so taktlos!«
»Du kannst dir gar nicht vorstellen, ...«
»Man muss immer beide Seiten anhören!«
»Das kann man so oder so sehen.«
»Bist du sicher?"
»Ich habe es dir ja gesagt ...«
Weitere Informationen zur *Zahl Zwei* siehe ➤ Seite 73.

Fragen zur Drei

- Bei Frauen: Wie stark war Ihre weibliche Seite in der Kindheit und Jugend ausgeprägt?
- Spielten Sie Fußball oder andere männliche Sportarten?
- Kleideten Sie sich eher wie ein Junge oder wie ein Mädchen? Welche Frisur hatten Sie? Hatten Sie lange oder kurze Haare?
- In welchem Bereich sind Sie kreativ? Wie drückt sich das aus?
- Wie musikalisch sind Sie? Wie drückt sich das aus (spielen Sie ein Instrument, tanzen oder singen Sie)?
- Wie wichtig ist Kunst für Sie?
- Wie organisiert oder verplant sind Sie im Privatleben?

- Welche Hobbys haben Sie?
- Wann waren Sie das letzte Mal auf Reisen? Wohin sind Sie gereist?
- Wie spontan sind Sie?
- Was bringt Sie zum Lachen?
- Wie lachen Sie (laut, leise, kommen Ihnen Tränen beim Lachen)?
- Wie schlagfertig sind Sie?
- Sind Sie anfällig für Halserkrankungen?
- Wenn Sie eine Idee haben: Wie lange dauert es, bis sie mit der Umsetzung beginnen? Wie viel Zeit verbringen Sie mit der Vorbereitung und Planung?
- Gibt es Beschwerden an Hand, Arm oder Schulter? Welche Körperseite ist häufiger betroffen? (Die Zahl Drei ist der rechten Körperseite zugeordnet.)

> *Möglicher Hintergrund eines traumatischen Verlusts*
> »Du kannst doch Oma/Papa/die Firma/… jetzt nicht im Stich lassen!« »Du hast ja von Kunst keine Ahnung!«
> »Du willst ins Ausland? Bei all dem Krieg und Terrorismus überall?« »Du kannst ja nicht einmal ohne deine Mutter auf die Toilette!«
> Weitere Informationen zur Zahl Drei siehe ➼ Seite 85.

Fragen zur Vier

- Wie gut gelingt es Ihnen, Ihre eigenen Ideen umzusetzen?
- Bringen Sie angefangene Dinge zu Ende?

- Wenn Sie sich für eine Stelle bewerben, wie gut informieren Sie sich vorher über die Firma?
- Halten Sie sich an einen geregelten Tagesablauf?
- Gibt es Rituale, die Ihnen wichtig sind?
- Wie reagieren Sie auf Unordnung?
- Was machen Sie beruflich?
- Wie diszipliniert sind Sie?
- Haben Sie ein Problem mit Autoritätspersonen (Vater, Lehrer, Polizei, Militär...)?
- Wie wichtig ist Ihnen (finanzielle, berufliche, soziale) Sicherheit?
- Gibt es Aufgaben und Verantwortungen, die Sie außerhalb des Geschäftslebens wahrnehmen (z.B. Präsident oder Aktuar eines Vereins, Freiwilligenarbeit, Pflege von Angehörigen ...)?
- Wie leicht fällt es Ihnen, sich zu entspannen?
- Womit verbringen Sie Ihre Freizeit? Haben Sie bestimmte Freizeitaktivitäten?

Möglicher Hintergrund eines traumatischen Verlusts

»Und wofür soll das gut sein?«

»Lass das!«

»Mach es richtig oder lass es bleiben!«

»Und wann willst du das machen? Du hast ja gar nicht so viel Zeit.«

»Das ist viel zu unsicher.«

»Das ist viel zu teuer.«

Weitere Informationen zur Zahl Vier siehe ➤ Seite 97.

Fragen zur Fünf

- Was ist der erste Impuls, wenn jemand zu Ihnen sagt: »Du musst …!«
- Wie gut können Sie sich abgrenzen, sich von Menschen oder Aufgaben distanzieren?
- Wie gut können Sie Nein sagen und jemandem eine Abfuhr erteilen? Wie fühlen Sie sich dabei? Haben Sie ein schlechtes Gewissen?
- Haben Sie das Bedürfnis oder die Gewohnheit, Erwartungen anderer zu erfüllen?
- Wie verhalten Sie sich in einem Konfliktfall oder einem Streit?
- Würden Sie sich als stur bezeichnen? Was würden andere über Sie auf diese Frage sagen?
- Werden Sie von anderen als dominant empfunden? Empfinden Sie sich selbst als dominant?
- Gibt es Lebensbereiche, in denen Sie kompromisslos sind? Welche sind das, und auf welche Art und Weise sind Sie kompromisslos?
- Waren Sie jemals in eine Mobbing-Situation verwickelt?
- Was ist der Sinn des Lebens für Sie persönlich?

Möglicher Hintergrund eines traumatischen Verlusts
»Ich bin hier der Chef!«
»Ich bestimme, was gemacht wird und was nicht!«
»Komm mir bloß nicht in die Quere!«
»… sonst gibt es etwas auf den Deckel!«
»Der Klügere gibt nach.«

»Mach jetzt bloß keinen Zoff!«

»Das kann man auch friedlich lösen.«

»Du hast hier gar nichts zu melden!«

Weitere Informationen zur *Zahl Fünf* siehe Seite 112.

Fragen zur Sechs

- Wissen Sie, was Sie wollen, oder nur, was Sie nicht wollen?
- Wie gut können Sie sich entscheiden?
- Wenn Sie sich gut entscheiden können: Bezieht sich das vor allem auf den beruflichen Alltag, oder können Sie sich auch gut entscheiden, wenn es um Sie selbst geht?
- Wie lange dauert es, bis Sie eine Entscheidung treffen?
- Wenn Sie sich in einer Gruppe mit mehreren Personen befinden: Wer trifft die Entscheidungen?
- Durften Sie früher nicht entscheiden oder konnten Sie nicht, obwohl Sie durften?
- Wie fühlen und verhalten Sie sich in unerwarteten Situationen?
- Waren Sie persönlich jemals mit Homo- oder Bisexualität konfrontiert (z. B. in der Jugend bzw. in der Pubertät)?
- Wie gut können Sie sich durchsetzen?
- Wie reagieren Sie, wenn Ihnen jemand sagt, wie Sie etwas zu tun haben?
- Falls Sie Kinder haben: Wie kümmern Sie sich um sie? Wie viel Freiheit und Selbstständigkeit gestehen Sie ihnen zu?

- Wurden Sie schon als bevormundend oder bemutternd bezeichnet? Wenn ja, von wem?

> *Möglicher Hintergrund eines traumatischen Verlusts*
> »Du tust, was ich sage!«
> »Das entscheide ich!«
> »Ich habe hier das Sagen!«
> »Das ist deine Aufgabe!«
> »Jetzt gehen wir.«
> »Das letzte Mal, als du entschieden hast, war es die absolute Katastrophe!«
> Weitere Informationen zur Zahl Sechs siehe ➤ Seite 127.

Fragen zur Sieben

- Wie gut können Sie loslassen (nicht nur materielle Dinge, sondern auch Erwartungen, Anschauungen, Überzeugungen etc.)?
- Wie gut können Sie verzeihen? Wie lange dauert es, bis Sie jemandem etwas verzeihen?
- Wie gut können Sie sich selbst verzeihen?
- Sind Sie nachtragend, oder werden Sie von anderen als nachtragend wahrgenommen?
- Wie viele enge Freunde haben Sie? Seit wann bestehen diese Freundschaften?
- Können Sie alte Beleidigungen und Kränkungen vergessen?
- Wie wichtig ist es für Sie, was andere über Sie denken?

- Können Sie für eine Meinung, Ansicht, Überzeugung einstehen?
- Können Sie für sich selbst einstehen?
- Wie selbstständig waren Sie als Kind?
- Wie gut können Sie delegieren?
- Wie gut können Sie Hilfe annehmen?
- Leiden Sie unter Verstopfung?
- Haben oder hatten Sie Krankheitssymptome an Hüfte, Knie oder Fuß der linken Körperseite?
- Wie lange dauert es, bis Sie einschlafen? Woran denken Sie, bis Sie einschlafen?
- Wovon träumen Sie?

Möglicher Hintergrund eines traumatischen Verlusts
»Das macht man nicht so, das macht man so.«
»Das führt zu nichts.«
»Ich mach das für dich.«
»Was werden die anderen nur denken!«
»Das kann man noch einmal brauchen.«
»... vergiss das nie!«
»Das war schon immer so.«
»Komm, ich helfe dir ...«
Weitere Informationen zur Zahl Sieben siehe ➤ Seite 140.

Fragen zur Acht
- Wie groß ist Ihr Selbstvertrauen?
- Ist Prüfungsangst ein Thema für Sie?

- Wie fühlen Sie sich, wenn Sie vor Publikum eine Rede oder einen Vortrag halten müssen?
- Wie gut können Sie vor anderen Menschen Ihre eigene Meinung vertreten?
- Wie gut können oder könnten Sie eine eigene Dienstleistung oder ein selbst gemachtes Produkt verkaufen?
- Sie haben eine Idee, die Sie gern umsetzen möchten: Trauen Sie sich das zu?
- Gibt es irgendwelche Bereiche, in denen Sie eher zu maßlosem Verhalten neigen?
- Wenn es drunter und drüber geht: Fühlen Sie sich eher hilflos oder herausgefordert?
- Wie reagieren Sie auf Kritik?
- Wie kann man Sie beleidigen oder verletzen?
- Wie reagieren Sie, wenn es zu Ungerechtigkeiten kommt, die Sie selbst oder andere betreffen?
- Sind Selbstvorwürfe oder Schuldgefühle für Sie ein Thema?
- Wie hoch sind Ihre Erwartungen an sich selbst und an andere?
- Können Sie oder andere Ihre hohen Erwartungen erfüllen?

Möglicher Hintergrund eines traumatischen Verlusts
Sie wurden in Kindheit und Jugend oft konfrontiert mit Aussagen wie:
»Das kannst du nicht!«
»Das ist nichts für Kinder!«

»Das schaffst du nie!«

»Fang gar nicht erst an!«

»Du bist zu dumm!«

»Nicht einmal das kannst du!"

Weitere Informationen zur Zahl Acht siehe ➤ Seite 153.

Fragen zur Neun

- Wie viel Zeit benötigen Sie für den Rückzug, um ganz für sich allein zu sein?
- Wie gut können Sie allein sein? Was bedeutet allein für Sie?
- Wie fühlen Sie sich in Gesellschaft?
- Was machen Sie beruflich?
- Was würden Sie beruflich am liebsten tun?
- Könnten Sie sich vorstellen, in einem sozialen Beruf tätig zu sein? Wenn ja, in welchem Bereich?
- Wie gut können Sie kommunizieren (in geschäftlichen bzw. äußeren Angelegenheiten)?
- Wie gut können Sie kommunizieren, wenn es um Sie selbst, Ihre inneren Angelegenheiten, Ängste, Bedürfnisse oder Gefühle geht?
- Erzählen Sie von sich aus, was Sie beschäftigt, oder muss man Ihnen »die Würmer aus der Nase ziehen«?
- Wenn Sie genug Geld hätten: Was würden Sie tun, um Ihrem Leben einen Sinn zu verleihen?
- Besteht das Bedürfnis, anderen Menschen Gutes zu tun?

Auf welche Art und Weise würden Sie das am liebsten tun?

- Wie schnell regen Sie sich auf?
- Waren Themen wie Stottern, Legasthenie oder Sprechblockaden jemals ein Problem bei Ihnen?

Möglicher Hintergrund eines traumatischen Verlusts
»Sei endlich still!«
»Du hast nichts zu melden!«
»Was weißt denn du schon?!«
»Da kannst du noch nicht mitreden!«
»Interessiert mich doch nicht.«
»Na und?«
Weitere Informationen zur Zahl Neun siehe ➤ Seite 164.

Fragen zur Null
- Waren Sie ein ernstes oder ein fröhliches Kind?
- Wie vernünftig waren Sie als Kind?
- Wie leicht fällt es Ihnen, heute noch kindisch zu sein? Welche Voraussetzungen müssen dazu erfüllt sein?
- Gibt es Stimmungsschwankungen? Aus welchem Anlass geschehen sie?
- Wie rasch bzw. wie oft wechseln Ihre Launen?
- Spielerische Leichtigkeit versus Bedrücktheit, Schwere: Was trifft eher auf Sie zu?
- Auf einer Skala von Eins bis Zehn: Wie unbeschwert würden Sie sich selbst bezeichnen?

- Gibt es Phasen von »sich nicht spüren können«?
- Wie gut sind Sie mit Ihren Gefühlen verbunden? Fällt Ihnen das Fühlen leicht oder sind Sie eher auf der intellektuellen Ebene daheim?
- Gibt es Überempfindlichkeiten (körperlich und/oder seelisch)?
- Neigen Sie zu Überreaktionen?
- Sind Sie eher emotional oder ausgeglichen?
- Würden Sie sich eher als sanft und mitfühlend bezeichnen oder sind Sie auch mal der Elefant im Porzellanladen?

Möglicher Hintergrund eines traumatischen Verlusts
»Ein Indianer kennt keinen Schmerz!«
»Hör auf zu weinen, du bist doch kein Mädchen!«
»Jetzt sei kein Weichei!«
»Warmduscher!«
»Bist du eine Mimose?«
»Jetzt tu doch nicht so empfindlich!«
Weitere Informationen zur Zahl Null siehe ➤ Seite 172.

Zuhören statt hören – Sehen statt schauen

Die Wortwahl verrät die Wahrheit
Oft verrät uns eine Person durch ihre eigene Wortwahl, wie es um ihre Fähigkeiten steht oder früher stand. Beispiele, die uns in der Numerologie immer wieder begegnen, sind:

- »Inzwischen kann ich das ganz gut« bedeutet: »Früher konnte ich das nicht so gut.«
- »Da habe ich Fortschritte gemacht« bedeutet: »Früher konnte ich das nicht so gut.«
- »Das habe ich lernen müssen« bedeutet: »Früher konnte ich das nicht so gut.«
- »Besser als ... schon« bedeutet: »Früher konnte ich das nicht so gut.«

Solche Aussagen weisen darauf hin, dass sich die Person bewusst ist, dass sie sich in diesen Bereichen entwickelt und verbessert hat. Das beantwortet die Frage nach dem Früher bereits größtenteils.

Interpretation von Antworten
Um Antworten richtig einzuordnen und auf verschiedenen Ebenen zu verstehen, hat sich in meiner Praxis nachfolgendes Interpretationsverfahren bewährt. Die Prozentzahl bezieht sich auf die Gewichtung der Antwort.

Zehn Prozent: Was jemand sagt. Inhalt und Wortlaut der Antwort

Zwanzig Prozent: Wie jemand etwas sagt. Lautstärke, Intonation und Betonung, z. B. sachlich, herablassend, rechtfertigend, kurz angebunden, ausführlich antwortend, klar und direkt, leise, fragend etc.

Dreißig Prozent: Wie viel Zeit vergeht, bis jemand etwas sagt. Wenn es länger als zwei oder drei Sekunden dauert, bis eine Antwort kommt, kann man davon ausgehen, dass eine gewisse Unsicherheit besteht, ob das, was gesagt wurde, tatsächlich stimmt.

Vierzig Prozent: Körpersprache. Wenn die Körpersprache Nein, der Mund jedoch Ja sagt, dann ist die Körpersprache mit vierzig Prozent viermal höher zu gewichten, als die tatsächliche Aussage, die nur mit zehn Prozent zu Buche schlägt.

Natürlich braucht es etwas Übung, alle diese Faktoren gleichzeitig wahrzunehmen und dabei nicht zu überhören, was das Gegenüber sagt. Aber das darf auch unterbewusst ablaufen und erst danach interpretiert werden.

Körpersprache lügt nicht

Um Körpersprache zu verstehen, ist es wichtig, sich in sein Gegenüber einzufühlen. Sich einzufühlen heißt in diesem Fall, sich vorzustellen, wie ich mich fühlen würde, wenn ich dieselbe Bewegung machen würde.

Beispiel

Es geht um die Zahl Sechs und die Fähigkeit, sich entscheiden zu können.

Frage: »Wie gut können Sie sich entscheiden?«

Reaktion 1: Augenkontakt bleibt bestehen. Der Kopf neigt sich möglicherweise leicht nach rechts (aus Sicht des Befragten). Die Antwort erfolgt unmittelbar und unmissverständlich: »Gut.« Als zusätzliche Bestätigung könnte sich der Befragte nach vorn neigen oder die Hände zwischen den Beinen verschränken oder die Arme auf den Tisch legen, alles Zeichen, die als ein körperliches Ja gedeutet werden können.

Interpretation: Wenn jemand rasch und klar oder entschieden antwortet, so besteht wenig Anlass zu zweifeln, ob die Aussage stimmt, denn Körpersprache und Aussage decken sich. Dennoch behalte ich mir vor nachzufragen, wie gut diese Fähigkeit in der Kindheit ausgeprägt war, denn es ist durchaus möglich, dass es sich dabei um eine erlernte Fähigkeit handelt.

Reaktion 2: Augenkontakt bricht ab. Das Gegenüber lehnt sich zurück und atmet hörbar tief ein.

Interpretation: Schon bevor eine Antwort kommt, weiß ich, dass sich diese Person nicht gut entscheiden kann. Da es länger dauert, bis die Person entschieden hat, wie diese Frage beantwortet werden soll, hat sie sie bereits teilweise beantwortet … und es dauert einen Moment, bis eine Antwort kommt. »Es kommt drauf an …« Schon wieder eine Bestätigung, dass Entscheidungsprobleme bestehen. »Im Geschäft muss ich andauernd entscheiden, und das geht sehr gut.« Zwei Dinge machen mich hellhörig: Die Beschränkung auf das Geschäftliche sowie das Wort *muss.* Denn entscheiden zu müssen ist nicht dasselbe wie entscheiden zu dürfen.

Reaktion 3: Die Person lehnt sich zurück oder verschränkt die Arme vor dem Körper oder neigt den Kopf nach links.

Interpretation: Es scheint eine versteckte Frage in der Antwort zu liegen. Ein unausgesprochenes »Warum wollen Sie das wissen?« oder: »Was hat das mit den Zahlen zu tun?« Dieselbe Wirkung hat es, wenn jemand die Antwort *gut* als halbe Frage in den Raum stellt und es dem Fragenden überlässt, wie er die Antwort interpretiert.

Natürlich gibt es noch unzählige weitere Reaktionsmöglichkeiten. Es lohnt sich in jedem Fall, die Antwort aus verschiedenen Perspektiven zu interpretieren. Vertrau dabei auch auf das Gefühl, das sich bei dir einstellt, wenn du die Antwort hörst.

Mit einiger Übung wird es dir gelingen, die Aussagen immer besser zu verstehen und all das zu hören, was ungesagt bleibt. Dadurch wirst du auch feststellen, bei welchen Antworten ein Nachhaken erforderlich ist und wann du auf die Richtigkeit einer Antwort vertrauen darfst.

4 Zahlen und Kombinationen

Zahlenkombinationen

Aus einzelnen Zahlen lässt sich eine Persönlichkeit nicht gesamthaft erkennen. Einzelne Zahlen sind wie die Zutaten zu einem Menü. Aus einer einzelnen Zutat werde ich Geschmack, Geruch und Zusammensetzung eines Menüs nicht abschätzen können.

Einzelne Zutaten werden sich aus einem Menü konkreter abheben als andere, doch die »Mahlzeit« deswegen auf einen einzelnen Bestandteil zu reduzieren, ergibt wenig Sinn. Einen »Alaska Wildlachs mit Honig-Senf-Sauce, garniert mit Salat der Saison an einer Kürbiskernöl-Vinaigrette« wird man nicht auf »Senf« reduzieren.

So verhält es sich auch mit den Zahlen: Die Zahl an sich gibt noch keine Auskunft darüber, wie jemand die dahinterliegenden Qualitäten zum Ausdruck bringt. Gefühle kann man auf tausenderlei Arten zeigen, und Kommunikation ist so individuell wie der Mensch, der kommuniziert.

Es geht darum, ein möglichst umfassendes Bild einer Persönlichkeit herauszuarbeiten und Menschen nicht aufgrund einzelner Zahlen, seien sie nun vorhanden oder nicht, in eine Schublade zu stecken und Aussagen zu pauschalisieren.

In diesem Sinn sind die Erklärungen zu den nachfolgenden Zahlenkombinationen zu verstehen: Als unvollständiger Überblick einer unendlichen Vielfalt von Zahlenvariationen und deren Ausdrucksformen im Alltag.

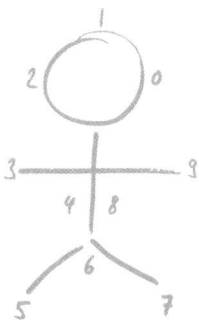

Besonders aussagekräftige Zahlenkombinationen sind:

1 – 2 – 3 – 4	Die Manifestationseskalade
1 – 2 – 9	Rückzug und Kommunikation
1 – 2 – 0	Kopfzahlen, das Heilerdreieck
1 – 3 – 6 – 9	Kreativität und Ausdruck
1 – 4	Autoritäres Auftreten
1 – 4 – 5	Willenskraft und Machtanspruch
1 – 4 – 8	Das Vertrauensdreieck
1 – 5 – 7	Das Stabilitätsdreieck
1 – 7	Loslassen und Neuanfang
2 – 5 – 9	Streitkultur
3 – 4 – 8 – 9	Leibesmitte
3 – 9	Die Austauschebene
4 – 5 – 8 – 9	Erwartungsangst
4 – 6 – 8	Wirkungsdreieck
5 – 6 – 7	Erdung

8 – 0   Gerechtigkeit
Überwiegend einmalige Zahlen
Überwiegend mehrfache Zahlen

Achtung! Mehrfachzahlen können sich zum Verwechseln
ähnlich präsentieren wie fehlende Zahlen. Denn in ihrer
Ausprägung im Alltag sieht Nicht-Können oft gleich aus
wie Nicht-Wollen. Auch wenn alle Zahlen einmal vorhanden sind, können die Aussagen von der Realität abweichen,
denn nicht alles, was man kann, muss man auch tun wollen.

Die Manifestationseskalade

Eins – Zwei – Drei – Vier

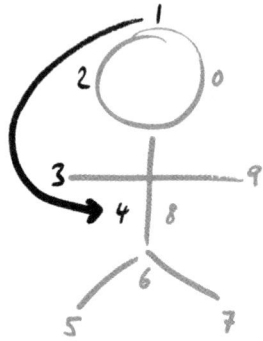

Die Manifestationseskalade bezeichnet den natürlichen Ablauf, der jeder Manifestation zugrunde liegt, von der Idee bis
zur Ausführung. Dazu zählen die vier grundlegenden
Schritte:

1 Inspiration
2 Vision
3 Kreation
4 Manifestation

Es gibt viele Dutzend Kombinationen mit diesen vier Zahlen. Doch selbst wenn verschiedene Menschen dieselben Zahlenkombinationen aufweisen, sind sie im Ausdruck dennoch alle unterschiedlich.

Beispiele
1 – 2 – 3 – 4
Wenn in deinen Geburtszahlen alle Zahlen von Eins bis Vier je einmal vorhanden sind, bist du von Natur aus in der Lage, deine Ideen und Visionen in die Realität umzusetzen. Mit dieser Zahlenkombination bist du privilegiert, denn du bist offen für neue Einfälle (Eins) und Inspirationen. Du kannst dir das Resultat deiner Ideen bildlich vorstellen (Zwei) und für andere wahrnehmbar machen, indem du das Bild vor deinem inneren Auge kreativ zum Ausdruck bringst (Drei). Zu guter Letzt bist du in der komfortablen Lage, deine eigenen Ideen zu realisieren (Vier).

Mit anderen Worten: Du bist ein Machertyp. Du solltest Erfinder sein oder eine eigene Firma führen, damit du deine Talente optimal einsetzen kannst. Auf keinen Fall solltest du dich einengen lassen und immer nur tun, was andere sagen. Das würde dich frustrieren und dich daran hindern, dein Potenzial zu leben. Und es mag erklären, weshalb du dich immer wieder einmal fragst, was daran so schwierig sein soll, etwas anzupacken und Ideen zu realisieren. »Tu es doch einfach!«, möchtest du anderen Menschen am liebsten zurufen. Doch genau hier liegt für viele der Haken: beim Wort *einfach*.

Für die Mehrheit unter uns ist es alles andere als einfach und unkompliziert, eigene Ideen zu realisieren. Wenn eine dieser vier Zahlen blockiert ist oder fehlt, erschwert sich die Realisierung eigener Ideen oder scheitert womöglich sogar.

1 – 2 – 3 – 4 *fehlt*

Die Eins verdeutlicht, dass du inspiriert und begeisterungsfähig bist. Du hast eigene Ideen, einen gesunden Ehrgeiz und einen starken Willen. Deine Eigenmotivation ist hoch, du bist mutig und in deiner Grundhaltung optimistisch. Energiegeladen und schöpferisch begabt bist du bereit, große Anstrengungen auf dich zu nehmen, um deine Ziele zu erreichen. Die Zwei versetzt dich in die Lage, in Bildern zu denken. Zu deinen Ideen und Gedanken kannst du Visionen entwickeln und deine Ziele visualisieren. Dank der Drei vermagst du deine Visionen einem Publikum zugänglich zu machen und anschaulich zu erörtern. Du bist stark in Vorbereitung, Organisation und Planung.

Ohne die Vier betrachtest du deine Arbeit hiermit häufig bereits als beendet, denn die Weiterführung deines Projekts ist schwierig für dich. Das Fehlen der Vier hindert dich daran, selbst Hand anzulegen und deine Ideen zu manifestieren. Von deinem Typus her neigst du dazu, die Ausführung anderen zu überlassen und deine Vorarbeit von anderen fertigstellen zu lassen.

1 – 2 – 3 fehlt – 4 fehlt

Mit Ideen und Fantasie ausgerüstet, gehst du mit Innovationsgeist und Begeisterung immer wieder neue Projekte an. Du bist ein hochmotivierter Erneuerer und Visionär.

Leider bleiben deine Ideen in deinem Kopf und finden den Weg nicht in die Realität, weil dir die Ausdrucksfähigkeit der Drei und die Tatkraft der Vier fehlen. Du bist ein Theoretiker, der sich am wohlsten fühlt, wenn er in seiner inneren Welt Neues ersinnen und andere mit seiner Begeisterung anstecken kann. Oberflächliche Befriedigung erfährst du, wenn deine Ideen von anderen umgesetzt werden, tiefere Befriedigung, wenn du gelernt hast, selbst aktiv zu werden und deine Projekte selbst zu verwirklichen.

1 – 2 – 3 fehlt – 4

Du hast nicht nur den Innovationsgeist und die hohe Eigenmotivation des Erneuerers, sondern auch die Vorstellungskraft, sich das Endresultat vor das innere Auge zu rufen. Die Visualisierungskraft der Zwei darf aber nicht verwechselt werden mit dem kreativen Selbstausdruck der Drei. Dieser fehlt dir ebenso wie die Kompetenzen in Bezug auf Planung, Vorbereitung und Koordination. All das ist dir ohne die Drei nicht in die Wiege gelegt worden, und so wirst du den wichtigen Schritt in Bezug auf Organisation und Konzeption sowie die Maßnahmen von Planung und Vorbereitung überspringen und die Umsetzung planlos in Angriff nehmen. Die eigenhändige Durchführung ist nicht das Problem, denn die Tatkraft und der Unternehmungsgeist der Vier sind dir gegeben.

Dein Thema ist, dass du von der Vision direkt und unvorbereitet in die Umsetzung gehst. Du wirst erst wirklich erfolgreich sein in deinem Tun, wenn du gelernt hast, vorausschauender zu denken und dem Planungsablauf die notwendige Beachtung zu schenken.

1 – 2 fehlt – 3 – 4 fehlt

Du bist ein Denker und empfänglich für Einfälle und Inspirationen. Mit deinen Ideen gehst du direkt und ohne konkrete Vorstellung in die Planung und Organisation. Du kannst Ideen illustrieren und anderen darlegen. Die Vision dahinter ist nicht für alle einfach zu erkennen.

Alles, was mit Koordination, Zeitplanung und Organisation zu tun hat, kannst du mit deinen Kompetenzen in diesem Bereich selbst stemmen. Wenn es danach um Durchführung und Vollstreckung geht, stehst du hingegen wieder im Abseits, weil dir die Fähigkeiten der Vier abgehen.

Dein Handeln wird dann von Erfolg gekrönt sein, wenn du dir konkrete Vorstellungen machen kannst, was das Resultat bewirken soll, und wenn du deine Angelegenheiten selbst in die Hand nimmst.

1 – 2 fehlt – 3 fehlt – 4

Selbst wenn du die Eins und die Vier in den Geburtszahlen vorweisen kannst, wirst du ohne die Zwei und die Drei wichtige Vorkehrungen auf dem Weg zur Ausführung auslassen.

Vermutlich hattest du im Laufe deiner Bewusstseinsentwicklung Mühe mit deiner bildlichen Vorstellungskraft. Erst auf Basis deiner Erfahrungen wird es dir gelingen, dich mit deiner Vorstellungs- und Einbildungskraft zu verbinden. Falls du in der Kindheit daran gehindert wurdest, dich deinen Illusionen und Fantasien hinzugeben, wirst du im Erwachsenenalter nicht zuverlässig unterscheiden können zwischen Illusion und Realität, zwischen Hirngespinsten und Fakten.

Ohne die Drei entspricht es nicht deinem Naturell, den natürlichen Manifestationsprozess einzuhalten. Dein Ideenreichtum mag noch so groß sein, wenn du nicht über die Fähigkeit verfügst, deine Vorstellungen für andere wahrnehmbar zu machen, bleibt alles in deinem Kopf, und niemand kriegt etwas davon mit. Das Resultat deiner Umsetzung wird dann auch Zeugnis ablegen über deine oft wenig durchdachte oder unvorbereitete Vorgehensweise. Du brauchst ein sichtbares Resultat, das du mit deiner Ursprungsidee vergleichen kannst.

Wenn du es geschafft hast, dich mit Konzentration und Selbstdisziplin an die korrekte Abfolge der einzelnen Punkte zu halten, werden deine Vorhaben von wirklichem Erfolg gekrönt sein.

1 fehlt – 2 – 3 – 4
Ohne die Eins in den Geburtszahlen mangelt es dir immer wieder an eigenen Ideen, die aus einer inneren Inspiration entstehen. Es fehlt dir zudem an Eigenmotivation, Mut und Zuversicht, einen Anfang zu wagen und dich auf deinen eigenen Weg zu machen. Vorsicht oder Pessimismus bestimmen die Grundhaltung, die dahin[e]rsteht, auch wenn du dich selbst als Optimist oder zumindest als Realist verstehst.

Die fehlende Eins kann dazu führen, dass du Ideen, die andere vor dir gehabt haben, aufgreifst und weiterentwickelst. Das geschieht in der Regel nicht bewusst und ist eine völlig normale Form der Kompensation.

Du denkst in Bildern und verwandelst die aufgegriffenen Gedanken und Ideen direkt in ein inneres Design. Deine Vorstellungskraft hilft dir, ein Ziel zu visualisieren und dir ein Bild zu machen, wie es aussehen könnte, wenn du dieses Ziel erreicht hast. Diese Vision kannst du anderen Menschen zugänglich machen durch deine Fähigkeit, Konzepte und Projekte daraus zu erstellen und Wege zur Realisierung aufzuzeigen. Auch die Durchführung selbst liegt dir, und du bist imstande, Angefangenes zu Ende zu bringen.

1 fehlt – 2 fehlt – 3 – 4

Du fühlst dich erst so richtig wohl, wenn dir jemand eine Idee und eine Zukunftsvision geliefert hat. Wenn der Funke überspringt, kommst du so richtig in Fahrt und lässt dich mitreißen von der Begeisterung des Initianten. Du bedienst dich der Energie und Schöpfungskraft Dritter, um das Manko der Eins und der Zwei auszugleichen. Diese Vorgehensweise entspricht einem Lernprozess, bei dem du dir immer wieder vor Augen führen lässt, wie man zu Ideen und Utopien kommen kann.

Du hast die Kunstfertigkeit, die aufgenommenen Ideen nach außen zu projizieren. Deine Kreativität ermöglicht es dir, Ideen und Vorstellungen Gestalt annehmen zu lassen, vielleicht sogar mit großem künstlerischem Geschick. Weil die Drei für Organisation, Vorbereitung und Konzeption steht, liegt darin eine deiner Stärken. Planen und Organisieren gehören zu deinen Talenten. Die Lösung vor Augen begibst du dich auf die Zielgerade und vollendest die ursprüngliche Zukunftsvision in der Realität.

1 fehlt – 2 fehlt – 3 fehlt – 4
Ziel- und planloses Handeln ohne Vision und Sinn: das wäre die extremste Variante dieser Zahlenkombination. So weit kommt es glücklicherweise nur selten und wenn, dann am ehesten in der Kindheit oder Jugendzeit. Bei Erwachsenen kommt es weitaus häufiger vor, dass es sich um dynamische und fleißige Menschen handelt. Sie unterliegen der Gefahr, dass sie sich für die Ideen, Visionen und Pläne anderer einspannen lassen und sich dann möglicherweise nicht bewusst sind, dass sie eigentlich Exekutivorgane sind von Institutionen oder Organisationen. Mit dieser Zahlenkombination lässt man sich vorschieben, um die Interessen von Fadenziehern wahrzunehmen, die sich üblicherweise lieber im Hintergrund halten.

Eine Berufsgruppe, die für solche Menschen interessant sein könnte, ist der Lobbyist. Man hat das Gefühl, etwas zu bewirken, was oft tatsächlich der Fall ist. Bloß handelt es sich dabei vermutlich nicht um ureigene Interessen, die vertreten werden, sondern um die Interessen von Dritten.

1 fehlt – 2 fehlt – 3 fehlt – 4 fehlt
Ohne diese vier Zahlen bist du sehr beeinflussbar, weil fehlende Zahlen, wie bereits erwähnt, einem Bedürfnis entsprechen, das befriedigt werden möchte. Ohne die Eins hast

du das Bedürfnis nach Inspiration, Ideenreichtum, Mut und Zuversicht. Ohne die Zwei saugst du Vorstellungen und Visionen auf und bist empfänglich für die Pläne und Projekte anderer Personen.

Weil du keine eigenen Ideen hast, die du selbst umsetzen könntest, bist du ein idealer Auftragsempfänger, der die Arbeit anderer erledigt und damit das Gefühl hat, etwas getan zu haben. Du bist sehr pflichtbewusst und zuverlässig und bist gut dazu geeignet, Verantwortung im Rahmen deiner Funktion zu übernehmen. Das lenkt dich meist über längere Zeit davon ab, dass du bei all deinen Tätigkeiten lediglich die Interessen anderer vorantreibst und deine eigenen Herzensbedürfnisse vernachlässigst, weil du vielleicht nie versucht hast, diese überhaupt zu suchen und aufzudecken.

Wiedergeburt im Geiste
Fall in die Materie – Aufstieg ins Licht

Die Betrachtung der Zahlen Eins bis Vier und deren Zuordnung zu den Tarotkarten erlaubt eine weitere Interpretation:

Karte 1	Der Magier	männlich, geistig
Karte 2	Die Hohepriesterin	weiblich, geistig
Karte 3	Die Herrscherin	weiblich, weltlich
Karte 4	Der Herrscher	männlich, weltlich
Summe 10	Rad des Schicksals	{ männlich und weiblich, geistig und weltlich

Das Rad des Schicksals entspricht der ständigen Wiederholung eines Prozesses mit dem Ziel der Wiedervereinigung auf einer höheren Ebene. Wenn alle vier Bestandteile von männlich, weiblich, geistig und irdisch zusammengefügt wurden, beginnt das Spiel erneut bei Eins, diesmal auf der Basis einer Zehn. Das nächste Mal auf der Basis einer Zwanzig, einer Dreißig etc. Jedes Mal beginnt der ganze Prozess wieder auf der geistigen Ebene der Eins und entfaltet sich wieder über die nachfolgenden Zahlen bis zum Resultat in der materiellen Welt.

Wenn der ganze Prozess mit den Schritten Inspiration, Vision, Kreation und Manifestation abgeschlossen wurde, startet das Spiel erneut. In einem Computerspiel entspräche das dem Level 2 für diejenigen, die damit etwas anfangen können.

Rückzug und Kommunikation

Eins – Zwei – Neun

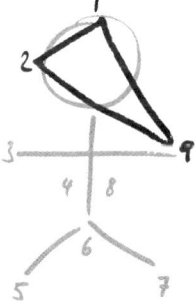

Innere und äußere Welt treffen aufeinander. Die stille Auseinandersetzung mit sich selbst in Gedanken und unausgesprochenen Worten im Zusammenspiel mit der inneren Welt der Imagination und Fantasie tritt durch Kommunikation in Kontakt mit der Außenwelt.

Die Kombinationen dieser drei Zahlen lassen Rückschlüsse zu über das Verhalten von Menschen in Bezug auf ihr Kontaktbedürfnis. Das kann zu größerem Verständnis führen für Kinder und deren Verhalten im Alltag bei Eltern und Lehrpersonen.

Dieselben Erkenntnisse können zu großer Entspannung führen in Konfliktsituationen zwischen Beziehungspartnern, wenn es ums Thema Kommunikationsverhalten geht.

Beispiele
Eins – Zwei – Neun
Die optimale und ausgeglichene Variante dieser Zahlenkombination verleiht dir ein natürliches Gleichgewicht in Bezug auf Gedankentätigkeit, Visualisierungskraft und Kommunikation mit der Außenwelt.

Mit dieser Zahlenkombination findest du die Balance zwischen Rückzug und Kommunikation. Du nimmst dir die Zeit, die du brauchst, um mit dir allein zu sein und dich mit deiner inneren Stimme zu verbinden. Zu anderen Gelegenheiten suchst du vermehrt den Kontakt mit der Außenwelt, der du die gleiche Bedeutung beimisst. Du magst Menschen um dich herum und schätzt insbesondere tiefschürfende Gespräche, die sich mit ihnen ergeben.

11 – 22 – 9 *fehlt*
Die Zahlen Eins und Zwei erscheinen am häufigsten in den Geburtszahlen. Die Zahlen Sechs bis Neun am seltensten. Diese Zahlenkombination kommt also schon aus rein mathematischer Betrachtung ziemlich oft vor.

Die Mehrfachzahlen Eins und Zwei zeigen auf, dass du unter Dauerbeschuss von Ideen, Gedanken und Bildern stehst. Du kannst dein Denken und deine Fantasie nicht abstellen. Es denkt in dir, und deine Fantasie schlägt Purzelbäume. Bilder werden wie in einem Kopfkino unablässig vor dein inneres Auge gespült. Infolgedessen finden äußere Eindrücke nicht oder nur oberflächlich den Weg bis ins Bewusstsein. Das wird sichtbar, wenn Kinder nicht zuhören oder sich nicht konzentrieren können, weil sie zu stark von ihrer inneren Gedanken- und Bilderwelt abgelenkt werden.

Solche Kinder sind alles andere als dumm. Sie haben bloß noch nicht gelernt, mit dieser Konstellation angemessen umzugehen, und wissen nicht, wie man sich für äußere Informationen öffnet beziehungsweise welcher Zeitpunkt der richtige ist, um sich in seine Innenwelt zurückzuziehen. Andererseits können solche Kinder oft gut allein spielen, weil sie ein Vorstellungsvermögen haben, das sie in eine andere Welt entführt, in die andere keine Einsicht haben.

Mit diesen Zahlen wirken viele Menschen oft bis ins Erwachsenenalter etwas introvertiert und zurückgezogen. Für Drittpersonen können Betroffene introvertiert, einsilbig oder menschenscheu wirken, in ausgeprägten Fällen verschlossen oder verklemmt. Aber die Zwei zeigt deine Wandelbarkeit. In der Öffentlichkeit bist du charmant, liebenswürdig und entgegenkommend, weil du Angst hast, emotional verletzt zu werden. Im Privatleben fällt diese Mauer, und da kann es mit zunehmendem Alter häufiger zu Anzeichen von Verbitterung, Frustration und Unzufriedenheit kommen. Das Fehlen der Neun bewirkt dann, dass du dich in dein Schneckenhaus zurückziehst, um dich in deiner inneren Traumwelt zu erholen.

Mit einer Mehrfach-Zwei hast du das dringende Bedürfnis, dich anzupassen und es allen recht zu machen. Du verhältst dich wie ein Teig, der jede Form annimmt, in die man ihn presst. Für andere ist das angenehm, und du bist beliebt in deinem Umfeld, aber es gibt auch unerwünschte Nebenwirkungen: Wenn du beruflich selbstständig bist, kannst du dein Produkt oder deine Dienstleistung nicht gut anpreisen oder verkaufen aus Angst, es könnte jemandem nicht gefallen. Lieber verkaufst du dich unter Wert, und deine Produkte sind günstig. Du möchtest niemandem eine Angriffsfläche bieten, damit man dich nicht kritisieren oder verletzen kann. Wenn diese Zahlenkombination ergänzt wird mit einer fehlenden Acht, dann fehlt dir zusätzlich das Selbstvertrauen, ohne eine Sechs die Entscheidungskraft und ohne eine Vier die Kraft, eigene Ideen zu realisieren.

Kopfzahlen: Das Heilerdreieck

Eins – Zwei – Null

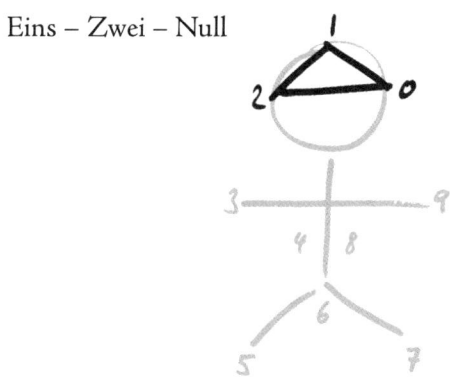

Als Heilerdreieck bezeichnet man die Kombination der Zahlen auf der Kopfebene. Es sind dies:

1 Gottvertrauen und Glaube
2 Intuition, mediale Veranlagung und Harmoniebedürfnis
0 Einfühlungsvermögen und Mitgefühl

Es handelt sich bei diesen Kompetenzen um sogenannte Soft Skills, also um weiche Faktoren und Fähigkeiten, die über die äußeren und fachlichen Qualifikationen hinausgehen und diese ergänzen.

Beachte auch weiterhin: Auch wenn dir diese Zahlen nicht in die Wiege gelegt wurden, kannst du dir inzwischen diese Kompetenzen erarbeitet haben, denn es handelt sich – wie bereits erwähnt – um die Zahlen zum Zeitpunkt deiner Geburt und nicht um die Zahlen zum jetzigen Zeitpunkt, da du dieses Buch liest.

Beispiele
1 – 2 – 0
Diese drei Soft Skills befähigen einen Menschen, in einem heilenden oder therapeutischen Beruf tätig zu sein, weil mit diesen drei Zahlen die wichtigsten Voraussetzungen erfüllt sind, die dazu beitragen, in diesem Fachgebiet erfolgreich zu sein. Falls du dich also zu einem Tätigkeitsbereich hingezogen fühlst, der mit diesen Fähigkeiten korrespondiert, so ist das mit dieser Zahlenkombination erklärbar.

1 fehlt – 2 – 0

Du verfügst mit der Zwei über eine ausnehmend gut funktionierende Intuition, die du dir hoffentlich aus der Kindheit ins Erwachsenenleben hinübergerettet hast. Mitgefühl, Feingefühl und Empathie sind Qualitäten der Null, die du ebenfalls mitbringst.

Such und erkenne Situationen, die dir bestätigen, dass da eine höhere Macht am Werk sein muss, welche es geschafft hat, eine Schöpfung zu gestalten, die sich selbst unablässig erneuert und entwickelt. Vertrau dieser Schöpferkraft.

Wenn du gelernt hast zu vertrauen und nicht mehr das Gefühl haben musst, alles unter Kontrolle oder im Griff haben zu müssen, wird sich dein Leben entspannen.

1 – 2 fehlt – 0

Charaktermerkmale wie Gottvertrauen und Einfühlungsvermögen wurden dir mit der Eins und der Null geschenkt. Sie sind ein gutes Startkapital für einen therapeutischen Beruf. Zunächst solltest du dich aber um die fehlende Zwei kümmern: Sie steht für die notwendige oder zumindest hilfreiche Intuition und beinhaltet jene Hellfühligkeit, durch die die Eigenschaften der beiden anderen Zahlen komplettiert werden.

Du kannst den Kontakt zu deiner Intuition herstellen, indem du Menschen, Tiere und Dinge einfach unvoreingenommen auf dich wirken lässt. Versuch die Schwingungen, die du empfängst, zu benennen. Sind es Trauer? Wut? Scham? Angst? Oder sind es Zuneigung? Liebe? Vertrauen? Vertrau auf deine Gefühle und Informationen, sie werden dir helfen, dein Leben zu erleichtern und bewusster wahrzunehmen.

1 – 2 – 0 *fehlt*

Du besitzt ein natürliches Urvertrauen und eine gut funktionierende Intuition, die dich auch im Alltag spüren lassen, wenn etwas ist, wie es sein soll oder nicht. Du bist gewohnt, Situationen anzutreffen, die du scheinbar grundlos bereits im Voraus erahnt oder irgendwie erwartet hast. Bei dir ist alles noch etwas kopflastig, zu sehr vom Verstand gesteuert. Wenn du gelernt hast, dich selbst zu spüren, Gefühle zu haben, mit deinem inneren Kind zu lachen und dich in andere einzufühlen, dann wirst du fähig sein, eine wertvolle Rolle in einem therapeutischen Beruf zu spielen, falls das deiner Absicht entspricht.

Fühlen zu lernen ist eine große Aufgabe. Einigen Menschen tut es gut, sich ein Haustier mit Kuschelfaktor zu halten. Goldfische, Igel und Kröten eignen sich also weniger gut. Besser geeignet sind Hunde, Katzen oder Kaninchen. Auch Pferde können eine solche Funktion erfüllen. Lerne, deine Gefühle fließen zu lassen. Tränen sind ein willkommenes und nützliches Ventil, unabhängig davon, ob es Tränen der Trauer, des Zorns oder des Lachens sind.

1 – 2 *fehlt* – 0 *fehlt*

Du gehst mit Zuversicht und Gottvertrauen durchs Leben und bist gut mit einer höheren spirituellen Ebene verbunden. Allerdings bist du etwas kopflastig im Sinn von zu stark auf den Intellekt fixiert.

Ohne die Intuition der Zwei und das Einfühlungsvermögen der Null sind die Voraussetzungen für eine heilende Tätigkeit hingegen noch nicht vollumfänglich ausgereift. Erst nachdem du dir diese Eigenschaften erarbeitet hast, wirst du fähig sein, erfolgreich in einem therapeutischen oder heilenden Beruf tätig zu sein, falls das deine Absicht sein sollte.

1 fehlt – 2 – 0 fehlt

Auf die Intuition deiner Zwei ist Verlass. Es sei denn, du hast sie auf deinem Lebensweg durch traumatische Erlebnisse verloren. Sie ist der Anker, den du besitzt, um den Kontakt zu einer höheren Ebene aufrechtzuerhalten. Hoffentlich sind die Versuche in der Kindheit fehlgeschlagen, die darauf abgezielt haben, die Intuition durch die Dominanz des Verstandes zu zerstören.

Die Anbindung an eine höhere spirituelle Ebene, nenne sie göttlich, wenn du möchtest, war zu Beginn deines Lebens infolge der Abwesenheit der Eins nicht vorhanden. Es gehört zu deinen Aufgaben, diese Verbindung herzustellen und dadurch zu einem unerschütterlichen Urvertrauen zu finden.

Auch mit deinem Fühlen warst du zum Zeitpunkt deiner Geburt noch nicht verbunden oder bist es sogar heute noch nicht, wenn das Fehlen der Null noch immer seine Wirkung zeigt. Es gibt Momente in deiner Erinnerung, in denen du dich nicht gespürt oder nichts gefühlt hast, obwohl dein Verstand wusste, dass du jetzt eigentlich etwas gefühlt haben müsstest.

1 fehlt – 2 fehlt – 0

Du besitzt die natürliche Empfindsamkeit der Null und auch deren Einfühlungsvermögen und Sensibilität. Diese ist jedoch nicht gekoppelt an eine höhere geistige Macht, dazu fehlt dir die Eins, und auch nicht an deine Intuition, wie die fehlende Zwei zeigt. Dein gefühlvolles Wesen wird sich manchmal zu stark auf die weltlichen Aspekte des Lebens beschränken, und du wirkst zuweilen rasch emotional und aufgewühlt von Äußerlichkeiten, auf die du etwas zu stark oder zu empfindlich reagierst.

Das Kreativitätsviereck

Eins – Drei – Sechs – Neun

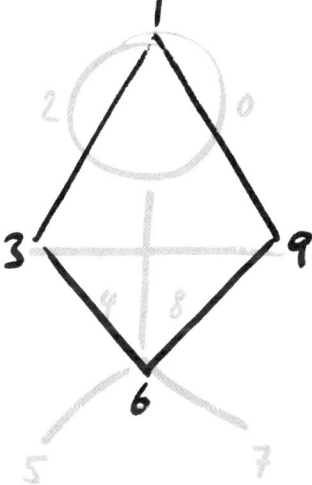

Diese Viererkombination besteht aus den Zahlen Eins, Drei, Sechs und Neun. Im Strichmännchen siehst du diese Zahlen in einem gleichmäßigen Rhombus miteinander verbunden. Die Beteiligung dieser Zahlen ist auch hier kein Zufall: Die Eins steht für Inspiration und Wille, die Drei und die Neun sind den Händen zugeordnet, die den künstlerischen Ausdruck hervorbringen und die Sechs steht für die tiefe Liebe, die im Hintergrund und oft auch im Vordergrund waltet und deinem Handeln Sinn verleiht.

Beispiele
1 – 3 – 6 – 9

Du kannst gar nicht anders, als kreativ zu sein. Das Wirkungsfeld, in dem du tätig bist, kann durch diese Zahlen nicht näher eingegrenzt werden: Ob du diesen Qualitäten als Maler, Künstler, Musiker, Designer, Autor oder Stand-up-Comedian Ausdruck verleihst, ist nicht zentral. Diese Zahlenkombination offenbart nur, dass du diese Fähigkeiten besitzt und diese irgendwie leben musst, um glücklich zu werden.

Da die Komponenten von nonverbalem (Drei) und verbalem (Neun) Ausdruck vorhanden sind, wirst du dich von Berufen angezogen fühlen, in denen Kommunikation oder Beratung Teil der Aufgabe ist. Am besten suchst du dir ein Wirkungsfeld, das diese Anteile miteinander verbindet, um dich beruflich zu verwirklichen.

1 fehlt – 3 – 6 – 9

Deine Kreativität baut häufig auf Ideen auf, die du dir von anderen ausgeborgt hast. Mit einer solchen kannst du jedoch genauso kreativ werden, wie wenn du die Idee selbst gehabt hättest. So oder so fühlst du dich wohl, wenn du deine kreative, planerische, organisatorische oder beratende Ader irgendwie leben kannst. Das Zusammenfallen dieser Zahlen wird dafür sorgen, dass du dich angezogen fühlst von Berufsbildern, die deine Gaben und Talente in

Erscheinung treten lassen. Herausforderungen, die im weiteren Sinne mit Kommunikation (Neun) zu tun haben, werden dir unweigerlich aus möglicherweise unerfindlichen Gründen attraktiv erscheinen und deine Berufswahl beeinflussen.

1 fehlt – 3 fehlt – 6 fehlt – 9 fehlt
Kreativität ist nicht deine größte Stärke. Du konzentrierst dich vermutlich lieber auf Dinge, die mit Verstand und Logik zu erfassen sind, als auf Dinge, die Neues, Unkonventionelles oder gar Revolutionäres zum Inhalt haben. Neugier und Spontaneität stehen im Gegensatz zu Struktur und konservativem Denken.

Trotzdem üben innovative und ausgefallene Dinge unterbewusst eine Faszination auf dich aus, der du dich manchmal ergeben möchtest. Vielleicht tust du das bereits als Liebhaber von Kunst, Musik oder Schriftstellerei, obwohl oder gerade weil du nicht selbst über diese Begabungen verfügst.

Je offener du wirst gegenüber Neuem, Fremdem und Ungewöhnlichem, desto weiter öffnet sich dein Horizont. Du wirst spontaner und flexibler, wenn du deine Komfortzone immer wieder einmal verlässt und dich einlässt auf deine Neugier, die dir die Welt eröffnen möchte.

Eins – Vier

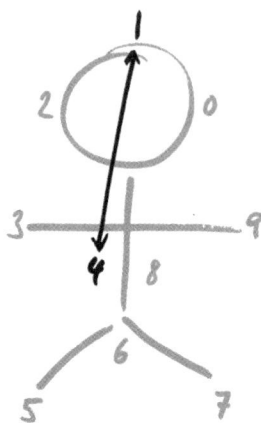

In den großen Arkana des Tarots wird Der Herrscher der Karte 4 zugeordnet. Ein Herrscher besitzt Autorität, das liegt in seiner Natur. Entsprechend gestaltet sich sein Auftreten. Was ebenfalls zur Zahl Vier gehört, sind Strukturen aller Art. Diese Strukturen verleihen Sicherheit und müssen deshalb bewahrt werden. Bewahren oder Erhalten nennt man auch Konservieren, und eine konservative Einstellung gehört daher auch zur Vier.

Wer mit Willen und Autorität ausgestattet ist, kann diese Karte ausspielen, wenn er sich unsicher oder bedroht fühlt. Wenn man infrage gestellt wird, sich aber nicht wehren kann, weil beispielsweise die Fünf und die Neun fehlen, wird der Betroffene dies überspielen und kompensieren, indem er ein autoritäres Auftreten an den Tag legt, das zwar gehört wird, aber als rechthaberisch und besserwisserisch ankommt.

Beispiele

1 – 4

Erneuern und bewahren sind das Thema dieser Zahlen. Befinden sich diese beiden Zahlen in einem natürlichen Gleichgewicht und sind bei dir je einmalig vorhanden, so verschmelzen die Elemente von Willen und Tatkraft, Erneuerung und Bewahrung, Vertrauen und Autorität zu einem würdevollen Auftreten. Diese Form souveräner Autorität benötigt keinen aufgesetzten Pomp und kommt ohne prachtvolle Zurschaustellung irgendwelcher Insignien aus. Du bist eine Respektsperson, die nicht darum kämpfen muss, respektiert zu werden.

11 – 44

Dein starker Wille und deine scheinbar stabile innere Struktur lassen dich für Außenstehende als gefestigte Persönlichkeit erscheinen. In der positiven Ausprägung dieser Zahlenverschmelzung bist du in der Lage, einen bedeutsamen Beitrag im Alltag zu leisten. Deine vernünftige Denkweise und deine analytischen Fähigkeiten tragen nicht nur im beruflichen Sektor, sondern auch im Privatleben maßgeblich dazu bei, pragmatische Problemlösungen zu finden. Du repräsentierst Vernunft und Zweckdienlichkeit ohne emotionale Beeinflussung.

Kippen diese bemerkenswerten Qualitäten ins Negative, so kannst du mitunter herrisch auftreten und lässt dann keine anderen Meinungen gelten als deine eigene. Dabei bleibst du sehr verstandesorientiert und berufst dich auf Argumente von Logik und Vernunft. Aus diesem Grund sind deine

Argumente oft schwer zu widerlegen, denn emotionale Komponenten oder psychische Aspekte haben in deinen Augen vor den harten Fakten der wissenschaftlichen Logik keinen Bestand.

Du brauchst Bestätigung, dass deine Ansichten korrekt sind, ansonsten bist du bereit, lange Diskussionen zu führen, die in deinen Augen nur einen Gewinner kennen – dich selbst. Trotzdem bleibst du in weiten Teilen Theoretiker, weil du deine Lösungen nicht selbst in die Realität umsetzen und die Verantwortung nicht tragen kannst, die eine Umsetzung mit sich bringen würde.

Intoleranz gegenüber fremden Strukturen sind Begleiterscheinungen dieser Zahlenkombination. Du hältst an alten, aus deiner Sicht bewährten Strukturen fest und kannst als konservativ bezeichnet werden.

Kompromisslosigkeit

Eins – Vier – Fünf

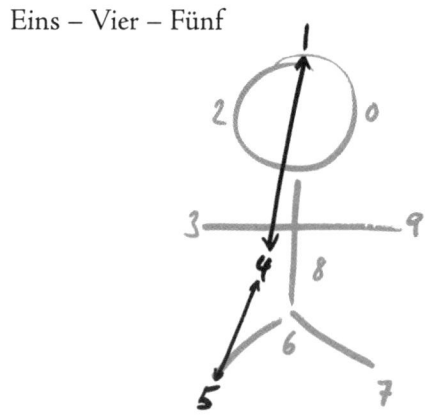

Falls du dich schon einmal gefragt haben solltest, warum ein Kind im Einkaufswagen schreit und kaum zu beruhigen ist, wenn es nicht erhält, was es will, dann findest du in der Kombination dieser Zahlen vielleicht eine Erklärung.

Beispiele

1 – 4 – 5

Gesunder Wille (Eins), natürliche Autorität und Tatkraft (Vier) sowie Machtanspruch (Fünf) lassen eine starke Persönlichkeit in dir erkennen. Wenn diese drei Zahlen in deinen Geburtszahlen vorkommen, dann verstehst du heute vielleicht besser als früher, was du für ein Sturkopf warst oder vielleicht noch immer bist.

Sturheit ist ein eher abfälliger Begriff für ein widerspenstiges und freches Verhalten, das nicht den erwarteten Normen entspricht. Er wird häufig auf das Verhalten von Kindern angewendet. Dasselbe Verhalten wird unter Erwachsenen oft um einiges wohlwollender oder sogar als Charakterstärke dargestellt, indem man es mit unermüdlich, standhaft, durchsetzungsstark oder entschlossen assoziiert. Attribute, mit denen sich gerne schmückt, wer sich für eine leitende Position bewerben möchte.

Falls du tatsächlich eine leitende Position innehast, so führst du dein Regime mit harter Hand. Zumindest deinen Untergebenen wird das oft so vorkommen. Wenn diese Zahlenkombination ergänzt wird mit dem Feingefühl der Null, der Kommunikationsbereitschaft der Neun und dem Harmoniebedürfnis der Zwei, dann relativiert sich diese *harte Hand* und macht dich kompromissbereiter und weicher.

11 – 44 – 55

sowie alle Kombinationen einfacher und mehrfacher Zahlen
Du lässt dich nicht infrage stellen. Im Zusammenschluss dieser drei Zahlen verbinden sich die Eigenschaften von Egois-
mus, Willenskraft, Kontrollverlangen, Tatkraft, Autorität
und Machtanspruch. Dabei gilt für dich als Kind wie als Er-
wachsener gleichermaßen, dass du eine Kompromisslosigkeit
an den Tag legen kannst, die Widerstand leistet, blockiert
oder boykottiert sowohl im Guten wie im Schlechten.

Im Potenzial dieser Zahlen ist es naheliegend, dass du
dich für eine Führungsposition bzw. eine Vorgesetztenstel-
lung eignest. Andere akzeptieren dich als Chef, weil dir eine
Energie und Ausstrahlung eigen sind, die von anderen nicht
infrage gestellt werden. Für Eltern, Freunde und Arbeitskol-
legen kann das ebenso bereichernd wie lästig sein. Deine
Sturheit ist und war vielleicht sogar geachtet und gefürchtet.

Auch wenn du dich selbst als harmlos wahrnimmst:
streck deine Fühler aus und hol Rückmeldungen ein, wie du
bei anderen ankommst. Wahrscheinlich merkst du gar
nicht, wie dominant oder gar übermächtig du auf andere
wirkst.

Welche anderen Zahlen sind bei dir sonst noch vorhanden? Das Harmoniebedürfnis der Zwei? Die Fähigkeit zur
Kommunikation von Neun, ein Gespür für Fairness und
Gerechtigkeit der Acht, Entscheidungskraft der Sechs oder
das Einfühlungsvermögen der Null? Es gibt viele weitere
Charaktermerkmale und Eigenschaften, die die Zahlenkombination Eins, Vier, Fünf in vorteilhafter Weise vervoll-
kommnen können.

Das Vertrauensdreieck

Eins – Vier – Acht

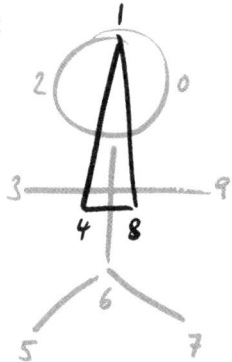

Es gibt Menschen, die mit einer Selbstverständlichkeit durchs Leben gehen, als ob es so etwas wie Misserfolg gar nicht gäbe. Begriffe wie Unsicherheit oder Angst scheinen für sie nicht zu existieren.

Mit dieser Zahlenkombination lassen sich solche Gegebenheiten aufdecken und erklären. Maximale Stabilität in diesem Sektor wird wie immer dann erreicht, wenn jede Zahl je einmal vorhanden ist.

Beispiele

1 – 4 – 8

Mit dieser Zahlenkombination ist es mit einer relativen Leichtigkeit möglich, vertrauensvoll und angstfrei durchs Leben zu gehen.

Die einmalig vorhandene Eins zeugt von einem gesunden Urvertrauen. Die Vier informiert über innere Sicherheit und Stabilität, und die Acht steht für vorhandenes Selbstwertgefühl und Selbstvertrauen. Ängstlichkeit scheint also wenig Raum einzunehmen in deinem Leben. Zu stark ist dein Vertrauen in dich selbst und in eine höhere, regulierende Macht. Du besitzt die optimale Kombination, um anderen ein Vorbild in Sachen Vertrauen zu sein und ihnen vorzuleben, wie man angstfrei durchs Leben geht.

1 – 4 fehlt – 8 fehlt
Vertrauen ist gut – Sicherheit ist besser.
Trotz des Urvertrauens der Eins fehlt dir die innere Sicherheit der Vier. Du bist angewiesen auf äußere Strukturen in Form von Ordnung, Zuverlässigkeit, Pünktlichkeit etc. Auch ein gesichertes Einkommen und ein stabiles soziales Netz sind dir enorm wichtig.

Ohne die Acht wurde dir kein natürliches Selbstvertrauen in die Wiege gelegt. Ein Manko, das dir im Alltag immer wieder Probleme bereitet. Wenn du bereits über tragfähige Strukturen im Alltag verfügst, wird es dir leichter fallen, dich um das Thema Selbstwert zu kümmern.

Glücklicherweise verfügst du mit der Eins über einen Halt in deinem Leben, der dir diese Aufgabe etwas erleichtern kann.

11 – 44 – 88
Du besitzt ein riesiges Potenzial an Zuversicht, Tatkraft und Selbstvertrauen. Doch diese Gaben unterliegen in der Regel größeren Schwankungen, und insbesondere in jüngeren Jahren wirst du noch öfter in der Blockade verharren, bevor du später – hoffentlich – deine volle Kapazität abrufen kannst.

Es sind also die Faktoren Unsicherheit, Ängstlichkeit oder dein Mangel an Risikobereitschaft, mit denen du dich selbst zurückhältst. Das Denken in Sätzen wie: »Das kann ich nicht« oder: »Das schaffe ich nie!« wirkt wie eine selbsterfüllende Prophezeiung und verhindert, dass du ein Projekt überhaupt erst in Angriff nimmst. Erst wenn du es geschafft hast, von deiner pessimistischen Grundhaltung abzuweichen, und du beginnst, in Chancen zu denken statt in Risiken, wirst du erfolgreicher werden und dein Selbstvertrauen stärken. Deine innere Unsicherheit ist die Hürde, die es auf dem Weg zum Erfolg immer wieder zu überwinden gilt. Nur wer sich Schritt für Schritt auf den Weg macht, wird vorwärtskommen. Es gibt nichts zu verlieren, aber alles zu gewinnen.

1 fehlt – 4 fehlt – 8 fehlt

Die Themen Vertrauen, Sicherheit und Selbstvertrauen kosten dich viel Energie. Ohne die Eins und die Acht fehlen dir Gottvertrauen und Selbstvertrauen. Und weil dir die innere Stabilität und Sicherheit der Vier nicht zur Verfügung stehen, sind viele Ereignisse in deinem Leben begleitet von Fragen und Überzeugungen wie: »Kann ich das?« – »Das ist unmöglich!« – »Darf man das?« – »Ich weiß nicht so recht ...« – »Ist das nicht gefährlich?«

Diese Zahlenkombination deckt auf, dass du auf Sicherheit angewiesen bist, um dich auf den Weg machen zu können. Doch Sicherheit ist niemals real, sondern immer nur ein Gefühl. Dein Bedürfnis, alles im Griff und unter Kontrolle halten zu wollen, hält dich davon ab, Projekte anzugehen. Ständig lauert im Hintergrund die Angst, von einem Fluss mitgerissen zu werden, in dem du dich nirgendwo festhalten kannst.

Erst wenn du dich überwinden kannst und über deinen eigenen Schatten springst und gegen deine Überzeugungen etwas versuchst, das zum Scheitern verurteilt sein könnte, wirst du nach und nach Fuß fassen und dich in diesem Bereich weiterentwickeln. Zwischenzeitliches Scheitern ist wie beim Skifahren lernen: Hinfallen ist lästig, aber nicht zu vermeiden. Wenn du einmal mehr aufstehst, als du hingefallen bist, wirst du es schaffen.

Das Stabilitätsdreieck

Eins – Fünf – Sieben

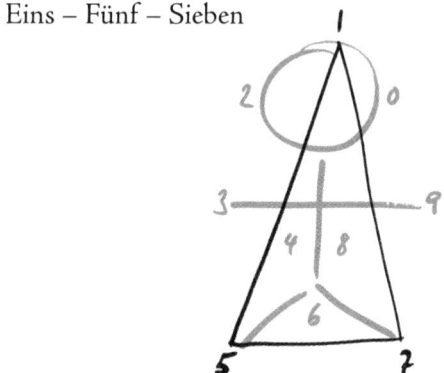

Als Stabilitätsdreieck bezeichnet man die Kombination der Zahlen Eins, Fünf und Sieben. Diese definieren den Kontakt nach oben zu einer göttlichen oder spirituellen Quelle, der Eins, sowie den Bodenkontakt mit den Fußzahlen Fünf und

Sieben. Das Zusammenwirken dieser drei Zahlen lässt Rückschlüsse zu auf die psychische Stabilität einer Person.

Stell dir dieses Strichmännchen als Marionette vor, die oben aufgehängt ist und mit beiden Beinen den Boden berührt. Sind alle drei Fixationspunkte vorhanden, so ist die Marionette stabil. Fehlt eine dieser Konstanten, so wird das Gebilde instabil und beginnt zu schwanken.

Beispiele

1 – 5 – 7

Durch die Eins bist du mit der geistigen Quelle verbunden und mit beiden Beinen auf der Erde verankert. Du bist bodenständig und geerdet und damit kaum aus dem Gleichgewicht zu bringen. Sollte dir doch einmal ein Schicksalsschlag versuchen, den Boden unter den Füßen wegzureißen, dann bist du stark genug, um rasch wieder auf die Beine zu kommen. Mit dieser Zahlenkombination lassen sich Schicksalsschläge meistern, an denen andere längst zerbrochen wären.

Eine Anfälligkeit für Depressionen ist bei dir so gut wie nicht vorhanden. Das wird auch so bleiben, wenn du dir deiner Stärken bewusst bleibst. Du hast sowohl auf einer höheren geistigen oder spirituellen Ebene als auch im irdischen Leben einen festen Halt, auf den du von Natur aus zurückgreifen kannst.

1 – 5 – 7 *fehlt*

Du bist mit der Zahl Fünf geerdet. Der andere Erdungspunkt, die Sieben, fehlt dir. Die Anbindung an eine höhere spirituelle Ebene ist dir durch die Eins gegeben. Damit bist du zwar nicht vollständig stabil, wenn es einmal zu einem Schicksalsschlag kommen sollte, aber du wirst auch nicht vollständig orientierungslos liegen bleiben.

Was deine Widerstandsfähigkeit reduziert, ist das Fehlen der Sieben. Sie hindert dich daran, loszulassen, zu verzeihen, zu vergessen und neu anzufangen. Das kann dazu führen, dass du in einem negativen Kreislauf hängen bleibst. Das wiederum führt dazu, dass du länger brauchst, um zu regenerieren, aufzustehen und deinen Weg weiterzugehen. Wenn du dich in scheinbar ausweglosen Situationen auf deine Rückverbindung zur göttlichen Quelle und auf die sinnstiftende Kraft in deinem Leben besinnst, wirst du das Licht am anderen Ende des Tunnels erkennen und an Krisen wachsen können. Du wirst rückblickend immer wieder feststellen, dass Krisen nicht als Strafe des Lebens zu verstehen sind, sondern als manchmal steile Stufe, um im eigenen Entwicklungsprozess vorwärtszukommen.

Aufstehen – Krone richten – weitergehen. Du bist stärker als du denkst.

1 – 5 *fehlt* – 7

Du bist mithilfe der Eins im Gottvertrauen stabil. Bodenkontakt hast du durch eine Sieben, und du bist dadurch zumindest einseitig geerdet und auf dem Boden der Tatsachen. Das andere Bein (Fünf) fehlt dir. Das bedeutet, dass du zwar aus dem psychischen Gleichgewicht zu bringen bist, aber nicht schon durch den kleinsten Windhauch.

Die Fähigkeit loszulassen und neu anzufangen, wurde dir mitgegeben. Die Absenz der Fünf macht dich allerdings etwas wehrlos, und du fühlst dich dem Schicksal ausgeliefert. Dies kann dazu führen, dass du dich in eine Opferrolle gedrängt fühlst und zu Selbstmitleid neigst. Weil du dir immer wieder vor Augen hältst, dass man Altes hinter sich lassen und nach dem Fallen wieder aufstehen soll, kommst du immer wieder auf die Beine. Wenn du dir bewusst machst, dass Schicksalsschläge deine spirituelle Entwicklung intensivieren, wirst du nach einem Fall wieder leichter aufstehen können.

Aufstehen – Krone richten – weitergehen. Du bist stärker als du denkst.

1 – 5 fehlt – 7 fehlt

Die Erdung durch die Zahlen Fünf und Sieben ist bei dir nicht vorhanden. Du verfügst nicht über Standhaftigkeit. Bereits mittelschwere Schicksalsschläge können dir den Boden unter den Füßen wegziehen. Glücklicherweise bist du durch die Eins mit der spirituellen Quelle stabil verbunden. Das lässt dich zwar etwas hin- und herschwanken, verhindert aber ein Umfallen.

Dein Vertrauen und dein Glaube sind die Hauptstützen, die dir helfen, nach einem emotionalen Schiffbruch wieder auf die Füße zu kommen. Wer sich auf seine eigenen Aufgaben konzentriert und sich distanziert von Menschen, die einen in seinem Selbstmitleid bestärken, kommt leichter wieder auf die Füße.

Wenn du dich der Aufgabe stellst, Nein zu sagen und Widerstand zu leisten, Grenzen zu setzen und vielleicht sogar einmal jemanden vor den Kopf zu stoßen, wirst du stärker werden. Du bist im Moment am wichtigsten. Andere haben das zu respektieren. Nimm dir die Zeit, die es braucht, um wieder aufzustehen, und denk daran, dass Liegenbleiben keine Option sein kann.

1 fehlt – 5 fehlt – 7 fehlt
Weder im Glauben verankert noch richtig Fuß gefasst in der materiellen Welt, bist du relativ orientierungslos, wenn es einmal zu einer größeren Notsituation im Leben kommt. Solange du dir nicht den Kontakt zu deiner spirituellen Herkunft erarbeitet hast und in der realen Welt richtig angekommen bist, wird dein Leben immer durch eine gewisse Instabilität gekennzeichnet sein.

Es ist durchaus möglich, dass du bereits bei kleineren Krisen den Boden unter den Füßen verlierst und Mühe hast, wieder auf die Beine zu kommen. Damit verbunden ist nach meiner Erfahrung eine erhöhte Anfälligkeit für Depressionen. Der Wortteil *pression*[8] weist auf ein enthaltenes Druckelement hin, das Einfluss auf die Psyche hat. Die Vorsilbe *De* beschreibt ein Wegfallen, ein Herabsetzen ebendieses Drucks.

Was im Tauchsport als Dekompressionsphase bekannt ist, entspricht einem kontrollierten, langsamen Druckabbau. Wird dieser Druck zu schnell abgebaut, kommt es zur Taucherkrankheit. Übertragen auf die Seele heißt das: Aus einem plötzlichen Druckabfall nach hohem psychischem Druck kommt es zu Freudlosigkeit, Antriebslosigkeit und einem Gefühl innerer Leere, weil dieser Druck fehlt, der einen am Funktionieren gehalten hat.

Die Kompetenzen Vertrauen/Eigenmotivation (Eins), Sinn- und Wehrhaftigkeit (Fünf) sowie Loslassen/Aufstehen (Sieben) bilden das Gerüst, um nach einer psychischen Katastrophensituation weiterzumachen. Man sollte keinesfalls zu stolz sein und bei Bedarf Hilfe in Anspruch nehmen.

Wiederkehrender Neuanfang

Eins – Sieben

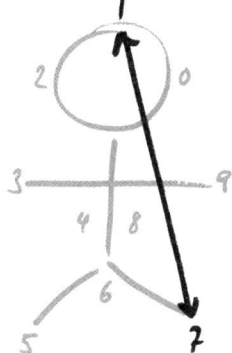

Es gibt diese Stehaufmännchen, diese Menschen, die es immer wieder schaffen, neu anzufangen, und Erfolg damit haben. Andere bekunden Mühe bei dem Gedanken, sich von Dingen, Berufen, Menschen oder Orten zu trennen, und verharren lieber in einer unerfreulichen Lebenssituation aus einer Angst heraus, dass ein Neuanfang noch schlimmer werden könnte.

Die Zahlenkombination Eins und Sieben erleichtert Neuanfänge ungemein.

Beispiele

1 – 7

Das Potenzial von Idee und Anfang (Eins) sowie die Fähigkeit, Altes und Überholtes zurückzulassen und neu aufzubrechen (Sieben) deuten darauf hin, dass du jemand bist, der in seinem Leben immer wieder einen Neuanfang schaffen kann, sei es beruflich, geografisch, in Beziehungen oder in einem anderen Bereich.

Es besteht allenfalls das Risiko, dass du ohne die Manifestationskraft der Vier angefangene Dinge nicht zu Ende bringst, insbesondere dann, wenn dir die Fertigstellung keinen Spaß macht. Dann *missbrauchst* du die Sieben als Hintertür, als Fluchtweg, um dich anderen Lerninhalten in deinem Leben nicht stellen zu müssen.

11 – 77

Du besitzt die ausgeprägte Begabung, immer wieder einen Neuanfang zu schaffen. Du erfindest dich neu in Berufen, Anstellungen, Freundschaften, Partnerschaften oder geografisch, auch wenn es nicht zwingend notwendig ist. Du gehst Veränderungen nicht aus dem Weg und liebst die Abwechslung, die das Leben spannend und bunt macht. Noch stärker wird diese Prägung, wenn du keine Vier hast und angefangene Dinge nicht zu Ende bringst, denn dann neigst du dazu, alles hinzuschmeißen, und lässt dich von der nächsten Idee begeistern. Gibst du diesem Impuls immer wieder nach, so wirst du in deiner spirituellen Entwicklung erheblich gebremst und von einer anhaltenden Unzufriedenheit ergriffen, die dein Wohlbefinden womöglich empfindlich stören wird.

Heimatlosigkeit, Unstetigkeit und Unberechenbarkeit sind mögliche Merkmale, mit denen diese Zahlenkombination auf sich aufmerksam macht: In der Umkehrung dieser Merkmale können Blockaden zutage treten, die dich daran hindern, etwas Neues anzupacken oder etwas Altes loszulassen.

1 fehlt – 7 fehlt

Altes loszulassen, fällt dir ebenso schwer wie die Eigenmotivation, etwas Neues anzufangen. Im Hintergrund wirkt die Angst, ein Risiko einzugehen, wenn du dich auf etwas Neues einlassen würdest. Man könnte das als eine Ausdrucksform von Feigheit bezeichnen.

Vorteil: Du bist eine treue Seele, bevorzugst langjährige Anstellungsverhältnisse, stabile Beziehungen und einen gleichbleibenden Wohnort. Auch wenn du deinen Seelenzustand nicht sofort von dir aus offenbarst – die Menschen schätzen deine Verlässlichkeit und Berechenbarkeit.

Es fehlt dir aber, bewusst oder unbewusst, etwas Würze in deinem Leben. Du möchtest diese Würze im Alltag nicht vermissen, aber irgendwo schwelt ein Element der Unzufriedenheit, eine Folge der Monotonie, der du dich hingegeben hast. Diese Konstellation beinhaltet das Risiko von Resignation und Entwicklungsstillstand.

Deine grundkonservative Einstellung zeigt sich in Aussagen wie beispielsweise: »Früher war alles besser.« – »Neues ist anstrengend.« – »Spontaneität ist nicht durchdacht.« – »Was der Bauer nicht kennt, das frisst er nicht.«

Zwei – Fünf – Neun

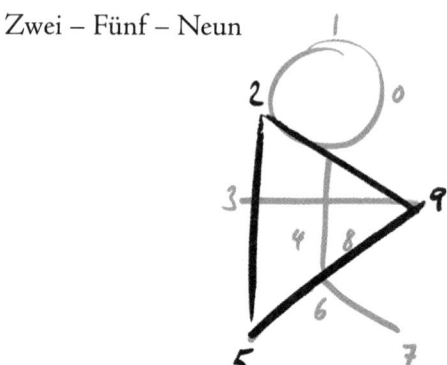

Das Harmoniebedürfnis der Zwei, die Dominanz der Fünf sowie die Kommunikationsfähigkeit der Neun bestimmen dein Verhalten in Konfliktsituationen. Die Konstellation dieser Zahlen erlaubt eine Einschätzung deiner Konfliktfähigkeit und Streitkultur.

2 – 5 – 9

Wie immer ist das einmalige Vorhandensein aller Zahlen eine optimale Zusammenstellung. Dein Harmoniebedürfnis (Zwei) ist allseits bekannt und wird geachtet. Dass du dich trotzdem nicht scheust, einmal Stellung zu beziehen, Tacheles zu reden oder einen Konflikt auszutragen (Fünf), können bestimmt einige Leute aus eigener Erfahrung bezeugen. Geschätzt wird allseits, dass du auf eine Art und Weise streitest, die trotz allen Konfliktpotenzials in der Regel als diplomatisch und rücksichtsvoll bezeichnet werden darf.

Mit deiner Zwei ist es dir ein Herzensanliegen, zu vermitteln und Menschen zusammenzubringen. Auch wenn dein Harmoniebedürfnis unübersehbar ist, kannst du dich dennoch wehren und Grenzen abstecken. Du sagst Nein, wenn du Nein meinst, und unterliegst aller Friedfertigkeit zum Trotz nicht dem Zwang, es allen recht machen zu müssen. Auch wenn dir in deiner Kindheit und Jugend immer wieder eingebläut wurde, dass man nicht streiten, sondern dem Frieden zuliebe schweigen soll, wird dein Streben nach Eintracht mit großer Wahrscheinlichkeit höher gewichtet, als deine unterdrückte Seite, sich wehren zu dürfen und Stellung zu beziehen.

Die Neun stattet dich mit einer Kommunikationsgabe aus, die sich nicht auf eingeübte Phrasen beschränkt, sondern die auf einem respektvollen Niveau Zwistigkeiten im Dialog lösen kann. Du bist anpassungsfähig und bereit, Zugeständnisse zu machen.

2 – 5 – 9 *fehlt*

Friede und gegenseitiges Einverständnis sind dir wichtig, damit du dich wohlfühlen kannst. Freundschaftliches und einträchtiges Zusammenleben bedeuten dir viel, und im Normalfall gewichtest du Einvernehmlichkeit höher als das Austragen oder Gewinnen einer Auseinandersetzung. Bis du deine Hülle der Toleranz einmal verlässt, muss viel passieren. Du wirst bei einem Streit vielleicht einmal laut, verfügst aber nicht über die Fähigkeit, dich auf der Grundlage deines inneren Empfindens oder deiner Gefühle zu verständigen, weil dir die Neun fehlt. Du wirst deshalb dem Frieden zuliebe bei einem Konflikt eher den Rückzug antreten und davonlaufen. Negative Emotionen wirst du lieber in dich hineinfressen, als einmal klar deinen Standpunkt zu vertreten und dich im Dialog angemessen zu wehren.

2 – 5 fehlt – 9 fehlt
Konflikte sind dir zuwider. Du verabscheust Streit in jeder Form. Das kann so weit gehen, dass du Ärger, Wut oder Enttäuschung wieder und wieder hinunterschluckst, bis du einen dicken Hals hast. »Dem Frieden zuliebe« oder »Damit die Kirche im Dorf bleibt«, wie du es vielleicht ausdrückst. Doch das ist nur die halbe Wahrheit: Konflikte, die nicht ausgetragen werden, bleiben latent vorhanden und werden irgendwann wegen einer Kleinigkeit hervorbrechen und eskalieren. Das kann im zwischenmenschlichen Bereich sein oder auf der körperlichen Ebene, wo es zu psychischen, körperlichen oder – als Mischung von beidem – psychosomatischen Erkrankungen kommen kann.

Um derartige Folgeerkrankungen zu vermeiden, solltest du dich dazu überwinden, Konflikte anzusprechen und dein Harmoniebedürfnis hintanzustellen. Innere und äußere Streitpunkte können in der Regel friedlich im Dialog gelöst werden. Auch wenn es dir anfangs nicht leichtfallen dürfte, die richtigen Worte dafür zu finden.

2 fehlt – 5 – 9 fehlt
Die fehlende Zwei informiert darüber, dass dein Bedürfnis nach Frieden und Eintracht nicht natürlichen Ursprungs ist. Falls es dennoch vorhanden ist, handelt es sich aller Wahrscheinlichkeit nach um eine anerzogene Verhaltensweise.

Vom Naturell her warst du als Kind fähig und bereit, Streit auszutragen, vermutlich lautstark oder aggressiv. Allerdings konntest du Auseinandersetzungen nicht im Zwiegespräch klären, sondern neigtest dazu, dich nach deinem möglicherweise explosiven Auftritt zurückzuziehen, die Tür hinter dir zuzuwerfen und einmal für eine Weile zu verschwinden, um deinen Zorn verrauchen zulassen.

Überreste dieser Verhaltensweise sind vielleicht noch vorhanden und verraten sich durch eine energische Sprache. Das erschwert oft das Finden einer Lösung und ein gemeinsames aufeinander Zugehen. Lass andere wissen, wie die optimale Lösung für dich aussehen könnte und gib der Gegenpartei dieselbe Gelegenheit. Danach werden Kompromisse gesucht.

2 fehlt – 5 fehlt – 9 fehlt

Streit ist dir mehr oder weniger gleichgültig, solange du selbst nicht direkt involviert bist. Von Streitkultur kann man bei dir nicht unbedingt sprechen. Dir fehlt das Bedürfnis, Frieden zu stiften und Menschen zusammenzubringen, weil dir die Zwei fehlt. Da du dich ohne die Fünf nicht wehren oder streiten kannst und die Kommunikationsfähigkeit der Neun nicht hast, sieht es aus, als ob du Konflikten einfach aus dem Weg gehst nach dem Motto: »Geht mich nichts an.« Du wirst in solchen Situationen höchstwahrscheinlich den Schauplatz des Geschehens möglichst unauffällig verlassen und warten, bis die Luft wieder rein ist.

Die Toleranz, die dir mithin attestiert wird, ist nicht allein Toleranz, sondern ist zum Teil Trägheit, die sich nicht mit Konflikten herumschlagen will. Denn um Stellung zu beziehen, müsstest du deine Komfortzone verlassen, was du nach Möglichkeit vermeiden möchtest.

Die Austauschebene

Drei – Neun

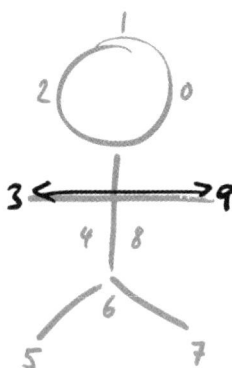

Die Bezeichnung Austauschebene rührt daher, dass auf der Höhe dieser horizontalen Ebene (➤ Strichmännchen) viele Formen von Austausch stattfinden:

1 Geben und Nehmen (Schultern, Arme und Hände – Warenaustausch

2 Nahrungsaufnahme (Hals und Speiseröhre – Energieaustausch)

3 Atmung (Luftröhre, Bronchien und Lunge – Sauerstoffaustausch)

4 Kommunikation (Stimmbänder und Kehlkopf – Informationsaustausch)

5 Herz-Kreislauf (Zirkulation – Blutaustausch)

Es ist kein Zufall, dass sich die körperlichen Symptome beim Fehlen dieser Zahlen oft auf eben dieser Körperebene und den zugehörigen Organen offenbaren.

3 – 9

Sowohl die kreative und nonverbale Ausdrucksfähigkeit der Drei als auch der verbale Ausdruck der Neun gehören zu deinen Begabungen. Du besitzt ausgeprägte Fähigkeiten im Bereich Kommunikation und bist vermutlich den meisten anderen Menschen darin überlegen, nicht zuletzt wegen deiner Wortgewandtheit und Schlagfertigkeit (Kommunikation und Kreativität).

Deine sprachlichen Fähigkeiten beschränken sich nicht nur auf Oberflächlichkeiten, sondern du kannst auch über dich selbst, deine Bedürfnisse, Ängste und tiefen Gefühle sprechen. Du bist humorvoll und gut geeignet, eine beratende Tätigkeit auszuüben, zumal du auch die Sozialkompetenz der Neun zu deinen Attributen zählen darfst.

3 – 9 *fehlt*

Du besitzt die originelle und gestalterische Kompetenz, die Grundvoraussetzung ist für kreative Fertigkeiten in ausgesuchten Bereichen. Du magst ein gewandter Redner sein, solange es um Angelegenheiten geht, die nicht dich selbst betreffen. Sobald es um dich selbst, deine Person, deine Gefühle oder dein tiefes Empfinden geht, flüchtest du ins Oberflächliche oder wirst still, weil du nicht weißt, wie du dich ausdrücken sollst.

3 fehlt – 9 fehlt

Du bist ein guter Zuhörer. Falls du gut argumentieren, diskutieren und über äußere Angelegenheiten reden kannst, ist das jener Teil von Kommunikation, der dich darauf vorbereitet, über dich selbst sprechen zu lernen. Zu Beginn deines Daseins warst du eher das stille und introvertierte Kind, das nicht viel über sich redete. Du lerntest dann zwar zu reden und über Äußerlichkeiten zu sprechen, aber über dich selbst zu sprechen liegt dir von deinem Naturell aus nicht. Dazu fehlt dir irgendwie der Zugang, weil du keinen Kontakt zu deiner inneren Stimme hast.

Um über das Wesentliche – dein Wesen – sprechen zu lernen, hilft es, dir klarzumachen, dass andere Menschen ein wirkliches Interesse an dir haben. Im Grundsatz wollen Menschen kein Gerede, sondern Gespräche.

Ohne es genauer definieren zu wollen, besteht bei dieser Zahlenzusammensetzung eine erhöhte Anfälligkeit für Beschwerden im Bereich des Halses. Insbesondere wenn du deine Lebensaufgaben noch nicht erkannt und bearbeitet hast. Und vor allem dann, wenn dir Ungesagtes im Hals stecken bleibt und du Gefühle wie Ärger, Frustration oder Trauer immer wieder hinunterschluckst.

Vier – Fünf – Acht – Neun

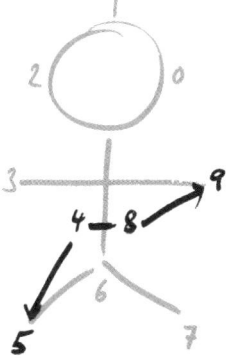

Lampenfieber, Sprechen vor Publikum, das Halten eines Vortrages, Prüfungsangst, sich vor andere Menschen hinstellen und sich zu präsentieren, ist nicht für jeden gleichermaßen angenehm. Das Zusammenwirken der folgenden vier (fehlenden) Zahlen erklärt, warum es vielen Menschen so geht.

4 fehlt – 5 fehlt – 8 fehlt – 9 fehlt
Es müssen nicht alle vier Zahlen fehlen, um sich unwohl zu fühlen vor Publikum. Fehlen jedoch gleich alle vier, wird es zur Qual, einen Vortrag zu halten oder vor Publikum zu sprechen. Die Angst zu versagen, Fehler zu machen oder ausgelacht zu werden ist übermäßig stark ausgeprägt. Prüfungsangst ist ein Phänomen, das häufig vorkommt. Weshalb ist das so?

Fehlende Vier: Dir fehlen innere Stabilität und Sicherheit, die dir erlauben, gelernte Dinge in einer Prüfungssituation wiederzugeben. Du kannst das theoretische Wissen nicht in die Praxis umsetzen.

Fehlende Fünf: Du fühlst dich ausgeliefert, ohnmächtig und wehrlos. Du weißt um deine Unfähigkeit, mit Angriffen auf deine Person umzugehen. Wertneutrale Kritik am Inhalt einer Präsentation nimmst du persönlich und ärgerst dich über dich selbst, dass es so ist.

Fehlende Acht: Du besitzt nicht das Selbstvertrauen, das es dir erlauben würde, angstfrei vor Menschen aufzutreten. Du fühlst dich unwohl, weil du dich allein aufgrund deiner Anwesenheit kritisiert fühlst. Einen Fehler machen, würde dazu führen, dass du in deinen Augen ein Versager bist. Du möchtest alles richtig machen, koste es was es wolle.

Fehlende Neun: In einer solchen Situation bist du möglicherweise sprachlos, es verschlägt dir die Sprache. Du kannst nicht authentisch und frei sprechen. Etwas leichter fällt es dir, wenn du dich an einem Manuskript festhalten kannst oder besser noch: auf eine Präsentation verweisen kannst, die die Aufmerksamkeit von deiner Person ablenkt.

Wirkungsdreieck

Vier – Sechs – Acht

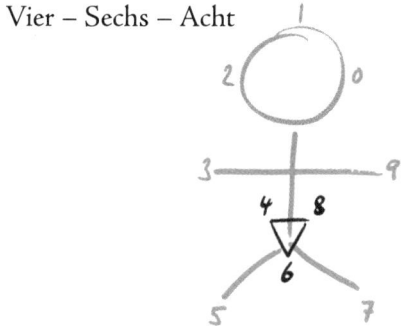

Die Zahlen Vier, Sechs und Acht sind anatomisch dem Rumpf zugeordnet und umfassen innere Organe, wie z.B. Magen-Darm-Organe, Leber, Milz und Bauchspeicheldrüse, auf der anderen Seite tragende Organe, wie Rücken und Wirbelsäule, sowie alle Organe, die mit Ausscheidung und Erneuerung zu tun haben, wie Nieren, Harnorgane, Sexualorgane etc.

Allen diesen Organsystemen ist gemein, dass sie von ihrem Zweck her dem Umgang mit Druck, der Verarbeitung oder Erneuerung dienen. Das stimmt überein mit den Eigenschaften der Zahlen Vier, Sechs und Acht.

4 fehlt – 6 fehlt – 8 fehlt
Du kannst noch so gute Ideen haben und noch so hochfliegende Pläne: Wenn du dich wegen der fehlenden Sechs nicht entscheiden kannst und dir die Verwirklichung nicht zutraust, weil du keine Acht hast, und dir der Vollzug nicht gelingen will, weil dir keine Vier ins Leben mitgegeben wurde, so wird es zu einer beträchtlichen Herausforderung, selbst und ohne Mithilfe Erfolg zu haben.

Die Anfälligkeit für körperliche Symptome wird sich dann in der bezeichneten Gegend erhöhen und kann dir einen Hinweis geben auf die dahinterliegende Thematik, die du angehen solltest.

4 – 6 fehlt – 8 fehlt
4 fehlt – 6 – 8 fehlt
4 fehlt – 6 fehlt – 8
Auch wenn nur zwei Zahlen fehlen, ist das schon eine deutlichen Beeinträchtigung der Durchführung deiner Vorhaben:

Wenn du über die Manifestationskraft der Vier verfügst, dich aber nicht für ein Vorhaben entscheiden kannst, und dir, wenn die Entscheidung dann einmal gefallen ist, die Umsetzung nicht zutraust, so ist es noch immer schwierig, ans Ziel zu gelangen.

Wenn du dich dank der Sechs leicht entscheiden kannst, welches Projekt du realisieren willst, es dir aber nicht zutraust und es nicht selbst verwirklichen kannst, so wird es auch hier nicht einfach.

Und wenn du dir mit deiner Acht zwar ohne Weiteres zutraust, ein Vorhaben auszuführen, dich jedoch nicht entscheiden kannst, um welches Vorhaben es sich letztendlich handeln soll, und du nicht über die Fähigkeiten verfügst, selbst Hand anzulegen und das Projekt umzusetzen, dann stehen dir auch hier noch große Hürden im Weg, die es zu überwinden gilt.

Wer sich unter Druck setzt, wird Drucksymptome bei sich finden. Wer unter einer hohen Belastung steht, wird vielleicht mit Rückenschmerzen zu kämpfen haben, weil der Rücken von seiner Symbolik her ein Organ ist, das Last trägt, und wer unter einer Reizüberflutung leidet, hat vielleicht Probleme mit einer Überreizung oder hat Probleme mit der Verarbeitung von Reizen, was sich oftmals im Verdauungstrakt widerspiegelt.

Symptome der primären und sekundären Geschlechtsorgane und allgemein Symptome des unteren Bauchraumes sind ebenfalls Beschwerden, deren Häufigkeit statistisch gesehen gehäuft auftreten.

Acht – Null

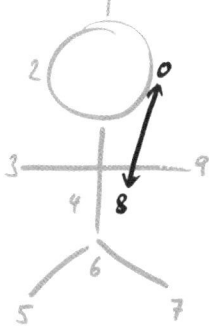

Gerechtigkeit und Ungerechtigkeit sind sehr individuelle Begriffe. Die meisten Menschen stimmen in ihrem Rechtsverständnis vielerorts überein, während sie andere Angelegenheiten – kulturell, religiös oder politisch bedingt – komplett unterschiedlich betrachten. Einige neigen dazu, Ungerechtigkeit vor allem bei sich selbst festzustellen, und reagieren weitaus weniger empfindlich, wenn es um andere Personen geht. Andere wiederum setzen sich vor allem für wehrlose Menschen und Tiere ein und empfinden ungerechte Behandlung bei sich selbst als weniger wichtig.

8 – 0

Dein Gerechtigkeitssinn (Acht) ist unbestechlich. Du bist sehr sensibel und reagierst empfindlich, wenn du mit Ungerechtigkeit in irgendeiner Form konfrontiert bist. Es ist höchst unwahrscheinlich, dass du anfällig bist für Betrug, Bestechung oder Korruption. Dein Gerechtigkeitssinn wird ergänzt durch das Mitgefühl und Einfühlungsvermögen der

Null. Das hat zur Folge, dass bei deinem Verständnis von Gerechtigkeit die Barmherzigkeit miteingeschlossen ist.

Mit dieser Zahlenkombination bist du prädestiniert für eine Aufgabe, die sich mit Fragen von Ethik, Moral und Recht beschäftigt. Für eine Funktion als Anwalt oder Richter bist du eine Idealbesetzung.

8 – 0 *fehlt*

Dein ausgezeichnetes Gespür für Gerechtigkeit (Acht) ist sehr gut geeignet, sich mit Fragen von Fairness und Rechtschaffenheit zu beschäftigen. Allerdings fehlt dir die Milde und Nächstenliebe einer Null, was dazu führen kann, dass du Gerechtigkeit an sich höher gewichtest als jenes Mitgefühl, das die Gerechtigkeit erst barmherzig macht. Erst wenn du gelernt hast, die Welt aus der Sicht des anderen zu betrachten und seine Beweggründe nachvollziehen kannst, wird dein Rechtsverständnis durch Humanität und Milde ergänzt.

8 *fehlt* – 0

Ohne das Rechts- und Unrechtsempfinden der Acht bleibt dir nur das Bedürfnis nach Gerechtigkeit. Das Vorhandensein der Null hingegen macht dich emotional sehr empfindlich gegenüber Ungerechtigkeit, namentlich dann, wenn du selbst davon betroffen bist. »Das ist fies« oder: »Das ist unfair« sind Ausdrücke, die man von dir häufig zu hören bekommt, insbesondere in der Kindheit. Erst die Fähigkeit, Situationen unparteiisch zu betrachten, wird diese Empfindlichkeit relativieren, und wenn du dich etwas weniger ernst nimmst, wirst du nicht mehr so sehr darunter leiden.

5 Quersummen

Berechnung einer Quersumme

Erster Schritt

Für die Berechnung der Quersumme wird das vollständige Geburtsdatum verwendet. Tag, Monat und vierstellige Jahreszahl.

Die Quersumme eines Datums (und jeder anderen Zahl) wird durch die Summe aller Einzelzahlen berechnet.

Beispiel 1: 16.02.1965
$1 + 6 + 0 + 2 + 1 + 9 + 6 + 5 = 30$
Die Quersumme ist 30

Beispiel 2: 04.08.1961
$0 + 4 + 0 + 8 + 1 + 9 + 6 + 1 = 29$
Die Quersumme ist 29

Zweiter Schritt

Ergibt die berechnete Quersumme eine zweistellige Zahl, wird die Quersumme reduziert. Eine Quersumme zu reduzieren bedeutet, die Quersumme einer Quersumme zu berechnen:

Beispiel 1: Quersumme 30
Reduzierte Quersumme: 3 + 0 = 3

Beispiel 2: Quersumme 29
Reduzierte Quersumme: 2 + 9 = 11

Falls nach der Reduktion eine zweistellige Zahl resultiert, z. B. 29/11, darf 11 nicht weiter reduziert werden, weil sonst nicht überall dieselbe Vorgehensweise angewendet würde. Eine dreifache Reduktion, also von der 11 auf eine 2, ist nicht zulässig.

Geburtstagszahl

Der erste Eindruck

Bei der Geburtstagszahl handelt es sich um die erste Energie oder Schwingung, die einem unterbewusst als Erstes entgegenschlägt, wenn man einen Menschen zum ersten Mal trifft. Sie ist Bestandteil der Ausstrahlung eines Menschen und Teil der Aura, obwohl beide Begriffe weitaus komplexer sind in ihrer Bedeutung und noch viel mehr umfassen.

Der Tag deiner Geburt – eine Zahl zwischen Eins und Einunddreißig – beschreibt den ersten Eindruck, den du bei anderen Menschen hinterlässt. Es gibt keine Chance für einen zweiten *ersten* Eindruck, sagt man zu Recht.

Je weiter vorn eine Zahl in den Geburtszahlen erscheint, desto dominanter ist die Wirkung, die von ihr ausgeht. Umgekehrt entsprechen Zahlen weiter hinten den eher verborgenen Qualitäten, die nicht so offensichtlich zutage treten. Die Wirkung der Geburtszahl kommt stärker zum Tragen bei persönlichen Begegnungen, und sie ist weniger klar erkennbar in der Öffentlichkeit, wenn man sich versteckt hinter einer Aufgabe, einem Beruf oder einer Funktion.

Die Geburtstagszahl berechnet sich durch die Quersumme des Geburtstages ohne Berücksichtigung von Geburtsmonat oder -jahr.

Beispiel 1: 02.09.1946
0 + 2 = 2   Die Quersumme ist 2

Vom 1. bis zum 9. eines Monats muss beziehungsweise kann keine Quersumme berechnet werden. Hier stimmt der erste Eindruck direkt mit der Zahl überein. Wenn jemand wie im Beispiel am 2. eines Monats geboren wurde, ist die 2 die einzige Zahl und damit Hauptenergie des ersten Eindrucks.

Beispiel 2: **15.**12.2003
1 + 5 = 6   Die Quersumme ist 6

Vom 10. bis zum 31. eines Monats setzt sich die Hauptenergie der Geburtstagszahl aus der Quersumme der beiden Einzelzahlen zusammen. Die Hauptenergie beinhaltet die Energie der beiden Einzelzahlen. Wenn jemand wie im Beispiel am 15. eines Monats geboren wurde, so ist die Hauptenergie der Geburtstagszahl eine Sechs, die sich aus den Teilenergien der Eins und der Fünf zusammensetzt.

Interpretation der einzelnen Geburtstagszahlen

Geburtstagszahl Eins

Wer an einem 1., 10., 19. oder 28. Tag eines Monats geboren ist, hat die Geburtstagszahl Eins.

Erster Eindruck und Hauptenergie der Eins: Energisch, kontaktfreudig und willensstark

Geboren am 1. Tag eines Monats: Man spürt deine Kopflastigkeit und merkt, dass du großen Wert auf Individualität legst. Man bekommt einen Eindruck der Motivation und Begeisterungsfähigkeit, die in dir steckt. Daraus ergibt sich, dass man sich dir gegenüber respektvoll verhält.

Beispiele: Boris Jelzin, Woody Allen, Theresa May

Geboren am 10. Tag eines Monats: Die Energie der Eins wird verstärkt durch das emotionale Element der Null, die deine Ungeduld sowie deine Empfindlichkeit und Reizbarkeit verstärkt zum Ausdruck bringt.

Beispiele: Steven Seagal, Chuck Norris, Osama Bin Laden

Geboren am 19. Tag eines Monats: Die Sozialkompetenz der Neun ergänzt die Hauptenergie der Eins und beruhigt deine manchmal überschäumende Energie der Eins zum Guten. Deine Kontaktfreudigkeit wird hervorragend ergänzt durch deine Tiefgründigkeit, die du ziemlich rasch zeigst.

Beispiele: Bill Clinton, Bruce Willis, Wladimir Klitschko

Geboren am 28. Tag eines Monats: Die Hauptenergie ist immer noch die der Eins, doch sie kommt eher versteckt zum Vorschein. Die Zwei am Anfang lässt dich weniger direkt wirken, und die Acht bewirkt, dass du dich bei der ersten Begegnung etwas zurückhaltend verhältst, weil du dein Gegenüber unterschwellig abtastest, ob er oder sie deinen Ansprüchen genügen kann.

Beispiele: Johann Wolfgang von Goethe, Bill Gates, Lady Gaga

Geburtstagszahl Zwei

Wer an einem 2., 11. oder 20. Tag eines Monats geboren ist, hat die Geburtstagszahl Zwei.

Erster Eindruck und Hauptenergie der Zwei: Warmherzig, ausgeglichen und friedfertig

Geboren am 2. Tag eines Monats: Auf den ersten Blick springt deinem Gegenüber ins Auge, dass du deine wahre Persönlichkeit nicht in den Vordergrund stellst. Du betrittst eine Bühne und spielst deine Rolle, du bist ein Diplomat und versuchst, nicht anzuecken.

Beispiele: Marvin Gaye, Michail Gorbatschow, Valéry Giscard d'Estaing

Geboren am 11. Tag eines Monats: Die Hauptenergie der Zwei wird dadurch verdeckt, dass du einerseits kontaktfreudig bist und auf andere Menschen zugehen kannst, und andererseits durch eine gewisse Skepsis, die man dir oft ansieht.

Beispiele: Paul Bocuse, Salvador Dali, Leonardo DiCaprio

Geboren am 20. Tag eines Monats: Du stellst dich auf eine Bühne und spielst deine Rolle mit viel Gefühl. Du spielst auf der Klaviatur der Diplomatie mit deinem besänftigenden und beruhigenden Einfluss und besitzt das Talent, andere einzulullen.

Beispiele: David Lynch, Robert Kennedy, Sophia Loren

Geburtstagszahl Drei

Wer an einem 3., 12., 21. oder 30. Tag eines Monats geboren ist, hat die Geburtstagszahl Drei.

Erster Eindruck und Hauptenergie der Drei: Spontan, für jeden Mist zu haben und Clown in der Gruppe

Geboren am 3. Tag eines Monats: Deine Fähigkeit, dich auszudrücken ist, auffällig vielfältig. Deine spontane, manchmal schlagfertige und humorvolle Art zieht die Menschen in den Bann, und deine kreative, fröhliche und künstlerische Seite wird wohlwollend wahrgenommen. Wenn du einen schlechten Tag hast, erscheinst du launenhaft, und deine Umgebung geht dir eher aus dem Weg. Deine Stimmung wechselt aber auch rasch wieder ins Positive.

Beispiele: James Brown, Sergio Leone, Charles Bronson

Geboren am 12. Tag eines Monats: Deine überaus starke Wirkung auf andere kommt noch schneller zum Tragen, weil andere merken, dass du auf sie zugehen kannst, ohne dabei Grenzen zu überschreiten. Du besitzt die Kontaktfreudigkeit der Eins, gepaart mit der Fantasie der Zwei und dem künstlerischen Talent der Drei.

Beispiele: Luciano Pavarotti, Barry White, Bill Cosby

Geboren am 21. Tag eines Monats: Deine Ausdruckskraft basiert auf dem diplomatischen Geschick der Zwei und dem Führungsanspruch der Eins. Bei dir weiß man, dass du die Welt als Bühne betrachtest, auf der du deine Rolle überzeugend spielst.

Beispiele: Robin Williams, Placido Domingo, Emanuel Macron

Geboren am 30. Tag eines Monats: Deine Fähigkeiten, dich auszudrücken, werden wunderbar bereichert durch die Leidenschaft und den Enthusiasmus in der Art, wie du dich inszenierst.

Beispiele: Phil Collins, Céline Dion, Eric Clapton

Geburtstagszahl Vier

Wer an einem 4., 13., 22. oder 31. Tag eines Monats geboren ist, hat die Geburtstagszahl Vier.

Erster Eindruck und Hauptenergie der Vier: Vernünftig, besonnen und überzeugend im Auftreten

Geboren am 4. Tag eines Monats: Du wirkst zuverlässig, ordnungsliebend und strukturiert. Einige erleben dich als ernste und eher trockene Persönlichkeit, die sehr vernunftbasiert denkt und handelt. Autorität, Loyalität und Entschlossenheit sind dir anzusehen, und dein Gegenüber spürt: Wenn du etwas in die Hand nimmst, dann richtig.

Beispiele: Barack Obama, Immanuel Kant, Charles de Gaulle

Geboren am 13. Tag eines Monats: Die Autorität der Vier vervollständigt sich durch deine Kontaktfreude und deine Vertrauenswürdigkeit. Das spüren andere sofort. Du siehst aus wie jemand, der nicht einfach ins Blaue, sondern mit Idee und Plan handelt.

Beispiele: Margaret Thatcher, Harrison Ford, Ban Ki-moon

Geboren am 22. Tag eines Monats: Du wirkst außerdem wie ein Denker. Wie jemand, der sich mit wichtigen Dingen beschäftigt und deshalb nicht gern abgelenkt wird. Das kann den Eindruck machen, dass du autoritär bist.

Beispiele: Bruno Kreisky, Bruno Ganz, Deng Xiaoping

Geboren am 31. Tag eines Monats: Du erweckst zudem den Eindruck einer stabilen Persönlichkeit mit einer starken Ausdruckskraft. Man schreibt dir Tatkraft und Pflichtbewusstsein zu.

Beispiele: Rania von Jordanien, Wesley Snipes, Antonio Guterres

Geburtstagszahl Fünf

Wer an einem 5., 14. oder 23. Tag eines Monats geboren ist, hat die Geburtstagszahl Fünf.

Erster Eindruck und Hauptenergie der Fünf: Machtvoll, leidenschaftlich und federführend

Geboren am 5. Tag eines Monats: Menschen suchen deine Gesellschaft, weil du ein spannender Gesprächspartner bist. Du bist ein Alphatier, strahlst eine natürliche Autorität aus und wirst nicht infrage gestellt. Einige mögen deine Ausstrahlung als überheblich interpretieren, was nicht deiner Absicht entspricht. Menschen, die in deinen Dunstkreis treten, hoffen, ein Stück dieses erstrebenswert scheinenden Charakters auf sich zu übertragen. Du wirst unmittelbar nach dem Erstkontakt als leidenschaftlich und freiheitsliebend eingeschätzt. Dass man dich nicht einengen darf, wird rasch deutlich.

Beispiele: König Juan Carlos, Vaclav Havel, Freddie Mercury

Geboren am 14. Tag eines Monats: Egoistisch, unersättlich, unnachgiebig: Diese dir möglicherweise unbewussten Attribute beleben dein Profil zusätzlich. Menschen reagieren in deiner Anwesenheit oft verunsichert.

Beispiele: Donald Trump, Amy Winehouse, Mark Zuckerberg

Geboren am 23. Tag eines Monats: Es braucht etwas länger, bis dich die Menschen einschätzen können. Die wandelbare Seite der Zwei und die Ausdruckskraft der Drei lassen die Dominanz der Fünf etwas in den Hintergrund treten.

Beispiele: Erich Kästner, Gloria von Thurn und Taxis, Kaiser Akihito

Geburtstagszahl Sechs

Wer an einem 6., 15. oder 24. Tag eines Monats geboren ist, hat die Geburtstagszahl Sechs.

Erster Eindruck Hauptenergie der Sechs: Fürsorglich und liebevoll entschlossen

Geboren am 6. Tag eines Monats: Wer dich zum ersten Mal trifft, fühlt sich von dir angezogen. Du verkörperst ein Vorbild, dem andere folgen möchten. Menschen mögen die liebevollen Absichten, die dich antreiben, und die Entschlossenheit, mit welcher du sie verfolgst. Darüber hinaus besitzt du eine große Anziehungskraft auf Haustiere, die dich sofort mögen.

Beispiele: Ronald Reagan, Nancy Reagan, George Clooney

Geboren am 15. Tag eines Monats: Mut, Wille und Machtanspruch: Die Leitenergie der Sechs kommt nicht sofort zum Vorschein. Die Energien der Eins und Fünf dominieren klar und verbünden sich in der Entschlossenheit und Durchsetzungskraft der Sechs. Herausfordernde Dominanz oder Attraktivität durch Macht treffen es ganz gut.

Beispiele: Eva Longoria, Xi Jinping, Martin Luther King

Geboren am 24. Tag eines Monats: Deine Entschlossenheit setzt sich zusammen aus der Sanftheit der Zwei und der Tatkraft der Vier. Deine angepasste Seite zeigst du zuerst. Dadurch wirst du oft unterschätzt.

Beispiele: Steve Jobs, Jean-Paul Gaultier, Paolo Coelho

Geburtstagszahl Sieben

Wer an einem 7., 16. oder 25. Tag eines Monats geboren ist, hat die Geburtstagszahl Sieben.

Erster Eindruck Hauptenergie der Sieben: Unnahbar und geheimnisvoll

Geboren am 7. Tag eines Monats: Bei der ersten Begegnung wird man nicht schlau aus dir. In dich gekehrt, scheinst du dich mit tiefsinnigen Gedanken zu beschäftigen, die du mit niemand teilen möchtest. Das lässt dich unzugänglich erscheinen, und die Menschen fühlen sich von dir abgewiesen, auch wenn das nicht deine Absicht ist.

Beispiele: Wladimir Putin, Francis Ford Coppola, Johannes Mario Simmel

Geboren am 16. Tag eines Monats: Die Kraft der Sieben steht nicht im Vordergrund. Stärker ist die Energie der Eins, die dich als energische und eigensinnige Persönlichkeit identifiziert. Du sendest die stille Aufforderung, dich nicht beeinflussen zu lassen.

Beispiele: Papst Benedikt XVI., David Copperfield, Günter Grass

Geboren am 25. Tag eines Monats: Die Wandlungsfähigkeit der Zwei und die Leidenschaft der Fünf bilden gemeinsam die geheimnisvolle Leitenergie der Sieben. Weil die Zwei am Anfang steht und vordergründig angepasst keine Angriffsfläche bieten will, tritt die Leidenschaft nicht sofort offen zutage.

Beispiele: Al Pacino, Sean Connery, Pablo Picasso

Geburtstagszahl Acht

Wer an einem 8., 17. oder 26. Tag eines Monats geboren ist, hat die Geburtstagszahl Acht.

Erster Eindruck und Hauptenergie der Acht: Selbstbewusst, erfolgreich und energiegeladen

Geboren am 8. Tag eines Monats: Menschen, die dich zum ersten Mal treffen, schätzen dich sofort als selbstbewusst ein. Sie nehmen unbewusst deine ethische und moralische Klarheit wahr, und manche fühlen sich bedroht durch deine Präsenz. Es handelt sich möglicherweise um die Angst, durchschaut zu werden. Für weniger starke Persönlichkeiten strahlst du zeitweilig etwas Überhebliches oder Unnahbares aus. Für andere scheint es, dass alles, was du in die Hand nimmst, von Erfolg gekrönt ist, und sie möchten dich kennenlernen in der Hoffnung, dass diese Eigenschaften auf sie abfärben.

Beispiele: Kofi Annan, Elvis Presley, Stephen Hawking

Geboren am 17. Tag eines Monats: Beim Erstkontakt mit dir schwappt eine Kontaktfreude über, die deinem Gegenüber klarmacht, dass es im Moment der wichtigste Mensch in deinem Leben ist. Viele sind von so viel Aufmerksamkeit überfordert, weil sie diese Erfahrung nicht kennen. Wille und Vertrauen der Eins verschmelzen mit der Eigenständigkeit der Sieben zu einer ausgestrahlten Selbstsicherheit, die nicht zwingend übereinstimmen muss mit deinem tatsächlichen Selbstvertrauen.

Beispiele: Papst Franziskus, Michelle Obama, Robert de Niro

Geboren am 26. Tag eines Monats: Du strahlst etwas Visionäres aus. Wer dich zum ersten Mal trifft, spürt eine Energie im Hintergrund, die sich im Moment nicht mit dir beschäftigt. Als ob du einen Teil deines Bewusstseins in einem Hinterzimmer gelassen hättest, damit er sich um etwas anderes kümmern kann. Menschen fühlen, dass du dich an höchsten Ansprüchen orientierst und dadurch etwas bewirkst.

Beispiele: Mick Jagger, Tina Turner, Mutter Teresa

Geburtstagszahl Neun

Wer an einem 9., 18. oder 27. Tag eines Monats geboren ist, hat die Geburtstagszahl Neun.

Erster Eindruck und Hauptenergie der Neun: Hilfsbereit und in sich ruhend.

Geboren am 9. Tag eines Monats: Du wirkst auf andere Menschen überaus umgänglich, und selbst fremde Menschen bitten um deinen Rat, weil sie fühlen, dass du über tiefere Einsichten in die Zusammenhänge des Lebens verfügst. Du strahlst ein zurückhaltendes Selbstvertrauen und eine Lebensweisheit aus, die Menschen dazu bringt, sich dir anzuvertrauen, weil sie wissen, dass du dieses Vertrauen nicht missbrauchen wirst. Dass du dich sehr offen und nicht wertend präsentierst, hilft den Menschen, sich selbst zu öffnen.

Beispiele: Catherine Mountbatten-Windsor, Carla del Ponte, Tom Hanks

Geboren am 18. Tag eines Monats: Auf den ersten Blick merkt man, dass du den Kontakt mit anderen Menschen brauchst. Du öffnest dich für dein Gegenüber und zeigst dich so wie du bist. Du brauchst dich nicht zu verstellen, weil du nichts zu verstecken hast. Dein Vis-à-vis spürt deine soziale Gesinnung und fühlt sich aufgehoben bei dir.

Beispiele: Nelson Mandela, Papst Johannes Paul II., Robert Redford

Geboren am 27. *Tag eines Monats:* Den Menschen zeigst du erst einmal dein öffentliches Gesicht. Du spielst deine Rolle und präsentierst dich von deiner besten Seite. Das ist, was deine Umgebung von dir zu sehen bekommt. Die Hauptenergie besteht jedoch darin, dass die Menschen spüren, dass du aus humanitären Gründen handelst, zum Besten aller Beteiligten.

Beispiele: Henry Kissinger, Theodore Roosevelt, Lyndon B. Johnson

Lebenszahl

Deine Lebensaufgabe

Die Lebenszahl enthält und enthüllt die Hauptaufgabe in deinem jetzigen irdischen Leben. Sie ist die wichtigste Zahl von allen und bestimmt über das Gesetz der Anziehungskraft, welchen Aufgaben du immer wieder begegnest und mit welchen Herausforderungen du immer wieder konfrontiert wirst. Diese Zahl enthält nicht nur die Probleme, die zu bearbeiten sind, sondern auch das Potenzial, das dieser Zahl innewohnt. Bevor dieses Potenzial abgerufen werden kann, gilt es jedoch, sich den Herausforderungen der Lebenszahl zu stellen und die begleitenden Hindernisse zu überwinden.

Die Lebenszahl gibt in groben Zügen deinen Lebensweg vor. Sie beschreibt insbesondere, welchen Weg man im Leben einschlagen muss, um langfristig glücklich zu werden. Diese Zahl muss gelebt werden, um tief im Inneren Zufriedenheit zu finden. Je früher man diese Zahl lebt, desto eher und länger wird man glücklich und zufrieden sein.

Bei der Lebenszahl handelt es sich um Themen und Aufgaben, die deine Seele noch nicht gelöst hat, also um das, was du noch nicht kannst. Sie setzt sich deshalb nicht selten zusammen aus Zahlen, die in deinen Geburtszahlen nicht vorkommen oder blockiert sind. Werden die Zahlen, aus denen sich deine Lebenszahl zusammensetzt, bereits als Talent, also als einmalig vorkommende Zahl, in den Geburtszahlen mitgebracht, so müssen die althergebrachten Ansichten und Überzeugungen der Vorfahren über Bord geworfen und neu definiert werden. Die in die Wiege gelegten Gaben dieser Zahl müssen also sozusagen auf den nächsthöheren Level gehoben werden.

Die Lebenszahl ...
... berechnet sich durch die Quersumme des vollständigen Geburtsdatums inklusive Jahrtausend- und Jahrhundertzahl, jedoch ohne Berücksichtigung der Geburtszeit.
... ist nicht veränderbar.

Die niedrigste aller Lebenszahlen ist die Zahl Vier. Es gibt nur vier Möglichkeiten, die diese Quersumme ergeben. Dies sind die Daten der 01.01.2000, der 10.01.2000, der 01.10.2000 und der 10.10.2000.

Die höchste aller möglichen Lebenszahlen ist die Zahl Achtundvierzig (mit der Quersumme 12). Bei dieser Lebenszahl gibt es nur eine Möglichkeit, die zu dieser Quersumme führt, und das ist der 29.09.1999

Die neunundvierzig (mit der Quersumme 13) als Lebenszahl ist frühestens der 29.09.2999. Für die nächsten rund tausend Jahre wird also die Zwölf die höchste Lebenszahl sein, die es zu leben gilt.

Im Gegensatz zu den anderen Berechnungen, bei welchen die Quersumme jeweils auf eine einstellige Zahl hinuntergebrochen wird, darf bei der Berechnung der Lebenszahl die Quersumme nur ein einziges Mal berechnet werden. Warum das so ist, hat mit der Symbolik der Zahl Zwölf zu tun. Die Zwölf steht sinnbildlich für ein größeres Ganzes, und dieses darf nicht in einen Maßstab übertragen werden, der nur bis zur Neun geht. Nur so wird gewährleistet, dass für alle dieselben Spielregeln angewendet werden.

Beispiele für die Zahl 12 als Symbol für ein größeres Ganzes
- Die 12 Monate eines Jahres
- Die Menge 12 als Dutzend
- Das Zifferblatt einer Uhr zeigt die 12 Stunden des Tages und der Nacht an
- Die 12 Raunächte vom 25.12. bis zum Morgen des 6. Januar

- Die 12 als Grundzahl des Sexagesimalsystems
- Die Unterteilung einer Oktave in 12 Halbtöne als Grundlage für die 12 Dur- und Moll-Tonarten
- Die 12 Tierkreiszeichen (im westlichen System ebenso wie im chinesischen)
- Die 12 Apostel Jesu (und über 150 weitere Erwähnungen der Zahl 12 in der Bibel)
- Die 12 als heilige Zahl der Begegnung Gottes im Christentum und die 12 Tore der heiligen Stadt Jerusalem
- Die 12 Söhne Jakobs und die 12 Stämme Israels im Alten Testament bei den Juden
- Die 12 Mitglieder des Rates des Dalai Lama im Buddhismus
- Die 12 Imame als Nachfolger des Propheten Mohammed im Islam
- Die 12-köpfigen Götterkollegien der griechischen, nordischen und germanischen Mythologie
- Die 12 Tempelsteinkreise der alten Kelten
- Die 12 Regionen der ägyptischen Unterwelt
- Die 12 Ritter des König Artus
- …

Die einzelnen Lebenszahlen

Lebenszahl 4/4 – Der Neuanfang
Du betrittst Neuland, bist einer der ersten in einem Zeitalter, das soeben neu angebrochen ist. Du lebst in einer inneren Welt von Gedanken, Ideen und Gefühlen. Um glücklich

zu werden, ist es deine Aufgabe zu handeln, dich aus deiner Traumwelt hinauszubewegen. Deine Handlungen und dein Tun sind die Basis für deine weitere Entwicklung. Versuche zu vertrauen und Ratschläge von anderen anzunehmen und auszuprobieren. Überwinde deine Ängste und traue dich, Entscheidungen zu treffen. Tritt heraus aus deiner inneren Welt und verbinde dich mit der Außenwelt, indem du lernst, über dich selbst, deine Gefühle, Bedürfnisse und Ängste zu kommunizieren. Du wirst deine Anlaufschwierigkeiten damit haben, aber vertraue darauf: Es geht!

Lauf barfuß, schwimm in natürlichen Gewässern oder arbeite im Garten mit den bloßen Händen, um dich mit der Außenwelt zu verbinden, dich zu erden und bodenständig zu werden.

Lebenszahl 5/5 – Die Leidenschaft

Auch du gehörst zur jüngeren Generation in diesem Jahrtausend. Um glücklich zu werden, ist es deine Aufgabe, den Kontakt zu deiner Intuition aufrechtzuerhalten und mit Leidenschaft und Konzentration deine innere Freiheit zu finden. Auf deiner Suche nach dieser Freiheit und Unabhängigkeit hast du viele Abenteuer zu bestehen und interessante Erfahrungen zu machen. Du bist hier, um die Tiefe von Erfahrungen auszuloten und nicht deren Breite. Du sollst nicht hundert Brunnen bohren, sondern nur einen einzigen. Nur so wirst du auf das Grundwasser stoßen, das deinen Freiheits-, Wissens- und Erfahrungsdurst stillt.

Entzieh dich nicht deiner Verantwortung durch Flucht und Verdrängung. Vertrau deiner göttlichen Führung und sei hartnäckig in deinem Bestreben, deinem Leben einen Sinn zu geben. Nutz deine Gabe des Träumens, um dich mit altem Wissen zu verbinden. Wissen aus jener höheren Quelle, das alles enthält, was du brauchst, um glücklich zu werden.

Lebenszahl 6/6 – Die Liebe

Nimm das Leben als vollkommen und umfassend wahr. Deine Aufgabe besteht darin, aus tiefstem Herzen zu lieben. Versuch anzunehmen, was ist, und erkenne das Liebenswerte in allem, was ist.

Du brauchst Menschen, ein Haustier oder eine Aufgabe, auf die du deine Liebe projizieren und deine liebevolle Seite zum Ausdruck bringen kannst. Mach dich nicht zum Sklaven deiner Liebe und vermeide es, in eine Opferrolle zu fallen. Wer sich allzu aufopfernd seinem Objekt der Liebe verschreibt, lässt sich leicht ausnützen. Wenn sich Liebe in Abhängigkeit verwandelt, verliert sie ihre wichtigste Qualität: die Freiheit. Lerne deshalb, dass es in Ordnung ist, Nein zu sagen, auch wenn es sich um das Objekt deiner Liebe handelt. Deine Lebensaufgabe wird dann erfüllt sein, wenn du Liebe nicht mehr von Anwesenheit abhängig machst.

Lebenszahl 7/7 – Der innere Weg

Um glücklich zu werden, ist es deine Aufgabe, dich von all den Dingen, Menschen, Erwartungen und Wertvorstellungen zu trennen, die dich daran hindern, deine spirituelle Entwicklung fortzuführen und deinen eigenen Weg zu beschreiten. Um Loszulassen, brauchst du die Kraft der Klarheit und Entschlossenheit.

Du bist hier, um das Licht in dir, in anderen und im ganzen Lebensprozess zu erkennen und darauf zu vertrauen. Erst das Vertrauen in eine höhere Macht und die Bereitschaft, sich dieser Macht hinzugeben, wird dir die Kraft verleihen, der Welt deine innere Schönheit und dein Licht zu offenbaren. Halte dir immer wieder vor Augen: Wer die geistige Welt nicht anerkennt und sich mit ihr verbindet, wird seinen Platz in der materiellen Welt niemals vollständig ausfüllen können.

Lebenszahl 8/8 – Der Erfolg

Erkenne dich zunächst einmal selbst an, damit du Anerkennung von anderen annehmen kannst. Du bist hier, um deine Ideen erfolgreich umzusetzen, mit Überfluss und Macht umgehen zu lernen und deinen Erfolg in den Dienst des Allgemeinwohls zu stellen. Entwickle die Einstellung, dass materieller Erfolg sich mit spirituellen Grundsätzen sehr wohl vereinbaren lässt. Grundlage ist das Gesetz des ausgewogenen Energieaustausches, bei dem ein steter Fluss dafür sorgt, dass ein Gleichgewicht zwischen Idealen, Macht, Wohlstand und humanitären Belangen erreicht wird.

Lebenszahl 9/9 – Sich öffnen

Hör auf deine innere Stimme, die dir den Weg weist zu einem Gleichgewicht zwischen Rückzug und Kommunikation. Im Rückzug liegt die Quelle von Kraft und Weisheit. In der Kommunikation kannst und sollst du diese Weisheit anderen zugänglich machen.

Lerne die Gesellschaft anderer Menschen zu schätzen. Andere Menschen sind interessiert an dir, du bist ihnen wichtig. Öffne dich ihnen und lass zu, dass sie Einblick erhalten in dein Fühlen und Denken. Dazu gehört auch, dass man sich verletzlich zeigt und eine Angriffsfläche bietet. Nimm diese Aufgabe an, um glücklich werden zu können.

Betrachte deine Fähigkeit zu argumentieren und diskutieren als Vorbereitung auf deine Hauptaufgabe, die darin besteht, über dich selbst, deine Ängste, Empfindungen und Gefühle zu sprechen.

Lebenszahl 10/1 – Wille und Ehrgeiz

Trage positive und schöpferische Energie in die Welt hinaus. Entwickle dazu ein Gottvertrauen, das dich in die Lage versetzt, Risiken einzugehen und neue Wege zu beschreiten.

Setz dir Ziele und verfolge sie mit Zuversicht, Mut und Zielstrebigkeit. Arbeite hart und gib dein Bestes. Du kannst es, auch wenn du mitunter nicht an dich glaubst. Lass dich von Rückschlägen nicht entmutigen und sei nicht zu selbstkritisch. Vertrau auf die Macht einer höheren Seinsquelle und hör auf, immer alle und alles kontrollieren oder im Griff haben zu wollen. Üb dich in der Kunst der Hingabe und achte darauf, dass du nicht Zuflucht suchst in Verhaltensweisen wie Sucht oder Missbrauch.

Lerne zu unterscheiden zwischen Willen und Sturheit und gib acht, dass du nicht in Letztere verfällst. Du würdest dich selbst behindern und dir Steine in den Weg legen, die vorher nicht da waren. Sei nicht zu stolz, fremde Ratschläge oder Hilfe anzunehmen. Es ist gut möglich, dass sie dich vor dir selbst retten.

Lebenszahl 11/2 – Der Vermittler

Setz deine Energie dazu ein, Konflikte zu schlichten, zu vermitteln und Getrenntes wieder zusammenzubringen. Vertrau auf deine Intuition, um den richtigen Weg zu finden. Stell den dauerhaften Kontakt zu einer höheren Geistesebene her und erhalte ihn.

Inspiriere die Menschen durch deine Vorstellungen und Visionen und gib acht, dass du dich nicht darin verlierst. Verausgabe dich nicht zu stark für andere, damit du nicht ausgenützt wirst. Du führst ein Leben in der materiellen Welt, das du leben sollst. Steck deshalb die Grenzen deiner Verantwortung ab und lerne, im Sinne der größeren Aufgabe nur deinen eigenen Beitrag zu leisten und nicht auch noch den aller anderen.

Lebenszahl 12/3 – Kreativer Selbstausdruck

Deine Aufgabe besteht darin, Ideen und Visionen kreativ auszudrücken. Mach dich dazu unabhängig von herkömmlichen Methoden und Vorgaben, damit du ohne Einschränkung selbst darüber bestimmen kannst, wie sich deine Kreativität äußern soll.

Beratung, Planung und Organisation sind Themen, denen du in deinem Dasein Beachtung schenken solltest. Diese Aufgabe schließt therapeutische Aufgaben und Inhalte mit ein, kann sich aber auch im künstlerischen Umfeld und in jedem anderen Bereich entfalten.

Erkenne, dass deine Überempfindlichkeit für Kritik darauf beruht, dass du deine Fähigkeiten im Ausdruck selbst nicht als gut genug empfindest. Nimm Kritik als Form der Liebe an, die dir als Antrieb und Motivation dienen kann, noch besser zu werden. Richte deine Aufmerksamkeit auf die positiven Seiten im Leben und lass nicht zu, dass sich negative Emotionen in dir anstauen. Du könntest sonst als Nörgler und Schwarzseher missverstanden werden.

Lebenszahl 13/4 – Der Praktiker

Um zu einer tiefen inneren Zufriedenheit zu gelangen, solltest du immer und immer wieder deine eigenen Ideen und Pläne realisieren. Handwerkliche Berufe ziehen dich aus diesem Grund besonders an. Falls du einen Beruf in einem anderen Segment gewählt hast, sorge dafür, dass du ein Hobby hast, bei dem du das Resultat deiner Arbeit sehen kannst.

Sei gewissenhaft in dem, was du tust, aber nicht zu perfektionistisch, sonst wirst du an deinen eigenen Ansprüchen scheitern. Verschaff dir Struktur und innere Sicherheit, indem du sachlich, praktisch und pragmatisch denkst und handelst. Denk daran, dass *viele Wege nach Rom führen* und dass dein Weg nicht der einzig richtige ist.

Sei tolerant gegenüber anderen Menschen, Meinungen und Ansichten. Entwickle Selbstbeherrschung und Selbstdisziplin.

Lebenszahl 14/5 – Der Sinn

Gib deinen Ideen einen Sinn. Hinterfrage deine Inspiration und denk voraus, wofür deine Idee nützlich sein könnte. Entwickle sie dann weiter und setz sie um. Stell das Resultat deiner Idee anderen Menschen zur Verfügung, aber schreib niemandem vor, was er damit anfangen oder wie jemand damit umgehen soll. Deine Aufgabe ist erledigt, wenn du die Idee manifestiert und deine eigene Sinnhaftigkeit hineingelegt hast.

Du bist hier, um das Gefühl von Abhängigkeit und Gefangensein aufzulösen und zu transformieren in eine innere Unabhängigkeit und eigene Mächtigkeit. Schlag einen Weg ein, der altes und ungelehrtes Wissen für dich bereithält, und du wirst fündig werden, wenn du die Tiefe deiner Seele auslotest. Die göttliche Führung wird dir beistehen. Finde deinen eigenen Sinn des Lebens.

Lebenszahl 15/6 – Die Entscheidung

Vertrau deiner göttlichen Führung. Lass dich nicht zu stark von deinem Verstand beirren, wenn es darum geht, Entscheidungen zu treffen. Dein Herz ist intelligenter als dein Gehirn. Benutz deinen Verstand und überleg dir die Konsequenzen einer Entscheidung. Frag dein Herz, wie es entscheiden würde, wenn du nur noch drei Monate zu leben hättest oder wenn es die letzte Gelegenheit wäre, diese Entscheidung zu treffen. Entscheide dich für deine tiefe innere Liebe, um die du dich längerfristig kümmern möchtest und für die du bereit bist, dich zu binden.

Relativiere deine Idealvorstellungen, sie beeinträchtigen deine Wahrnehmungsfähigkeit. Verabschiede dich von jeglicher Form von Perfektion und hör auf, dich an einem perfektionistischen Idealbild zu messen.

Lebenszahl 16/7 – Der Aufbruch

Folge deinen Impulsen. Entscheide dich vertrauensvoll für deine tiefe innere Liebe und übernimm die Verantwortung für die Konsequenzen.

Betrachte vorurteilsfrei, welche Altlasten dich in deiner weiteren Entwicklung behindern, und wirf alten Ballast ab. Trenn dich von materiellen Dingen, die dir nicht mehr viel bedeuten, von Erwartungen, die nicht erfüllt wurden, von Freundschaften und Beziehungen, die dir deine Energie rauben, und anderen Dingen, die zulasten deiner Lebensfreude gehen.

Nimm nach deiner Entscheidung deinen eigenen Weg in Angriff und brich auf, auch wenn sich der genaue Verlauf des Weges noch nicht herauskristallisiert hat. Dein Weg ist ein innerer Weg, ein Weg des Glaubens, der Spiritualität und der Sinnfindung. Vertrau deiner inneren Weisheit mehr als deinem Verstand und deiner Logik. Vertrau deiner eigenen Wahrnehmung mehr als den Worten, Ideen und Ansichten anderer.

Lebenszahl 17/8 – Das richtige Maß

Vertrau einer höheren Macht, die dir den richtigen Weg weist. Hör dabei mehr auf dein Herz als auf deinen Verstand. Setz dich mit deinen Wertvorstellungen auseinander. Mit den Wertvorstellungen der Gesellschaft, den Wertvorstellungen deiner Eltern und deinen eigenen. Betrachte diese Wertvorstellungen von allen Seiten.

Fühl dich ein in verschiedene Personen und Parteien und nimm eine unabhängige und neutrale Sicht ein. Versuch, dir klar zu werden, was aus einer übergeordneten Sicht sinnvoll wäre, und finde auf dieser Basis das richtige Maß für dich selbst und andere. Schwing dich dabei nicht zum Richter über andere auf, sondern beschränk dich auf dich selbst und stell dich zur Verfügung als Ratgeber für andere, falls diese deinen Rat suchen.

Finde das richtige Maß zwischen Aufwand und Ertrag, Arbeit und Freizeit, Geld und Wert, Anspruch und Realisierbarkeit. Erkenne deinen eigenen Wert und vergleiche dich nicht immer mit anderen.

Lebenszahl 18/9 – Ethik und Führung

Du bist hier, um ein Leben nach höchsten ethischen Grundsätzen zu leben und andere Menschen durch dein Beispiel anzuführen. Stell dich zur Verfügung als weiser Führer, auch wenn du die Rolle eines Führers nicht für dich beanspruchst.

Lass dich nicht beeinflussen von den Zerstreuungen der materiellen Welt, sonst besteht die Gefahr, deinen eigenen Willen als höheren Willen zu missverstehen. Das kann, selbst wenn man es nicht will und die besten Absichten verfolgt, zu Fanatismus führen, und es kann dazu kommen, dass andere verführt, statt geführt werden. Frag dich deshalb immer wieder: »Was würde die Liebe jetzt tun?«

Lebenszahl 19/10 – Klarheit

Nimm einen Standpunkt, eine höhere Sichtweise ein, die dir erlauben, das Leben aus einer übergeordneten Perspektive zu betrachten. Betrachte das Leben wertneutral und verpflichte dich nicht mehr den Polaritäten Gut und Böse, Richtig und Falsch, Licht oder Dunkelheit. Entferne das Drama aus deinem Leben, indem du diese scheinbaren Gegensätze nicht mehr als Entweder-Oder siehst, sondern das Leben aus einem Blickwinkel von Sowohl-als-Auch beurteilst.

Ergründe die tieferen Hintergründe des Seins und werde dir klar darüber, dass alles seine Berechtigung hat. Das Ziel ist, sich dabei nicht von Emotionen beeinflussen und ablenken zu lassen.

Lebenszahl 20/2 – Medialität und Harmonie

Lerne die vorhandene Harmonie zu spüren und zu empfinden, indem du dich bewusst nicht mehr auf die störenden Elemente und Faktoren konzentrierst, sondern deine Aufmerksamkeit auf die im Einklang mit den stehenden Energien lenkst.

Leb deine Rolle als Schlichter und Vermittler, ohne dich dabei ausnutzen zu lassen. Erkenne, dass du die Last der Welt nicht allein tragen musst. Diene aus Liebe und Fürsorglichkeit statt aus falsch verstandener Verantwortlichkeit und falschem Übereifer. Liebe kann und muss man sich nicht verdienen. Übernimm die Verantwortung für dein Leben und für deine eigene Wahrnehmung. Es geht nicht um Schuld, sondern um das Finden deiner inneren Harmonie.

Dein Unterbewusstsein wird dir immer den richtigen Weg zeigen, denn es kann sich nicht gegen dich richten. Deshalb vertrau deiner Intuition und hör auf dein Bauchgefühl, das besser informiert ist als dein Verstand.

Lebenszahl 21/3 – Kreative Projekte

Es ist deine Aufgabe, aus deinen Ideen Visionen zu entwickeln und diese anderen Menschen zu veranschaulichen. Erfinde, gestalte, organisiere und plane! Sei künstlerisch tätig oder auf andere Weise kreativ. Integriere deinen kreativen

Selbstausdruck in dein Fühlen, dein Denken und in deine Handlungen. Hilf damit anderen Menschen oder reg sie zum Denken an. Bereite ihnen Freude oder hilf mit, die Welt zu einem schöneren Ort zu machen.

Befrei dich von Abhängigkeiten, sei spontan und bestimme selbst über dein Leben. Entdecke das Element der Liebe, das in jeder Kritik schlummert. Sei optimistisch und sende positive Energien aus, damit positive Energien zu dir zurückkehren. Tust du dies nicht, so besteht die Gefahr, als Nörgler und Schwarzseher missverstanden zu werden.

Lebenszahl 22/4 – Visionen manifestieren

Übernimm die Verantwortung für dein Handeln, indem du deine Vorstellungen und Visionen realisierst. Werde zum Macher und manifestiere deine Ideen. Teil deinen Weg in kleine, überschaubare Schritte ein, und keine Aufgabe wird zu groß sein für dich.

Integriere widersprüchliche Überzeugungen und Wertvorstellungen und achte darauf, eigene und fremde Grenzen nicht zu überschreiten. Du bist hier, um dich mit Fragen von Zusammenarbeit und Verantwortung auseinanderzusetzen. Groll nicht, wenn du nicht die gewünschte Wertschätzung für dein Tun entgegennehmen darfst, sondern finde Bestätigung in deinem Tun als solchem. Verwechsle nicht die Verantwortung für deine spirituelle Entwicklung (um diese geht es nämlich) mit der Übernahme von Verantwortung für äußere Angelegenheiten.

Ziel ist es, Verstand und Gefühl zu vereinen und Logik durch Intuition zu vervollständigen.

Lebenszahl 23/5 – Innere Freiheit

Verbinde dich mit deiner Intuition, indem du dich fragst: »Was würde ich tun, wenn sich mein Verstand nicht einmischen würde?« Festige deine Intuition und befrei dich von emotionalen Abhängigkeiten. Man muss nicht von allen geliebt werden, um gut zu sein. Harmonie ist gut, aber nicht um jeden Preis. Lass dich nicht ausnutzen und bestimme selbst über dein Leben.

Erlange eine innere und äußere Unabhängigkeit, die dir erlaubt, glücklich zu sein, ohne dies von Menschen oder Situationen abhängig zu machen.

Finde den Sinn in deinem Leben, indem du ihn dir selbst gibst. Gelange in deine tiefe eigene Macht und Mächtigkeit, ohne diese gegen außen zu missbrauchen.

Lebenszahl 24/6 –Idealismus und Realismus

Einerseits ist es deine Aufgabe, deine Visionen in die Materie umzusetzen und danach zu überprüfen, ob das Umgesetzte übereinstimmt mit dem, was du aus tiefstem Herzen wolltest. Andererseits bist du hier, um dir deiner medialen Fähigkeiten bewusst zu werden, in Übereinstimmung mit einem höheren Willen zu handeln und dich liebevoll um das Objekt deiner tiefsten Liebe zu kümmern.

Überprüfe immer wieder, ob sich dein Idealismus mit den Tatsachen der Realität vereinbaren lässt. Akzeptiere die Unvollkommenheiten der realen Welt und entscheide dich nicht nur nach den höchsten Idealen, sondern gesteh dir zu, dass du ebenfalls ein Anrecht auf ein erfülltes Dasein hast. Erschöpfung und Depression (Burn-out) würden dir aufzeigen, dass du dich über deine Kräfte verausgabt hast und dich mehr um dich selbst kümmern solltest.

Lebenszahl 25/7 – Der innere Weg
Um es in drei Worten auszudrücken: Intuition, Spiritualität und Aufbruch sind deine Themen. Mit Intuition ist gemeint, dass du lernst, deiner Medialität zu vertrauen, dieser Fähigkeit, jene Energien wahrzunehmen, die nicht mit irgendwelchen Geräten gemessen werden können. Das Thema Spiritualität beinhaltet die Aufgabe, die geistige Welt hinter der materiellen Welt zu entdecken und sie in deinen Alltag zu integrieren. Und das Thema Aufbruch steht für die Herausforderung, dich auf deinen inneren Weg zu begeben, deinen tiefen inneren Glauben zu finden und dich dabei nicht ablenken zu lassen von den materiellen Dingen des Lebens.

Vergiss bei deiner Bestimmung nicht, ein Leben in der realen Welt zu führen. Denn nur wer die geistige und die materielle Welt miteinander in Einklang bringen kann, ist auf dem Weg zur Vollkommenheit.

Benutz dazu Konzentration und Meditation wie ein Zen-Meister seinen Bogen: Nutz sie als Mittel und Weg zur Verwandlung und zum inneren Erwachen. Dass du auf diesem Weg viel Zeit allein verbringen möchtest, gehört dazu.

Lebenszahl 26/8 – Wertvorstellungen
Du bist hier, um dich mit Wertesystemen auseinanderzusetzen. Dabei geht es um Gerechtigkeit und Ungerechtigkeit, um Maßhalten und ethische Grundsätze. Überprüfe die Wertvorstellungen von Gesellschaft und Kultur und ver-

gleich sie mit den Idealen aus einer höheren Sicht. Vertrau dabei auf deine Intuition und entwickle deine eigenen Wertvorstellungen. Leb dein Leben nach diesen Vorgaben und vermeide dabei, in Arroganz und Überheblichkeit zu verfallen, denn das wäre ein Zeichen für falsch verstandenen Selbstwert. Verwechsle Selbstwert nicht mit Machtanspruch und Rechthaberei.

Entscheide dich, Dinge zu tun, die du noch niemals gemacht hast, und trau es dir zu. Hinterfrage dabei immer wieder, ob es sich bei deiner Motivation um Eigennutz oder um eine höhere Liebe handelt.

Lebenszahl 27/9 – Selbstlosigkeit

Um ein glückliches und zufriedenes Leben führen zu können, kommst du nicht daran vorbei, dich sozial zu engagieren. Folge deinem Bauchgefühl bei der Auswahl deines Berufes. Lass Dinge los, die dich auf deinem Weg nicht weiterbringen, und reflektiere immer wieder, ob der von dir eingeschlagene Weg im Sinne eines höheren Bewusstseins ist und ob er dich zu einer inneren Zufriedenheit führt, die mit Geld nicht aufzuwiegen ist.

Beschäftige dich mit Fragen über Zusammenarbeit, Harmonie und Glauben. Folge der Stimme deines Herzens und unterlass es, deine Erfahrungen zu rationalisieren. Predige nicht, sondern leb im Sinne deines selbstlosen und uneigennützigen Gedankenguts.

Deine humanitären Eigenschaften, dein Charisma und deine natürlichen Führungsqualitäten prädestinieren dich für eine Aufgabe in Dienstleistungs-, Pflege- oder Heilberufen.

Lebenszahl 28/10 – Verbanne das Drama

Auf einer weniger fortgeschrittenen Stufe geht es um Fragen des materiellen Erfolgs. Hast du diese Stufe überwunden, so stellt sich die Aufgabe, mithilfe von Intuition und Harmoniebewusstsein Menschen, Ideale und Dinge zusammenzubringen, die zusammengehören.

Anspruchsvolle ethische Grundsätze und Prinzipien wollen zum Ausdruck gebracht und den Menschen vermittelt werden. Wertvorstellungen und Rechtsbewusstsein sollen (wieder) Fuß fassen in dieser Welt. Du kannst – im Kleinen oder im Großen – deinen Teil dazu beitragen, indem du dich mit solchen Aufgaben beschäftigst und dieses Gedankengut in die Welt hinausträgst.

Dabei sollst du nicht selbst urteilen und richten, sondern einen Status von Wertfreiheit ins Auge fassen, der dir erlaubt, das Drama aus deinem Leben zu entfernen und den Blick fürs Wesentliche zu finden. Entwickle einen Standpunkt, der sich nicht mehr Gegensätzen von gut oder böse, richtig oder falsch, entweder-oder verpflichtet. Werde zum Betrachter, der sich nicht von persönlichen Emotionen beeinflussen lässt. Gelingt dir dies, so wirst du für viele Menschen zum Vorbild und Mentor. Menschen werden deinen Rat in vielen Bereichen einholen und ihn schätzen.

Lebenszahl 29/11 – Kraft aus Vision

Vereinige Vision und Weg. Bring deinen Weg in Übereinstimmung mit der höheren göttlichen Ordnung und verfolge diesen Weg mit Zähigkeit und Ausdauer. Verpflichte dich humanitärem und sozialem Gedankengut und begleite Menschen auf ihrem Weg in ein bewussteres Leben.

Nimm dir genügend Zeit für den Rückzug. Meditation tut dir gut. Verbinde dich mit deiner inneren Stimme und deinem höheren Selbst, damit du die in der Kontemplation gewonnenen Erkenntnisse jenen Menschen zugänglich machen kannst, die dafür offen sind. Erspar dir die Rolle eines Missionars, das würde deiner Glaubwürdigkeit schaden und deine Wirkung auf andere Menschen verringern.

Mit dieser Zahlenkombination bist du hervorragend geeignet für therapeutische, soziale und verwandte Berufe.

Lebenszahl 30/3 – Effektvoller Selbstausdruck
Sei künstlerisch tätig. Du kannst deine Kreativität in jeden Bereich des Lebens, in jeden Beruf, in jede Tätigkeit einfließen lassen. Such dir einen Fachbereich, in dem du dein Potenzial und deine Kunstfertigkeit ausleben kannst. Beschäftige dich mit dem Wort. Lies, schreib und teil dich mit. Sprich spontan und schlagfertig, ohne in Oberflächlichkeit zu verfallen.

Benutz deine Neugier und dein Potenzial, um Vorreiter oder Erneuerer zu sein. Such dir ein Publikum, das deine Begeisterungsfähigkeit und deinen Humor schätzt. Sei auf der Hut, dass dich deine Freude an Neuem nicht daran hindert, dich auf etwas festzulegen, und dass du Angefangenes zu Ende bringst.

Setz deine schnelle Auffassungsgabe und die Fähigkeit, größere Zusammenhänge rasch zu erkennen, ein, um als Berater, Begleiter oder Therapeut tätig zu sein. Sei aufmerksam bei der Auswahl deiner Freunde. Falsche Freunde können dich in Lebenskrisen stürzen, oder sie sind Energievampire, die sich von deiner Kraft ernähren.

Falls du Mühe hast mit der Eingliederung in gesellschaftliche Systeme, so kann das daran liegen, dass man mit dieser Lebenszahl erst ab dem vierzigsten Lebensjahr bindungs- und verantwortungsfähig wird. Ab diesem Zeitpunkt fällt es dir auch leichter, deine Pläne in die Realität umzusetzen.

Lebenszahl 31/4 – Manifestation und Verantwortung
Übernimm Verantwortung im Leben, indem du dir deine eigenen Strukturen erarbeitest. Wenn du etwas tust, tu es richtig. Lerne, angefangene Dinge abzuschließen und nicht mit etwas Neuem anzufangen, bevor das Alte abgeschlossen ist. Ruh dich nicht zu lange auf deinen Lorbeeren aus.

Erschaff dir durch dein Tun und Handeln ein solides Fundament und gelange zu innerer Sicherheit. Versuch, dein materielles Bewusstsein zu erweitern mit einem spirituellen Bewusstsein, das deine Entwicklung als Mensch weiter voranbringen kann. Lass auf diesem Weg keine Schritte aus und versuch nicht, diese Entwicklung zu beschleunigen, Starrsinn und Selbstbetrug könnten sonst die Folge sein.

Überwinde deine Ungeduld immer und immer wieder. Werde zu einer Kapazität und Autorität in dem, was du tust, und lass andere daran teilhaben, indem du dein Wissen, deine Kenntnisse und deine Ansichten teilst. Gib acht, dass du dabei nicht zu autoritär, rechthaberisch oder besserwisserisch wirkst; andere haben Ansichten und Meinungen, die ebenso berechtigt sind wie deine eigenen.

Lebenszahl 32/5 – Altes Wissen

Vertrau auf deine göttliche Führung, die dich immer wieder mit sanfter Stimme und Botschaften aus dem täglichen Leben in die richtige Richtung lenken will. Hör auf die Stimme deiner Intuition und lass dich nicht beirren durch Ansichten und Meinungen von Menschen, die dich durch Verstandesargumente von deinem Weg abbringen möchten.

Verbinde dich mit dem alten Wissen, das du in dir trägst und das du dir in deinen vielen Inkarnationen angeeignet hast. Erwecke dieses Wissen wieder zum Leben, indem du dich fragst, was du tun würdest, wenn du alle Zeit der Welt und genügend Geld für deinen Lebensunterhalt hättest und keine Verantwortung für andere Angelegenheiten übernehmen müsstest. Ignoriere dabei die materiellen Versuchungen und konzentriere dich auf das, was deine Neugierde und deinen Forschergeist weckt, und konzentriere dich auf das Thema, das eine starke Anziehungskraft auf dich ausübt und bei dem es dir leichtfällt zu lernen.

All das ist es, was deinem Leben einen tieferen Sinn verleiht und das dir eine innere Macht und Mächtigkeit verleiht, die nicht gegen außen präsentiert werden muss.

Lebenszahl 33/6 – Entschlossenheit aus Liebe

Lös und erlöse dich von Abhängigkeiten, die dich hindern, ein selbstbestimmtes Leben zu führen. Erarbeite dir auf diese Weise deine Unabhängigkeit, die dir auf dem weiteren Lebensweg die Freiheit gibt, selbstständig zu sein und zu bleiben.

Du bist hier, um einen tiefen Gefühlsausdruck zu entwickeln. Lerne, dass es in Ordnung ist, sich eine Blöße zu geben und emotional angreifbar und verletzlich zu sein. Du bist vielleicht rasch frustriert und desillusioniert und zeigst das auch, aber das ist bereits eine Form des tiefen Gefühlsausdrucks.

Sei absichtslos kreativ und drück deine inneren Bilder, Visionen und Fantasien aus, ohne dich abhängig zu machen von einem Verwirklichen-Müssen. Schreib ein Buch, komponiere Musik, mal Bilder oder halte Vorträge!

Verfolge deine eigene Art des kreativen Selbstausdrucks mit Entschlossenheit und setz dich ein für die Freiheit, nicht auf andere hören zu müssen.

Mach dir bewusst, dass alles, was sich negativ formulieren und ausdrücken lässt, auch auf eine positive Art und Weise ausgedrückt werden muss. Verwandle auf dieser Erkenntnis beruhend deine Neigung zu Selbstzweifeln und Selbstbewertung (-verurteilung) in Selbstwert und sei einverstanden, mit dem, was du bist.

Lebenszahl 34/7 – Loslassen

Deine größte Herausforderung besteht darin, immer wieder loszulassen, um neu anfangen zu können. Verlass dich dabei nicht auf die Unterstützung anderer Personen, sondern tu das, was du tust, selbstständig und auf deine eigene Weise. Setz deine eigenen Projekte in die Realität um und manifestiere deine Pläne. Und dann lass deine Schöpfung wieder los, damit du Seele, Kopf und Hände frei hast für deine nächste Kreation.

Befrei dich vom Gedanken, dass es wichtig sei, was andere von dir oder deinen Produkten halten. Richtest du dich nur nach den Ansichten und Meinungen anderer, wirst du niemals deinen eigenen Weg gehen können.

Nimm dir genügend Zeit für Meditation oder andere Formen von spirituellen oder körperlichen Übungen, wozu auch Yoga gehört. Halte dich an Flüssen, Seen und anderen Gewässern auf: Sie geben dir Kraft und Inspiration. Benutz diese Werkzeuge nicht dazu, vor dem Alltag zu fliehen oder die weltlichen Angelegenheiten zu verdrängen.

Lebenszahl 35/8 – Macht und Gerechtigkeit

Um längerfristig glücklich und zufrieden zu sein, solltest du die Welt im Rahmen deiner Möglichkeiten zu einem gerechteren Ort machen.

Lerne, verschiedene Ansichten, Argumente und Machtansprüche gegeneinander abzuwägen und das richtige Maß zu finden. Bleib dabei unabhängig und selbstbestimmt und versuch, die tieferen Beweggründe der Menschen zu erkennen.

Um nicht in den Strudel der dich umgebenden Eigennützigkeit hineingezogen zu werden, brauchst du eine Art von Stabilität, die sich nicht unterwandern lässt. Diese kannst du dir dadurch erarbeiten, dass du dich nicht zu ernst nimmst und deinen Dienst der Sache widmest und nicht deinem eigenen Wohl. Bleib bodenständig und bescheiden.

Verwirkliche Überfluss, Autorität und Freiheit, indem du mit Selbstdisziplin und Achtung vor deinen Aufgaben an sie herangehst. Erfahre Reichtum dadurch, dass du dankbar anerkennst, welcher Segen und Überfluss dir bereits zuteil geworden ist, und erwarte für deine Leistungen keine Gegenleistung.

Lebenszahl 36/9 – Selbstlose Liebe

Du bist hier, um zu lernen, im Einklang mit der Weisheit deines Herzens zu leben. Sei anderen ein Beispiel an Integrität und Aufrichtigkeit und lehre sie einen liebevollen Umgang mit dem Leben. Leite andere Menschen an, es dir gleichzutun.

Lerne, deine eigenen Gefühle höher zu werten als die perfektionistischen Ideale und Ansichten anderer. Finde heraus, was du wirklich fühlst, und lös dich von dem, was du meinst, fühlen zu sollen. Richte dich nicht nach den Erwartungen anderer und hör auf, allen alles recht machen zu wollen. Das Leben ist deine Lehre. Begib dich in dein Leben.

Lös alte Bindungen aus Erinnerungen an die Vergangenheit auf. Sie hindern dich daran, dein Potenzial auszuschöpfen und machen deinen Lebensweg steiniger als er sein müsste.

Lebenszahl 37/10 – Der Mentor

Wage es, dir eine Unabhängigkeit anzueignen, die dir erlaubt, deinen eigenen Weg zu gehen und alles von dir zu weisen, was dich binden oder einengen will.

Lerne, deine Ängste zu überwinden und auf die innere Weisheit und Schönheit in dir und in anderen zu vertrauen. Bring auf der Basis von Mitgefühl und Feingefühl mehr Harmonie in die Welt. Pflege einen maßvollen und ausgewogenen Lebensstil, um deine inneren Energiequellen immer wieder aufzutanken.

Vermittle eine Geisteshaltung von allgemeingültiger Ethik und allgemeingültigen Wertmaßstäben, die sich nicht an religiösen oder kulturell-gesellschaftlichen Grundsätzen orientieren. Nimm einen Standpunkt ein, der nicht von Emotionen belastet ist, und drück dich klar und verständlich aus. Stell deine Vertrauenswürdigkeit und Weisheit anderen zur Verfügung und füll deine Rolle als Ratgeber und Mentor aus.

Lebenszahl 38/11 – Höheres Bewusstsein

Das höhere Ziel in deinem Dasein ist es, eine höhere Form von Harmonie zu entdecken und in dein Leben zu integrieren. Unabdingbare Voraussetzung dazu ist Unabhängigkeit im Denken. Vermeide es, immer nur nachzudenken, und konzentriere dich aufs selbst Denken. Hinterfrage auf diesem Weg alles und trau dich, Weltanschauungen infrage zu stellen, durch scharfsinnige Beobachtungen deinen Horizont zu erweitern und auf dieser Basis zu einem höheren Bewusstsein zu gelangen.

Unterscheide zwischen Wissen, das sich ständig weiterentwickeln muss, und Erkenntnis, die sich nicht weiterentwickeln kann. Relativiere auf diesem Weg die aktuell gültigen Wertvorstellungen der materiellen Welt und erweitere deine Gesamtperspektive um die Erkenntnis von übergeordneten Werten, die sich nicht an materiellen Maßstäben orientieren.

Finde deinen Weg zu Harmonie mit einer höheren Seinsquelle und überwinde äußere Autoritäten, indem du dich auf deine eigene Autorität besinnst.

Lebenszahl 39/12 – Quantensprung

Dein Auftrag besteht darin, eine komplett neue Sicht auf die Welt, so wie sie uns erscheint, zu entwickeln.

Benutz deine Fantasie und Kreativität, um die materielle Existenz auf den Kopf zu stellen und ganz andere Aspekte aufzudecken. Für viele Menschen werden deine Ansichten verkehrt sein, aber genau das ist der Zweck. Lass dich von ihnen nicht entmutigen in deinem Bestreben, verborgene Anschauungsweisen aufzudecken.

Denk auf diesem Weg nicht nur logisch, sondern auch unlogisch, geistreich und in Analogien oder Metaphern. Verbinde deine Schaffenskraft mit der Vorstellungskraft weiterer Personen und bekräftige die Ernsthaftigkeit deiner Bemühungen durch beharrliche und respektvolle Herangehensweisen an deine Aufgaben. Die Belohnung wird dir in Form eines Quantensprungs in deiner spirituellen Weiterentwicklung zuteilwerden.

Lebenszahl 40/4 – Emotionale Vernunft

Gib deinem Leben ein stabiles Fundament, indem du deine Aufgaben und Ziele Schritt für Schritt in Angriff nimmst. Strukturen sind eine logische Folge von Inspiration, Vision, Kreation und Manifestation. Wenn du eine Stufe in dieser Reihe auslässt, wird das Resultat wenig durchdacht wirken und selten Bestand haben. Achte darauf, nicht in Strukturen zu erstarren.

Arbeite an deiner Geduld und reflektiere deinen Standpunkt in der aktuellen Situation immer wieder und beachte dabei deine Gefühle.

Erforsche die tiefere Motivation, die zu den bestehenden Strukturen geführt hat und finde heraus, welche Struktur am ehesten den geistigen Inhalten entspricht. Berücksichtige dabei nicht nur die verstandesmäßigen Argumente, sondern auch Elemente von Feingefühl, Mitgefühl und Seelenliebe.

Lebenszahl 41/5 – Sicherheit und Macht

Manifestiere Inhalte, die auf göttlicher Inspiration beruhen und nicht auf vom Verstand gesteuerten Willen. Erschaffe Strukturen, die Bestand haben werden, weil sie einen tieferen Sinn in sich tragen.

Transformiere dein Gefühl von Gefangensein und Machtlosigkeit in eine innere Freiheit und Macht, die sich nicht von äußeren Begrenzungen einengen lässt. Mach dich auf die Suche nach spirituellen Erfahrungen und erkenne, dass die Erfahrungsbreite (oder Erfahrungsmenge) dabei die Tiefe einer Erfahrung nicht kompensieren kann.

Schlag einen Weg ein, der altes und ungelehrtes Wissen für dich bereithält, und lote die Tiefe deines Wissens aus. Verfolge diesen Weg Schritt für Schritt mit Beharrlichkeit und Disziplin, und du wirst die ersehnte Freiheit erlangen. Finde deinen eigenen Sinn des Lebens, indem du deinem Leben diesen Sinn selbst gibst.

Lebenszahl 42/6 – Höhere Liebe

Es geht um Manifestation der göttlichen Harmonie. Es geht nicht mehr um materielle Manifestationen, sondern um die Manifestation auf einer höheren, geistigen Ebene.

Du bist hier, um dich mit deinen medialen Fähigkeiten, deiner Eigenverantwortung und deiner Entscheidungskraft für eine höhere, spirituelle Liebe einzusetzen. Setz deinem

Idealismus eine gute Portion Realismus entgegen und lerne, Unvollkommenheiten als Teil des Spiels zu akzeptieren. Erweitere deine Bereitschaft, Kompromisse einzugehen und dich auf Dinge einzulassen, die weder perfekt sind noch hundertprozentig deinen Ansprüchen entsprechen.

Lass dir keine Schuldgefühle einimpfen – das sind nur Versuche, dir Verantwortung zu übertragen, die nicht zu dir gehört. Kümmre dich nicht nur um andere, sondern auch um dich selbst, damit du nicht von deinem eigenen Weg abkommst.

Lebenszahl 43/7 – Vergebung

Erforsch die Menschen und lass dich ein auf deine eigene Innenwelt. Befass dich mit der philosophischen, geistigen und psychischen Seite des Lebens, verknüpfe Mystik und Wissenschaft miteinander, um zu tieferen Erkenntnissen über das Leben zu gelangen.

Nutz deine Gabe als Beobachter, um Ursachen und Wirkungen zu analysieren und trenne Form von Inhalt. Lerne zu verzeihen. Zu verzeihen bedeutet, die Vergangenheit aufzuarbeiten und alte Erlebnisse loszulassen, indem man Gedanken, Gefühle und Dinge loslässt, die negative Erinnerungen auslösen.

Erklär dich einverstanden mit dem, was ist, mit der Gegenwart, dem Jetzt. Freunde dich an mit deiner Vergangenheit, die dich zu dem gemacht hat, der du heute bist. Konzentriere dich auf die positiven Seiten deiner Vergangenheit und akzeptiere die anderen als Katalysator für deine Entwicklung. Betrachte die Vergangenheit nicht als Feind oder als Strafe, sondern als unabdingbare Voraussetzung für dein heutiges Leben.

Und das Wichtigste: Gewähre Vergebung, empfange Vergebung und verzeih dir selbst, wofür auch immer.

Lebenszahl 44/8 – Das richtige Maß

Erarbeite dir eine finanzielle Unabhängigkeit, die dir erlaubt, deine spirituelle Freiheit zu leben. Achte darauf, dass du deine Energie nicht auf das Müssen beschränkst, sondern auch das Dürfen und Wollen integrierst. Es ist keinem gedient, wenn du ein Leben führst, in dem kein Platz für Freizeit und Familie ist. Deine hervorragenden Manager- und Führungsqualitäten helfen dir bei diesem Thema. Das Thema Geld ist ständiger Begleiter in deinem Leben. Das führt dazu, dass das Haben wichtiger werden kann als das Sein. Finde deshalb in allen Teilbereichen des Lebens das richtige Maß.

Pfleg deinen Humor und denk nicht nur in Schwarz und Weiß. Es ist wichtig und richtig, die Wahrheit zu sagen, aber manchmal unnötig, andere damit zu verletzen.

Lebenszahl 45/9 – Sinn und Weisheit

Geh in den Rückzug, um zu meditieren. Hör auf deine innere Stimme, die dir den Weg zu einer tieferen Weisheit weist.

Gib deinem Handeln einen tieferen Sinn, indem du anderen Menschen hilfst, ohne ihnen ihre Aufgaben und Herausforderungen abzunehmen. Führ durch dein Beispiel und übernimm nur die Verantwortung für dein eigenes

Denken und Handeln, aber nicht für den Weg, den andere Menschen gehen wollen.

Du bist sehr fähig, wenn es darum geht, Wissen (auch Altes Wissen) zu strukturieren und zu kommunizieren. Übernimm deshalb die Rolle eines Lehrers und Mentors, der auf selbstlose Art und Weise anderen Menschen tiefere Erkenntnisse vermittelt. Um längerfristig glücklich und zufrieden zu werden, würde es dir guttun, eine Aufgabe in einem sozialen Bereich zu übernehmen. Möglicherweise ziehen dich deshalb Berufe im Gesundheitswesen, Lehrberufe oder andere soziale Berufe besonders an.

Lebenszahl 46/10 – Verantwortung und Liebe

Übernimm Verantwortung für deine eigene spirituelle Entwicklung und treib diese liebevoll und unbeirrbar voran. Lass dich nicht ablenken von den weltlichen Verführungen, sondern konzentriere dich auf deinen eigenen Weg.

Benutz deine Fähigkeit zu abstrahieren und zu analysieren, damit du zu einem vorurteilsfreien und wertneutralen Betrachter wirst, der hohe Glaubwürdigkeit besitzt.

Erkenne das Gute im Menschen in dem Bewusstsein, dass jeder Mensch auch Schwächen hat. Kümmre dich aktiv und liebevoll um andere Menschen, die nicht so privilegiert sind wie du.

Sei anderen ein Vorbild durch deine Lebensweise und erledige deine Aufgaben diszipliniert und verantwortungsvoll. Lass andere wissen, dass deine Beweggründe auf einer tieferen Liebe basieren und dass dein Handeln sich an dieser Absicht orientiert.

Lebenszahl 47/11 – Erleuchtung

Deine Verantwortung besteht darin, den Kontakt zu einer höheren Seinsquelle herzustellen und aufrechtzuerhalten. Hör die Botschaft, die in dir entsteht, wenn du nicht mit dem Kopf denkst, sondern mit dem Herzen. Verbinde dich mit dir selbst und führe ein Doppelleben sowohl in der geistigen als auch in der materiellen Welt. Nur wer beide Seiten integriert, kann seine spirituelle Entwicklung weiter vorantreiben.

Als innovativer und idealistischer Visionär geht es für dich darum, deinen Visionen zu vertrauen und alte Weltanschauungen hinter dir zu lassen. Deine hohen Ansprüche an dich selbst und an andere können dich daran hindern, so schnell voranzukommen, wie du dir das vorstellst. Vergib dir und den anderen Unzulänglichkeiten. Du bist weder perfekt noch musst du es sein wollen.

Geh deinen eigenen Weg, finde deinen tiefsten Glauben und verfolge das höhere Ziel mit Zähigkeit und Ausdauer. Der daraus entstehende Reifeprozess entspricht dem Stand deiner Erleuchtung.

Lebenszahl 48/12 – Die Synthese

Du gehörst zur letzten Generation des vergangenen Jahrtausends, und deine Geburt datiert auf den 29. September 1999. Dein weiteres Leben spielt sich mehrheitlich im anbrechenden dritten Jahrtausend ab.

Deine Aufgabe ist es, die Weltanschauungen des alten Jahrtausends mit den Visionen der neuen Generationen zu verknüpfen und damit die Grundlagen zu schaffen für eine

Synthese mit der geistigen Welt und dem göttlichen Gleichgewicht. Benutz deine dir mitgegebene Weisheit, um deine Sozialkompetenz in den Dienst einer höheren Sache zu stellen. Werde zum Führer, nimm die Welt mit neuen Augen wahr und lass dich von ihr inspirieren. Denk kreativ, richtungsweisend und zukunftsorientiert. Auch wenn du deiner Zeit so weit voraus sein solltest, dass du belächelt oder gar verspottet wirst: Lass dich nicht beirren, denn du hast die Macht, viel zu bewirken. Es geht nicht um dein Ego, sondern um eine höhere Sache. Halte aus und halte durch.

6 Das Lebensrad

Lebensabschnitte, Inhalte und Aufgaben

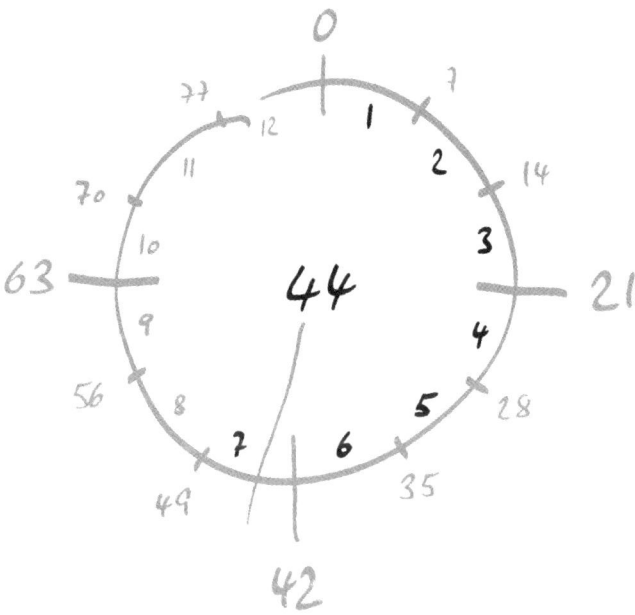

Das Rad des Lebens ist ein Art Zifferblatt. Die Fünf-Minuten-Abstände der Zahlen auf dem Zifferblatt des Lebensrades entsprechen einem Zeitabschnitt von sieben Jahren. Jeder dieser Zeitabschnitte steht für ein Entwicklungsthema (Zahlenbedeutung, siehe ➤ 1 Grundlagen, Seite 15) im Leben.

Wenn du zum Zeitpunkt dieser Betrachtung 44 Jahre alt bist, befindest dich demnach im siebten Septennium (Lebens-Jahrsiebt) im Abschnitt zwischen 42 und 49 Jahren.

Themen des ersten Lebensabschnitts

Lebensalter: 0 bis 7 Jahre

Gottvertrauen, Urvertrauen, Anfang, Idee, Willen

Erblickt ein Kind das Licht der Welt, so kann es gar nicht anders, als sich hinzugeben und seiner Bezugsperson instinktiv zu vertrauen. Im Laufe seiner frühkindlichen Entwicklung beginnt es, seinen eigenen Willen zu entwickeln.

Ein Anfang ist gemacht, aber jetzt muss das Kind die Welt entdecken und erforschen. Dabei helfen ihm die Grenzen, die ihm Eltern, Geschwister, Situationen und Erlebnisse aufzeigen. Es ist eine Zeit des Lernens ohne Plan. Bedienungsanleitung für das Leben gibt es keine. Also muss das Kind lernen, sich zu orientieren und zurechtzufinden.

Themen des zweiten Lebensabschnitts

Lebensalter: 7 bis 14 Jahre

Vision und Visualisierung, bildliches Vorstellungsvermögen, Fantasie, mediale Veranlagung, Harmonieverständnis

Erste Grundfertigkeiten sind erlernt, der Mobilitätsradius erweitert sich. Jetzt kommt die Zeit der eigenen Visionen. So viele Bilder im Kopf, so viele Ideen, die – anfänglich noch unbeholfen – umgesetzt werden. Doch immer klarer wird das Bild, immer größer werden die Fähigkeiten und die Kraft. Noch immer besteht ein schwacher Kontakt zur *anderen Seite*, der spirituellen, geistigen Seite, und viele Kinder sehen noch Engelwesen und andere Geistwesen. Aber die materielle Welt verneint die Existenz solcher Wesen, und die Kinder glauben irgendwann auch nicht mehr daran. Der Verstand wird dominant.

Grenzen fangen an, beengend zu werden, und es wächst der Wunsch, seine Grenzen zu erweitern und den Bereich außerhalb der Familie, des Dorfes kennenzulernen.

Themen des dritten Lebensabschnitts
Lebensalter: 14 bis 21 Jahre
Unabhängigkeit, Selbstbestimmung, Freiheit, Kreativität, Ausdruckskraft, Weiblichkeit, Planung, Organisation, Vorbereitung

Es ist das Teenageralter, die Zeit der Pubertät und des Erwachsenwerdens. Die ersten bewussten Kontakte zum anderen Geschlecht finden statt, die Hormone spielen verrückt, und man ringt um einen Platz unter Gleichaltrigen. Es ist die Zeit des Loslösens von den Eltern. Erste Erfahrungen mit Unabhängigkeit fallen in diesen Lebensabschnitt. Es ist die Phase, in der Kreativität und Ausdruckskraft sich in Frisuren, Kleidung, Musikstil und Begrüßungsritualen manifestieren. Es ist die Phase, in der es darum geht, sich auf die Zeit nach der Schule vorzubereiten. Lernen und planen, Ausbildung oder Studium. Es folgen die ersten längeren Abwesenheiten von der Familie, und der eigenständige Umgang mit Geld, Zeit und Freiheit wird erlernt. Die Selbstbestimmung wächst, und man löst sich von den Abhängigkeiten, die mit der Herkunftsfamilie verknüpft sind.

Themen des vierten Lebensabschnitts

Lebensalter: 21 bis 28 Jahre

Umsetzen, Verantwortung, sich einordnen in die Struktur der Erwachsenenwelt, Stabilität erlangen

Es geht um das Umsetzen des Erlernten in die berufliche Praxis. Man beginnt sich zu integrieren in die Strukturen einer Erwachsenenwelt, die einem vor nicht allzu langer Zeit noch fremd war und die vielleicht sogar bedrohlich wirkte. Man beginnt, seine eigenen Strukturen innerhalb der Berufswelt zu errichten. Vielleicht wird die Gründung einer eigenen Familie in Erwägung gezogen. Auslands- und Sprachaufenthalte und die damit verbundene Erweiterung des eigenen Horizonts gehören in diese Zeit, und das Übernehmen von Verantwortung im Rahmen von privaten, sozialen und beruflichen Strukturen gewinnt an Bedeutung. Diese Eingliederung in die Erwachsenenwelt geht einher mit beruflicher, finanzieller und sozialer Stabilität.

Themen des fünften Lebensabschnitts

Lebensalter: 28 bis 35 Jahre

Machtanspruch, altes Wissen, göttliche Führung, Lehrbefugnis

Nach der Einordnung in die Erwachsenenstrukturen (Vier) erfolgt die Überprüfung durch die göttliche Führung, ob diese Strukturen für eine Person sinnvoll sind und Bestand haben werden. Das Erklimmen einer Karriereleiter, die Gründung einer eigenen Familie oder das Übernehmen von Verantwortung in sozialen Belangen (Vereine, Feuerwehr, Verbände, etc.) gehören in diese Zeit. Als inzwischen vollwertiges Mitglied der Erwachsenenwelt ist man fest verankert, und es stellen sich Fragen zum Sinn des Lebens, und wenn man sich genügend bemüht und etwas Glück hat, findet man bereits erste Antworten auf diese Fragen.

Themen des sechsten Lebensabschnitts

Lebensalter: 35 bis 42 Jahre

Entscheidung, Liebe, Fürsorge

Man befindet sich in einer Lebensphase, in der man die vorgängig geschaffenen Strukturen immer wieder einer Überprüfung unterzieht. Tue ich wirklich, was ich will? Will ich wirklich, was ich tue? Bestehende Strukturen werden hinterfragt, und es resultieren Sinnkrisen, Midlife-Crisis, Mangel an Klarsicht und andere Probleme daraus. In diesem Lebensabschnitt entwickeln sich Partnerschaften oft infolge unterschiedlicher Interessen auseinander. Längere Beziehungen und Familien beginnen auseinanderzubrechen, erlernte Berufe verlieren ihre Faszination, und man spielt mit dem Gedanken, etwas Neues anzufangen, weil innere seelische Befriedigung wichtiger wird als materieller Reichtum. Es ist eine Zeit der Sinnfindung und der Entscheidung.

Themen des siebten Lebensabschnitts

Lebensalter: 42 bis 49 Jahre

Loslassen, Selbstständigkeit, Aufbruch, Beschreiten seines eigenen Weges

Was nicht zusammengehört, wird getrennt. In keinem anderen Lebensabschnitt gibt es mehr Trennungen, Scheidungen und die damit verbundenen Begleiterscheinungen.

Altes muss losgelassen werden, um Platz für Neues zu schaffen. Nicht nur materielle Dinge können den Aufbruch erschweren, auch unerlöste Bindungen an die Vergangenheit, enttäuschte Erwartungen, Freundschaften, die sich überlebt haben, können einen daran hindern, seinen eigenen Weg zu beschreiten. Bindungen, die beruflich oder privat zu viel Energie fressen, stören genauso.

Empfundener Ballast soll abgeworfen werden, damit Neuanfänge möglich werden: Berufliche wie persönliche Abhängigkeiten werden gelöst, und eine Umwandlung der Wertesysteme findet statt. Wer nicht mit großer innerer Klarheit ausgestattet ist, wird wieder in denselben Strudel geraten, aus dem er vermeintlich gerade ausgebrochen ist, und alles beginnt von Neuem. Man kommt vom Regen in die Traufe. Nur wer die Welt durch eine Brille innerer Klarheit betrachtet, kann jetzt zu neuen Zielen aufbrechen, die sein Leben von Grund auf verändern werden.

Themen des achten Lebensabschnitts

Lebensalter: 49 bis 56 Jahre

Selbstwert, Ausgewogenheit, Erfolg, Gerechtigkeit, Ethik

Es ist die Zeit für eine erste Zwischenbilanz, eine Rückschau auf das bisherige Leben im Hinblick auf Ideen, Visionen und Projekte, die verwirklicht wurden oder nicht. Es ist die Zeit für einen Blick in die Vergangenheit und für Analysen über getroffene Entscheidungen und Konsequenzen und den Lebensweg, der sich daraus ergeben hat.

Es ist eine Zeit der materiellen Fülle, des Erfolgs und des Reichtums. Die Zeit ist reif, sich mit spirituellen Werten zu beschäftigen, wenn man nicht bereits früher damit begonnen hat. Ohne die Vereinigung von geistiger und materieller Welt wird man seinen Platz in der materiellen Welt niemals vollständig ausfüllen können.

Es ist der Lebensabschnitt, in dem die meisten Menschen zu einem stabilen Selbstwertgefühl finden und sich ihrer Wertvorstellungen, ihrer Ansprüche und Erwartungen bewusster werden. Das Thema Ethik nimmt einen größeren Stellenwert im Leben ein als früher.

Themen des neunten Lebensabschnitts

Lebensalter: 56 bis 63 Jahre
Rückzug, Kommunikation, innere Stimme, Weisheit, Selbstlosigkeit, Sozialkompetenz

Die Stufe des Wertens (Acht) hat man aus numerologischer Sicht bereits hinter sich gelassen. Man ist nicht mehr den Polaritäten von gut und böse, richtig und falsch, ja und nein verpflichtet. Dieses Lebensalter birgt die Chance von Weisheit, die einhergeht mit Selbstlosigkeit und damit Sozialkompetenz.

Es ist ein Lebensabschnitt, der mit dem Thema Rückzug verbunden ist, und zwar beruflicher Rückzug einerseits, vertiefte Beschäftigung mit sich selbst andererseits. In diesem Rückzug kann man den Zugang zu seiner inneren Stimme finden und seine Kommunikationsfähigkeiten noch weiter steigern. Wenn man im humanitären Sinn so integer handelt wie man denkt, wird man zu einem guten Führer und Mentor für andere.

Themen des zehnten Lebensabschnitts

Lebensalter: 63 bis 70 Jahre

Neubeginn, Wertfreiheit, Hingabe, Neutralität

In diesem Lebensabschnitt beginnt ein Neuanfang. Man darf sich mit dem Rucksack seiner Erfahrung auf einen selbst gewählten Weg begeben, der nicht mehr von fremden Wegweisern abhängig ist. Es ist eine Art *Narrenfreiheit* des Alters. In der Zeit nach dem Berufsleben dürfen Menschen ihren Neigungen und Emotionen folgen, ohne sich deshalb verurteilt fühlen zu müssen.

Man gewinnt die Fähigkeit, eine höhere Sichtweise einzunehmen und wird vom Hauptdarsteller im Drama seines Lebens zum Beobachter im Publikum. Es geht darum, anzunehmen, was ist, und sich einverstanden zu erklären mit den Widrigkeiten des Lebens. Wer sich arrangiert mit den Gesetzen des Lebens und sich nicht mehr widersetzt, wird zu großer Gelassenheit finden und eine tiefe Ruhe genießen dürfen.

Themen des elften Lebensabschnitts

Lebensalter: 70 bis 77 Jahre

Erleuchtung, Kraft, Zähigkeit und Ausdauer

Ein gerüttelt Maß an Lebenserfahrung ist das Mitbringsel, das jeder zu diesem Lebensabschnitt beisteuert. Der Erinnerungs- und Erfahrungsschatz, gepaart mit bewusstem Sein kann, so Gott will, zu Erleuchtung führen, oder nenn es stattdessen einfach eine Häufung von Aha-Erlebnissen. Es ist eine Zeit, über das Leben zu meditieren und lernbereiten Menschen ein Basiswissen zu vermitteln, das mithelfen kann, zu tieferer Erkenntnis zu gelangen.

Nicht die Dankbarkeit anderer soll das Tun bestimmen, sondern die eigene Dankbarkeit gegenüber seiner eigenen Rolle, die man einnehmen darf. Die früher eher materiell bestimmten Ziele verwandeln sich in Ziele spiritueller und geistiger Art, die mit Kraft, Zähigkeit und Ausdauer verfolgt werden wollen.

Themen des zwölften Lebensabschnitts
Lebensalter: 77 bis 84 Jahre
Verkehrte Welt

»Werdet wie die Kinder«, heißt es in der Bibel. Das kann auf verschiedene Arten geschehen und interpretiert werden: Wer selbst neugierig und aufgeschlossen gegenüber Neuem bleibt und seine kindliche Einstellung aus der Kindheit hat bewahren können, dem wird diese Zeit zur Freude gereichen. Wem das nicht mehr möglich ist, entwickelt sich möglicherweise wieder zum Kind. Mediziner finden Ausdrücke wie Vergesslichkeit, Senilität, Alzheimer oder andere Namen dafür. Sei unbesorgt, es ist eine gnädige Krankheit, weil du selbst nichts davon mitbekommst. Du erinnerst nur deine Nächsten daran, dass sie sich ihre Kindlichkeit bewahren sollten.

Themen des dreizehnten Lebensabschnitts
Lebensalter: 84 bis 91 Jahre
Vergehen und Werden, Tod und Wiedergeburt

Es beginnt im Lebensrad wieder bei der Eins, bei der Geburt. Diesmal auf einer höheren Ebene, in einer höheren Dimension. Du entdeckst die Welt neuerlich mit den Augen eines Kindes, aber mit der Erfahrung eines Weisen. Befass dich mit dem Übergang an den Ort, an dem du warst, bevor du geboren wurdest. Freu dich darauf.

Die Lebensjahrzehnte und ihre Themen

Vor jedem Jahrzehnt deines Lebens steht eine dominante Zahl. Diese informiert zusammen mit der nachfolgenden Zahl über deine persönliche Entwicklung in den verschiedenen Lebensabschnitten.

Naturgegeben finden diese Entwicklungsschritte nicht bei allen Menschen auf dieselbe Art und Weise statt, sondern sie sind abhängig von einer großen Zahl weiterer Faktoren, die ihren individuellen Einfluss ausüben.

Den Lebensjahren 00 bis 09 ... steht eine Null voran. Bei der Null geht es darum, die Welt auf der Basis seiner Gefühle und Emotionen zu entdecken. Es ist die Zeit der Kinder, die ihren eigenen Willen entdecken und noch nicht rational agieren und reagieren können. Kinder in diesem Lebensjahrzehnt sind darauf programmiert, in Konfliktsituationen emotional zu reagieren, und sie weinen oder schreien deshalb oft.

Den Lebensjahren 10 bis 19 ... steht eine Eins voran. Bei der Eins geht es darum zu lernen, eigene Ideen und den eigenen Willen zu entwickeln und diesen auf der Basis von Gottvertrauen weiter zu gestalten. Es ist eine Zeit des unbedingten Vertrauens, eines Vertrauens, das in diesen zehn Jahren auf eine erste Probe gestellt wird, weil der Heranwachsende einer starken Reizüberflutung ausgesetzt ist. Die damit verbundenen Erfahrungen fallen dadurch sehr reichhaltig aus und sind nicht nur angenehm.

Das Ego, das zeitlebens eine zentrale Rolle einnimmt, wird hauptsächlich in dieser Dekade entwickelt. Dem Ego kommt zentrale Bedeutung zu.

Den Lebensjahren 20 bis 29 … steht eine Zwei voran. In diesem Lebensjahrzehnt geht es darum, seinen Ideen Vorstellungen hinzuzufügen, ihnen ein Bild zu geben, sie mit der Fantasie in Verbindung zu bringen und in Visionen zu verwandeln. Noch spielen sich diese Prozesse nur im Kopf ab.

Erst in der nachfolgenden Dekade wird die Zeit reif, anderen Menschen Einblick in diese Vorstellungen zu gewähren, Projekte Gestalt annehmen zu lassen und für eine Manifestation vorzubereiten. Wichtig ist, auf sein Bauchgefühl zu hören, wenn es darum geht zu entscheiden, welche Visionen weiterverfolgt werden sollen.

Den Lebensjahren 30 bis 39 … steht eine Drei voran. Bei der Drei geht es darum, seine eigene innere Unabhängigkeit zu entdecken und zu leben. Es ist die Zeit, in der die Visionen der Zwanzigerjahre langsam Gestalt annehmen und Pläne für deren Umsetzung entstehen, damit diese in den Vierzigerjahren realisiert werden können. Dieses Jahrzehnt ist gekennzeichnet durch Selbstbestimmung, kreativen Ausdruck, Grob- und Detailplanung sowie organisatorische Bemühungen.

Da es sich oftmals um verschiedene Projekte handelt, die gleichzeitig zur Umsetzung drängen, ist es ratsam, mit der Realisierung abzuwarten, bis man sich aus Überzeugung für eines der Projekte entschieden hat, oder die Prioritäten so festzulegen, dass die Reihenfolge der Manifestation sinnvoll ist.

Den Lebensjahren 40 bis 49 ... steht eine Vier voran. In den Vierzigerjahren des Lebens geht es darum, Eigenverantwortung zu übernehmen und eigene Strukturen zu schaffen. Man wird zu einer Autorität in den Augen der Jüngeren, weil man bereits über viel Wissen und einige Lebenserfahrung verfügt.

Dieses Jahrzehnt zeichnet sich aus durch großen Tatendrang und den Willen, Angefangenes zu einem erfolgreichen Abschluss zu bringen. Die Anwendung des bisher Gelernten ist einem inzwischen in Fleisch und Blut übergegangen, und die Fähigkeit, Neues zu lernen, ist weiterhin gegeben.

Den Lebensjahren 50 bis 59 ... steht eine Fünf voran. Bei der Fünf geht es darum, in seine eigene Macht zu gelangen, die nicht mehr davon abhängig ist, Macht über andere ausüben zu müssen. Es ist die Zeit, den Sinn seines eigenen Lebens in sich zu finden und den Kontakt zu altem Wissen wieder aufleben zu lassen. Jeder von uns hat dieses Spezialgebiet, das ihm Freude bereitet und bei dem es ihm leichtfällt zu lernen, weil man sich diese Kenntnisse (in einer früheren Inkarnation) bereits einmal erarbeitet hat. Das ist auch der Grund dafür, weshalb es diese Wunderkinder gibt, die im Alter von vier Jahren schon eine Sonate von Beethoven fehlerfrei spielen können. Es geht auch um das Thema der vollständigen Hingabe. »Dein Wille geschehe« im Gegensatz zu »Mein Wille geschehe« als Ausdruck von Kontrollverlangen.

Den Lebensjahren 60 bis 69 … steht eine Sechs voran. Bei der Sechs geht es darum, sich in seinem Leben für das zu entscheiden, was man aus tiefstem Herzen will, falls man das nicht bereits früher getan hat oder tun konnte. In diesem Lebensabschnitt sollte man die Perspektive eines Beobachters einnehmen, der sein Leben unvoreingenommen beleuchtet und sich die Option freihält, sich für einen anderen Weg entscheiden zu dürfen. Falls es Dinge gibt, die man schon immer einmal tun wollte: Jetzt ist die letzte günstige Gelegenheit, sich dafür zu entscheiden. Von nun an wird es nicht mehr einfacher.

Den Lebensjahren 70 bis 79 … steht eine Sieben voran. Bei der Sieben geht es darum, die Verflechtungen mit der materiellen Seite des Lebens langsam aber sicher aufzulösen. Das bedeutet nicht, dass man jetzt allen Reichtum verschenken oder vererben sollte, man darf guten Gewissens vermögend bleiben und seinen Reichtum genießen. Es geht darum, sich nicht mehr über seine Besitztümer zu definieren und seine emotionalen Bindungen an Luxusgüter aufzugeben. Loslassen ist das große Thema dieses Lebensabschnittes. Von der Arbeitswelt vermutlich schon ausgespuckt, weil man zu alt und körperlich vielleicht nicht mehr so fit ist, um all das nachzuholen, was man in früheren Zeiten noch hätte machen wollen. Es ist die Zeit, seinen eigenen tiefen Glauben zu finden, der nicht mehr von Kirche oder Religion vorgegeben wird.

Den Lebensjahren 80 bis 89 ... steht eine Acht voran. Bei der Acht geht es darum, einmal über sein Leben Bilanz zu ziehen. Es geht um eine eigene Bewertung oder Beurteilung, die dem Seelenfrieden zuträglich sein soll. Es gilt, das richtige Maß zu finden und nicht zu streng zu sich und den anderen zu sein. Es ist die Vorbereitung auf einen Übergang in die geistige Welt, der möglicherweise nicht mehr allzu lang auf sich warten lassen wird.

Die hintere Zahl des Lebensalters entspricht der jeweiligen Verfeinerung von Themen, die bereits in den Zahlen erörtert wurden. Es handelt sich um die Wiederkehr von Themen, die uns lebenslang begleiten, erwünscht oder unerwünscht, erlöst oder unerlöst.

Alle diese Energien spielen zusammen, walten aber vorwiegend im Hintergrund. Sie beeinflussen dein Leben subtil und sind in der Regel nicht bewusst wahrnehmbar, außer man richtet den Fokus ganz bewusst auf diese Themen.

7 Homöopathie

Als klassisch ausgebildeter und arbeitender Homöopath möchte ich den Kolleginnen und Kollegen einige Auffälligkeiten aufzeigen und zu weiterem Nachdenken anregen. Bekanntlich gibt es gemäß Samuel Hahnemann drei Grundmiasmen, die den Menschen und seinen Körper durchdringen. Dies sind:

1 Psora

2 Sykose

3 Syphilinie

Vergleichbar gibt es in der Biologie physiologisch drei verschiedene Möglichkeiten, wie eine Zelle auf äußere Einflüsse reagiert:

1 Entzündung

2 Wachstum, Schrumpfung

3 Zelltod (Apoptose)

Ebenso finden wir in der Numerologie drei Arten, wie Zahlen erscheinen können:

1 Einmalig

2 Mehrfach

3 Fehlend

Schlagen wir den Bogen von der Homöopathie über die Physiologie zur Numerologie, lassen sich folgende Zusammenhänge feststellen:

1 Einmalige Zahl ➤ psorisch ➤ reizbar, entzündlich
Eine ausgeglichene Ausgangslage, eine normale Empfindlichkeit und Reizbarkeit, die als gesunde Reaktion
auf äußere Einflüsse gewertet werden kann.

2 Mehrfache Zahl ➤ sykotisch ➤ Wachstum, Schrumpfung
Ein Zuviel an Zahlen, das sich in Wachstum (Potenzial)
oder in Schrumpfung (Blockade) ausdrücken kann, was
einer sykotischen Belastung entsprechen würde.

3 Fehlende Zahl ➤ syphilitisch ➤ zerstörerisch
Ein Mangel an Zahlen, der sich als Mangel im biologischen, physiologischen und/oder psychischen Bereich
äußern kann, insbesondere in erhöhter Anfälligkeit für
rasch degenerative Krankheiten und/oder in zerstöreri-
schem Verhalten. Zerstörerisch umfasst natürlich auch
selbstzerstörerisches Verhalten.

Es ist also durchweg nicht abwegig, die Numerologie sowohl
mit der Homöopathie als auch mit der Biologie in Verbindung zu bringen. Im biologischen Sinn geht es nicht nur um
Anatomie – das Strichmännchen deutet Zusammenhänge
an –, sondern insbesondere um Physiologie, Pathologie und
klinische Phänomene.

Dank

Ich bedanke mich ganz herzlich bei Sabine Giger vom Giger Verlag, David Hauptmann von Hauptmann & Kompanie für die Umschlaggestaltung sowie Josch Pöllath von mein-buchlektorat.de für das Lektorat und Susanne Langer für das Endkorrektorat. Ihr wart mir eine großartige Unterstützung und habt das Erscheinen dieses Buches erst ermöglicht!

Dir, Selina, danke ich dafür, dass du mir immer wieder Verständnis entgegengebracht hast, auch wenn du selbst mehr als genug um die Ohren hattest. Du hast den Haushalt besorgt, dich um die Kinder gekümmert und mir den Rücken freigehalten. Du hast dich manchmal bis an die Grenzen deiner Belastbarkeit verausgabt und dich manches Mal (okay: nicht ganz zu Unrecht) über mich beklagt oder dich aufgeregt. Dennoch hast du immer dafür gesorgt, dass ich ungestört arbeiten und schreiben konnte. *Dicker Kuss!*

Danke, Gisela Niederhoff. Du hast meine tiefsten Erinnerungen an die Zahlen reaktiviert und mein Bewusstsein für den Geist der Zahlen wieder zugänglich gemacht. Du warst mir nicht nur in meiner numerologischen, sondern in meiner gesamten spirituellen Entwicklung Katalysator und Entwicklungshilfe. Ohne deinen Input wäre ich heute nicht da, wo ich bin. Nicht wenige Erkenntnisse, zu denen ich dank dir Zugang erhielt, haben ihren Weg in dieses Buch gefunden.

Käthi Schuler, große Freundin der Familie, dir schulde ich Dank für deine Unterstützung in der manchmal mitreißenden Brandung der geistigen Welt. Dank auch dafür, dass du mir – genau wie meine Frau – so manches Mal den Kopf zurechtgerückt hast, wenn ich wieder einmal auf Ab- oder Umwegen war.

Dir, Monika von Arx, danke ich dafür, dass du über die vergangenen Jahre stets an mich geglaubt hast. Du hast es immer wieder geschafft, tolle Seminare mit ebenso tollen Teilnehmern zu organisieren und damit vielen Menschen den Zugang zu wertvollen numerologischen Erkenntnissen zu ermöglichen.

Allen anderen, die ich hier nicht namentlich erwähnt habe, danke ich dafür, dass Ihr mich motiviert habt, wenn ich zweifelte, und mich nicht abgewiesen habt, wenn ich anstrengend, kritisch, wechselhaft war und nervig hinterfragt habe. Schön, dass es euch gibt!

Der Autor

Als Daniel Hasler kurz vor Abschluss seines Homöopathie-
studiums zum ersten Mal in Kontakt mit der Numerologie
kam, ahnte er nicht, wie folgenschwer diese Begegnung einmal sein würde. Anlässlich eines Messebesuchs wurde er an
einem Stand von einer Dame gesetzten Alters angesprochen, die wissen wollte, wann genau er geboren worden sei.
Als Hasler seine Geburtszahlen nannte, warf sie einen Blick
darauf und eröffnete ihm, wo seine wahren Talente und Begabungen lägen. Sie erklärte ihm, welche Blockaden, Themen und Lebensaufgaben ihm immer wieder zu schaffen
machten und zeichnete ihm seinen Lebensweg in groben
Zügen auf. Schon damals war das Staunen über die Treffsi-
cherheit der Aussagen groß, und rückblickend haben sich alle Aussagen als absolut zutreffend erwiesen.

Seit über einem Jahrzehnt begeistert Daniel Hasler in
seinen Numerologieseminaren inzwischen selbst eine bunt
zusammengesetzte Teilnehmerschaft aus Therapeuten, Per-
sonalfachleuten, Pädagogen, Privatpersonen und aufgeschlossenen Ärzten.

Daniel Hasler ist verheiratet und Vater von vier Kindern.
Er führt seit vielen Jahren eine Praxis für klassische Homöopathie und Numerologie und gilt inzwischen als einer
der renommiertesten Numerologen der Schweiz.